FL SPA 649.125 H483a

Adolescencia : una guia sin
   prejuicios para padres e
   hijos

BURNETT
33090016247001   06/18

W9-BMT-601

3 3090 01624 7001

LONG BEACH PUBLIC LIBRARY
101 PACIFIC AVENUE
LONG BEACH, CA 90822

ADOLESCENCIA

UNA GUÍA SIN PREJUICIOS
PARA PADRES E HIJOS

Dirección de la edición Amanda Wyatt
Diseño sénior Michelle Staples
Edición del proyecto Steven Carton
Edición Niki Foreman, Emma Grundy Haigh
Diseño Sean Ross
Asistencia editorial Sophie Parkes
Ilustración Edwood Burn, Claire Joyce, Michael Parkin
Dirección editorial Lisa Gillespie
Dirección editorial de arte Owen Peyton Jones
Producción, preproducción Gillian Reid
Producción sénior Mandy Inness, Anna Vallarino
Diseño de cubierta Juhi Sheth
Diseño DTP sénior Harish Aggarwal
Coordinación editorial de cubiertas Priyanka Sharma
Edición de cubierta Claire Gell
Dirección de desarrollo del diseño de cubierta Sophia MTT
Dirección editorial de colección Andrew Macintyre
Subdirección general editorial Liz Wheeler
Dirección general de arte Karen Self
Dirección general editorial Jonathan Metcalf

Servicios editoriales: Tinta Simpàtica
Traducción: Imma Guàrdia y Eva Jiménez Julià

Publicado originalmente en Gran Bretaña
en 2017 por Dorling Kindersley Limited,
80 Strand, London WC2R 0RL
Parte de Penguin Random House

Título original: *Help Your Kids With Growing Up*
Primera edición: 2018

Copyright © 2017 Dorling Kindersley Limited
© Traducción al español: 2018 Dorling Kindersley Limited

Reservados todos los derechos. Queda prohibida, salvo excepción
prevista en la ley, cualquier forma de reproducción, distribución,
comunicación pública y transformación de esta obra sin contar
con la autorización de los titulares de la propiedad intelectual.

ISBN: 978-1-4654-7377-6

Impreso y encuadernado en China

www.dkespañol.com

DIRECTOR DE LA EDICIÓN

PROFESOR ROBERT WINSTON

Robert Winston es un científico de renombre mundial que ha combinado el trabajo académico innovador con su talento para difundir la ciencia entre el público en general. Protagonista de numerosas series de televisión británicas, su trabajo pionero en el campo de la fertilidad humana ha ayudado a decenas de parejas sin hijos a tener «bebés milagrosos» y le ha valido una reputación internacional. Es profesor de Ciencia y Sociedad y profesor emérito de Estudios de Fertilidad en el Imperial College de Londres. Ocupa un escaño vitalicio en la Cámara de los Lores desde 1995.

COLABORADORAS

LAVERNE ANTROBUS

Laverne Antrobus es psicóloga infantil y psicopedagoga. Tras formarse en la prestigiosa Clínica Tavistock, de Londres, trabajó en las Local Authorities y en el National Health Service (NHS). Laverne aparece en la televisión, la radio y la prensa escrita. Ha realizado programas sobre la infancia para la BBC y actualmente colabora en el sitio web CBeebies Grown-ups.

TERESA DAY

Teresa Day se cualificó como enfermera general y especializada en salud mental. Ha pasado la mayor parte de su carrera trabajando en el campo de la salud en la adolescencia, investigando sobre educación y relaciones sexuales para su tesis doctoral. Actualmente ofrece soporte y prepara al personal docente, especializándose en salud emocional, bienestar y educación relacional.

PROFESORA SONIA LIVINGSTONE

Sonia Livingstone es profesora del Departamento de Medios y Comunicaciones de la London School of Economics and Political Science. Es autora de veinte libros sobre los beneficios y riesgos online para niños, entre ellos *La clase: vivir y aprender en la era digital*. Asesora al gobierno del Reino Unido, a la Comisión Europea y al Consejo de Europa sobre los derechos del niño en entornos digitales. Dirige los proyectos «Global Kids Online» y «Parenting for a Digital Future» y fundó la red de investigación de EU Kids Online.

DOCTORA RADHA MODGIL

La doctora Radha Modgil ejerce en el NHS de Londres. Es un personaje mediático en todas las plataformas, en internet, la televisión y la radio (por ejemplo en «The Surgery» en la BBC Radio 1). Radha educa de manera creativa y divertida, animando a la gente a mantenerse sana. Ha actuado como reportera médica en «The Sex Education Show», en el Canal 4, y en «Make My Body Younger», en BBC3. Colabora como médica experta con BBC Radio 4 Woman's Hour, BBC Radio 5 Live, BBC Asian Network, LBC y Radio 1's Newsbeat.

SARAH PAWLEWSKI

Sarah Pawlewski es una consultora profesional con más de veinte años de experiencia. Dirige su propia consultoría (career-directions.co.uk) y trabaja con clientes de todas las edades en escuelas, colegios, universidades y empresas. También imparte cursos de orientación profesional en universidades. Sarah es titulada en Orientación Profesional y en Psicología. Es además la autora principal de *The Careers Handbook*, publicado por DK.

DOCTORA KAREN RAYNE

La doctora Karen Rayne ha trabajado como educadora sexual durante casi dos décadas. Está especializada en proyectos curriculares y formación de educadores sexuales, y es escritora. Su libro más reciente es *GIRL: Love, Sex, Romance, and Being You*. Ha trabajado en The Center for Sex Education, el Departamento de Educación de Nueva York, Girls Inc, la Asociación Psicológica Americana y el FNUAP, entre otros. También es editora asociada del *American Journal of Sexuality Education*.

Prólogo

Crecer, pasar de ser un niño a ser un adulto joven, es una de las etapas más increíbles de la vida de un ser humano. La clave de esta transición son los cambios que suceden en nuestros cerebros. Estos cambios afectan nuestras actitudes y nuestro pensamiento. Pueden alterar nuestros gustos y aversiones, nuestros estados de ánimo, los patrones de sueño y nuestro temperamento. Empezamos a ver el mundo y a relacionarnos con otras personas de una manera distinta. Queremos tomar nuestras propias decisiones, deseamos independencia, desarrollamos nuevos deseos, podemos asumir riesgos y maduran nuestras esperanzas y aspiraciones respecto a nuestro futuro como adultos. No es sorprendente que nuestras emociones sean volátiles y a veces impredecibles. Desde el comienzo de la pubertad a medida que viajamos por la adolescencia, estamos en una montaña rusa llena de baches. La experiencia es estimulante, emocionante y, a veces, da miedo.

Uno de los aspectos más importantes, desconcertantes y desafiantes del crecimiento es nuestro desarrollo sexual. Poco después de iniciar la pubertad, producimos óvulos o espermatozoides. Esto significa que ya somos capaces de reproducirnos, podemos tener hijos propios. Estos cambios hormonales, físicos y sexuales se producen de forma un tanto impredecible y rápida, por lo que la mayoría de nosotros nos sentimos cohibidos y apocados. De repente, nos crece vello en zonas íntimas, nuestras axilas se vuelven malolientes y, en un momento en que nos preocupa nuestra apariencia, nos salen molestos granos. Al principio, cuando una niña tiene la regla, puede sentir vergüenza y un poco de aprensión. Siendo adolescente, me sentí algo intimidado en la piscina local por los chicos mayores. El vestuario era un lugar angustiante donde comparar mi desarrollo físico con el suyo. Es difícil no sentirse inferior ni nervioso durante un tiempo tan turbulento, cuando nuestros cuerpos no parecen nuestros y nuestra identidad cambia continuamente.

El sexo y la sexualidad implican emociones íntimas y profundamente personales. A pesar de que hemos engendrado y criado a nuestros hijos, como padres nos cuesta hablar abiertamente de sexo. Así que no debe sorprendernos que nuestros hijos adolescentes se sientan igualmente incómodos. Este es uno de los motivos clave de este libro. Ya existe, por supuesto, una gran cantidad de información sobre «educación sexual».

Las redes sociales, internet y los amigos pueden ser fuentes de información y de desinformación. Este libro, repleto de información y adecuado para todas las edades, en el que han colaborado conmigo los principales expertos en la materia, aborda temas delicados con sensibilidad y exactitud. Algunos adolescentes que ya han superado la escuela primaria o estudian biología, quizá prefieran leerlo por su cuenta, en privado. Del mismo modo, muchos padres pueden querer sumergirse en estas páginas antes de compartir el contenido con sus hijos, si comprueban que es apropiado para ellos. Fomentando la comunicación entre padres e hijos, esperamos que muchos adolescentes puedan acercarse a esta etapa tan emocionante de la vida con confianza y placer, sintiéndose apoyados y entendidos.

ROBERT WINSTON

Contenidos

Cómo utilizar este libro

Ser adolescente, o preadolescente, es al mismo tiempo fantástico, emocionante y divertido... a la vez que difícil, confuso y estresante. Y ser el padre de un adolescente es, emocionalmente, algo bastante parecido. Este libro quiere ser un recurso para apoyar a los adolescentes y guiar a los padres, para hacer de la adolescencia una experiencia más positiva y placentera. Ha sido elaborado por expertos para ofrecer información e ideas que ayuden a dirigir esta complicada etapa.

¿A quién se dirige?

Este libro lo pueden leer por separado los padres o los jóvenes lectores, pero también está concebido para que lo lean juntos. No todo se adapta a todos los niños porque el libro cubre una amplia gama de temas con la esperanza de ayudar a las familias a lo largo de la adolescencia y su etapa previa, y pretende acompañar a los lectores a medida que lo vayan necesitando.

Dependiendo de la familia, las distintas páginas y capítulos del libro adquirirán relevancia según la etapa de la adolescencia. Algunos preadolescentes y adolescentes estarán preparados e interesados en ciertas secciones en función de su edad y curiosidad. Los padres son los más indicados para juzgar para qué están preparados sus hijos. Algunos pueden preferir leerlo antes para sentirse seguros y cómodos con lo que se trata. Otros pueden preferir que sus hijos adolescentes lo lean a su propio ritmo. Como padres podéis usar este libro tanto como una manera de facilitar conversaciones incómodas, para entender a vuestro hijo adolescente y para saber mejor cómo podéis informarle.

Cómo funciona el libro

Dividido en diferentes secciones, este libro guía a los lectores a través de todos los cambios físicos, emocionales y sociales que comporta la adolescencia. Encontraréis información sobre cómo tener una mente y un cuerpo sanos, sobre la pubertad, los amigos y la escuela, así como sobre las redes sociales y la sexualidad.

Los cambios biológicos se muestran en gráficos claros con etiquetas y explicaciones científicas. Aparecen distintos personajes a lo largo del libro para reflejar una variedad de adolescentes y familias, así como diferentes situaciones que podrían darse en la vida de un adolescente.

Ideas y consejos

A lo largo del libro encontrarás recuadros de color que ofrecen información adicional y consejos útiles y prácticos.

Los recuadros azules ofrecen consejos y datos útiles **PARA LOS ADOLESCENTES.** Es bueno que los padres los lean para entender mejor a sus hijos.

FALSOS MITOS

La verdad sobre fumar

No es tan guay. Hace que tengas mal aliento, que te apeste el pelo y que pierdas el sentido del gusto.

No te ayudará a integrarte. Nunca sientas que tienes que hacer algo peligroso para quedar bien con tus amigos.

No conseguirás limitarte a uno o dos cigarrillos. Las investigaciones sugieren que los cerebros de los jóvenes son más vulnerables a la adicción a la nicotina que los de los adultos, por lo que incluso apenas uno o dos cigarrillos son suficientes para desarrollar una adicción al tabaco.

Los recuadros amarillos exponen **FALSOS MITOS,** aclaran conceptos erróneos y aportan hechos.

PARA LOS ADOLESCENTES

Estructura familiar

A veces la estructura de una familia puede cambiar debido a una muerte, una separación, un divorcio o un nuevo matrimonio. Quizá te resulte difícil integrarte en la nueva estructura familiar, si se ha alterado inesperadamente tu entorno «normal». Pero el cambio te puede ofrecer la oportunidad de establecer nuevas relaciones. Los nuevos integrantes nunca sustituirán a los miembros de tu antigua familia; esfuérzate en integrarte en la nueva estructura familiar.

PARA LOS PADRES

Señales de ciberacoso

Muchas son similares a las del acoso normal, pero pueden intensificarse por el uso de dispositivos electrónicos.

- La manera en que un adolescente usa sus dispositivos cambia. De repente deja de usarlos, lo hace a escondidas o está conectado de forma obsesiva.

- Su actitud puede cambiar. Puede estar triste, retraído, agresivo o reacio a hacer cosas que normalmente le gustan.

Los recuadros violetas ofrecen consejos **PARA LOS PADRES** sobre cómo dar apoyo a sus hijos adolescentes. Puede ser bueno que estos los lean para entender mejor el punto de vista adulto.

Los recuadros naranjas de **¡ATENCIÓN!** dan advertencias. Tratan de temas legales o de situaciones de riesgo.

CONVIENE SABER

Estrés bueno y estrés malo

El estrés a veces puede ser muy útil, pues motiva a seguir trabajando bajo presión y da energía para acabar lo que nos ocupa. Pero si se hace agobiante, puede limitar la capacidad de funcionar eficazmente. Cuando te sientas estresado, intenta usarlo como impulso para enfrentar un desafío, pero si las cosas se desbordan, busca apoyo.

Los recuadros verdes de **CONVIENE SABER** ofrecen información general.

¡ATENCIÓN!

Selfis peligrosas

Las selfis de personas en actitudes arriesgadas abundan en las redes sociales. Publicar selfis temerarias es poner en riesgo la vida de las personas. Siendo los adolescentes más propensos a correr riesgos, debido a los cambios que están teniendo lugar en su cerebro, es importante no seguir esta peligrosa tendencia, por la que mucha gente ha resultado herida e incluso ha muerto. Por el contrario, hay que ser consciente y asegurarse de que no estamos en una situación imprudente, antes de hacernos una selfi.

Empezar a hablar

Esperamos que este libro ayude a preadolescentes, adolescentes y padres a entenderse un poco más. En él se sugieren muchas maneras de iniciar conversaciones, escucharse mutuamente y conocer el punto de vista del otro. Estas herramientas ayudarán a formar adolescentes más seguros y felices.

Este libro es un punto de partida, pero no puede responder a todas las preguntas. Cada capítulo sugiere también referencias cruzadas porque muchos aspectos de la pubertad y la adolescencia están estrechamente vinculados entre sí. Al final del libro tienes el apartado **Para saber más**, que te indica dónde obtener más información.

Crecer

El cerebro adolescente

A lo largo de la infancia el cerebro crece y se desarrolla y a los 6 años ha alcanzado ya el 90 % de su tamaño adulto. Durante la pubertad, sin embargo, el cerebro experimenta su transformación más importante y de una forma que puede afectar los pensamientos y el comportamiento de un adolescente.

Cambios en el cerebro

A medida que los niños crecen, su cerebro se prepara para la vida adulta y se producen cambios en su anatomía y su química. Las áreas implicadas en funciones básicas, como el procesamiento de la información sensorial, maduran primero, mientras que las responsables de pensamientos complejos, como la planificación, tardan más. Estos cambios comienzan en la pubertad. Aunque el cerebro se ha desarrollado totalmente sobre los 25 años, sigue desarrollándose y cambiando durante el resto de la vida.

CONVIENE SABER

Estableciendo conexiones

En los primeros años de vida, se establecen millones de conexiones, llamadas sinapsis, entre las células cerebrales. Estas conexiones permiten aprender. Con el tiempo, el cerebro va eliminando las conexiones en desuso, dando más espacio y «capacidad cerebral» a las que sí se necesitan, haciéndolas más eficientes. Los años de la adolescencia son un período crítico para fortalecer o eliminar conexiones, aunque este proceso continúa durante toda la vida.

◁ **Primera infancia**
Se establecen muchas conexiones a gran velocidad, lo que permite desarrollar nuevas habilidades.

◁ **Adolescencia**
Se eliminan las conexiones en desuso, mientras que las que se usan con frecuencia se fortalecen.

Córtex prefrontal
Responsable del pensamiento racional, la solución de problemas, el autocontrol y la planificación. Es la parte que madura más tarde.

Ganglios basales
Controlan el movimiento y la toma de decisiones.

Núcleo accumbens
Es el centro de recompensa del cerebro, crea recuerdos de experiencias positivas o negativas. Los niveles de dopamina en el núcleo accumbens cambian durante la adolescencia. Los adolescentes necesitan más que los adultos lograr la «emoción» del placer, lo que significa que buscarán más ocasiones de lograrlo.

Hipotálamo
Inicia la pubertad liberando la hormona GnRH. También regula el sueño, la temperatura corporal y la sensación de hambre y de sed.

Glándula pituitaria
Controla los niveles hormonales del cuerpo.

Amígdala cerebral
Responsable de la conducta instintiva, la agresividad y la asunción de riesgos, la amígdala genera emociones fuertes como el miedo y la ira. Los adolescentes la usan más que los adultos para procesar la información, lo que hace que sean más propensos a las emociones extremas.

Cuerpo calloso
Este haz de nervios conecta los dos hemisferios (izquierdo y derecho) del cerebro. Los nervios se engrosan en la adolescencia, lo que mejora la capacidad de resolver problemas.

Torpeza

Los estirones de la pubertad en el crecimiento pueden hacer que al cerebro le cueste seguir el ritmo. Necesita adaptarse a unos miembros que son ahora más largos y a las nuevas proporciones del cuerpo. Mientras el cerebro se adapta, es fácil que los adolescentes tropiecen o choquen con las cosas más que antes.

▷ **Conciencia de uno mismo**
Los adolescentes toman más conciencia de su cuerpo durante la pubertad. Eso puede hacer que se sientan más torpes.

Comportamientos de riesgo

Los adolescentes son más propensos a buscar emociones y actuar impulsivamente. El cerebro adolescente madura empezando por la parte posterior, por lo que la corteza prefrontal, que controla los impulsos y el pensamiento racional, madura en último lugar, y, hasta que lo hace, la amígdala, responsable del instinto y las conductas arriesgadas, toma el control y permite que los adolescentes se hagan más independientes de sus padres.

△ **Desafiar los límites**
Algunos adolescentes toman decisiones imprudentes porque su cerebro está más centrado en el éxito social de una acción que en los riesgos.

Cerebelo
Responsable de coordinar el movimiento del cuerpo y el equilibrio, se ajusta a medida que el cuerpo crece.

Descanso del cerebro

Con cambios tan rápidos en su cuerpo y su cerebro, es necesario un promedio de nueve horas de sueño nocturno. Los cambios que ocurren en el cerebro también afectan sus patrones de sueño. Durante la adolescencia, la melatonina, la hormona que estimula el sueño, no se libera en el cerebro hasta altas horas de la noche y continúa liberándose por la mañana, lo que convierte a los adolescentes en noctámbulos y explica que les cueste madrugar.

Los científicos creen que el cerebro humano es un 10 % más pequeño que hace 20 000 años porque ahora es mucho más eficiente.

◁ **Sueño**
El sueño es vital para el desarrollo saludable del cerebro y del cuerpo.

Identidad

La identidad es un tema complejo que depende de cada individuo. Se trata de saber «¿Quién soy yo?». Encontrar la respuesta es un proceso que dura toda la vida, y que resulta sencillo para algunos y más complejo para otros.

¿Quién eres tú?

Algunos rasgos de la identidad de una persona, como su nacionalidad, probablemente estarán claros desde muy temprana edad. Otros, como su carácter y su identidad sexual, se irán afirmando gradualmente con el tiempo. En ciertos temas, como los religiosos y los políticos, pueden seguir los pasos de sus padres o desarrollar sus propias ideas a lo largo de su vida.

La identidad única de una persona también puede incluir otros componentes, como aficiones, gustos y manías, amigos, o si se trata de un hijo adoptado o de padres de distinto origen. La combinación de todos estos aspectos de una persona es lo que determina que cada niño, adolescente y adulto sea un individuo único.

▽ **Combinación única**
La identidad está influida por una gran diversidad de factores.

«Hoy tú eres tú, eso es más que cierto. No hay un ser vivo que sea tú más que tú mismo.»
Dr. Seuss

Cómo evoluciona la identidad

Los niños pequeños suelen hablar de su identidad refiriéndose a su apariencia y a sus actividades (el color de su pelo, su deporte favorito...). Los niños mayores tienden a compararse con los demás. Pueden empezar a sentirse bien por sus talentos o mal por lo que perciben como debilidades.

Durante la adolescencia, los niños suelen tener un sentido más complejo de quiénes son. Podrían definirse con mayor profundidad (decir, por ejemplo, que son alegres y optimistas, aunque eso no signifique que puedan estar tristes a veces). Muchos adolescentes experimentan a fin de descubrir su identidad más auténtica. A medida que encuentran nuevas personas y nuevas ideas, aprenden, y sus intereses y puntos de vista se desarrollan. Todos estos factores contribuyen a la evolución de su identidad.

△ **Proceso gradual**
Aunque los adolescentes reflexionan mucho sobre quiénes son, su identidad fluye y continuará cambiando hasta la edad adulta.

Choque de identidades

Aunque los miembros de una familia pueden tener cosas en común, también es completamente normal que tengan ideas y perspectivas muy diferentes sobre la vida. A veces, los adolescentes y los padres pueden sentir que no se entienden ni pueden estar de acuerdo en nada. Estos enfrentamientos, generalmente, se deben a sus diferentes valores personales, que dificultan que un lado entienda al otro. Reconocer y aceptar esta diferencia de valores puede hacer más fácil hablar de las cosas y llevarse bien.

▷ **Cambios de perspectiva**
Los adolescentes a menudo buscan nuevas perspectivas sobre temas como la música o la política, a fin de separarse de la identidad que sus padres crearon para ellos cuando eran más pequeños.

Pensamiento autónomo

Durante la adolescencia, el rápido desarrollo del cerebro hace que empiece a cambiar la manera de pensar. Una capacidad muy importante es poder pensar con autonomía, cosa que ayuda a los adolescentes a aumentar su autoestima y los prepara para el futuro.

¿Qué es el pensamiento autónomo?

Cuando una persona es capaz de pensar por su cuenta y tomar decisiones con fundamento, sin que nadie guíe sus pensamientos o la toma de decisiones, está pensando de forma autónoma. Esto empieza a hacerse de niño, pero se necesita tiempo y práctica para adquirir habilidad. Durante la adolescencia, esta capacidad avanza con rapidez, porque las partes del cerebro responsables de la cognición comienzan a desarrollarse. Mientras esta función cerebral se expande, los adolescentes están perfeccionando continuamente las habilidades que les ayudan a convertirse en individuos independientes, aprendiendo tanto de la experiencia ajena como de la suya propia, de sus intentos y de sus errores.

> «La esencia de una mente independiente no está en lo que se piensa, sino en cómo se piensa.»
> **Christopher Hitchens, periodista, escritor y crítico**

El pensamiento en la adolescencia

El crecimiento del cerebro en la adolescencia permite desarrollar procesos complejos de pensamiento (pensamiento abstracto, raciocinio, comparación, empatía) fomentando la autonomía de pensamiento y de conducta.

Pensamiento abstracto

Esta forma de pensar considera posibilidades y conceptos que no están físicamente presentes.

Razonamiento

Este proceso de pensamiento induce a una persona a examinar todos los hechos de una situación de manera lógica y analítica para formar sus propias opiniones e ideas, así como a hacerse preguntas para investigar y comprender.

Contraste de diferentes puntos de vista

Esto lleva a una mayor comprensión de los temas y a plantear cuestiones para el debate.

Empatía

Este atributo permite a una persona ver las cosas desde la perspectiva de otra y comprender su punto de vista. Es importante para tener relaciones sanas y exitosas.

Rasgos del pensamiento autónomo

El pensamiento autónomo va de la mano con un comportamiento independiente. Son signos de que los adolescentes están preparados para ser más independientes, no solo en lo que hacen sino también en cómo piensan y abordan las cosas:

Ser fiel a uno mismo y evitar la presión de los amigos muestra la fortaleza de las propias creencias y asertividad.

Evaluar diversos enfoques de una situación permite a una persona decidir lo que es correcto para ella, sin descartar otras perspectivas.

Pensar creativamente y usar la imaginación permite encontrar maneras de enfrentarse a una tarea que otros no han pensado.

Mantenerse motivado y decidido a afrontar los obstáculos y contratiempos estimula la resolución de problemas y la resiliencia.

CONVIENE SABER

Pensar de manera diferente

Pensar de una manera autónoma permite tomar decisiones fundamentadas y cuestionar la norma, así como tener en cuenta nuevas formas de hacer las cosas. Al cuestionar en lugar de aceptar, una persona es capaz de deducir lógicamente y llegar a sus propias conclusiones, lo que puede conducir a originales e innovadoras ideas.

PARA LOS PADRES

Fomentar la independencia

- Da al adolescente espacio y autonomía para que pueda desarrollar el pensamiento independiente en un ambiente seguro.

- Ten disponibilidad para ofrecer ayuda y consejo cuando sea necesario, pero permítele tomar sus propias decisiones.

- Anima a tu hijo a considerar la causa y el efecto de las cosas que suceden en su vida, para ayudarle a considerar diferentes perspectivas y alentar el pensamiento crítico.

- Muestra a tu hijo adolescente cómo admitir y aprender de sus errores razonando los tuyos propios con él, asumiendo siempre la responsabilidad y explicándole lo que harás de manera diferente en el futuro.

- Habla de problemas e ideas con tu hijo. Dale espacio para expresar sus propias opiniones, pero no las critiques si no estás de acuerdo. En lugar de eso, pídele que explique su manera de pensar.

- Anima a tu hijo a hacer preguntas.

Desarrollar el pensamiento autónomo

Pensar de manera autónoma no es simplemente afirmar un punto de vista propio. Es llegar a una conclusión fundamentada siguiendo una secuencia de pensamientos: recopilar información, evaluar esa información, considerar factores externos y experiencias pasadas, tanto los errores como los aciertos. Siguiendo este proceso de pensamiento crítico, la persona se sentirá segura de sus ideas y, en función de ellas, sabrá aprender y deducir de forma independiente.

Responsabilidad

Fijar metas

Tener opiniones

Resolver problemas

Perspectivas diferentes

Dar sentido al mundo

◁ **Probar distintos caminos**
Dar sentido a pensamientos diferentes es una vertiente del pensamiento autónomo.

Cambios de humor

El humor de un adolescente puede cambiar en un abrir y cerrar de ojos. De las transformaciones físicas, a la presión de crecer e interactuar con el mundo, experimenta cambios de humor por muchas razones y puede ser difícil saber la causa.

Sensación de malhumor

Los cambios de humor impredecibles son normales durante la adolescencia, aunque no todos los adolescentes los experimenten. Puede ocurrir de manera abrupta o pasar por fases. Para algunos adolescentes son perturbadores, les avergüenzan y, si cogen a otros miembros de la familia por sorpresa, a veces la situación puede terminar en conflicto.

Pueden estar cariñosos o malhumorados sin un motivo aparente.

Altibajos

Durante la adolescencia, es normal estar feliz y animado y, al minuto, aburrido o deprimido, a menudo sin razón aparente. Cada uno experimenta las emociones de manera diferente y algunos las expresan más intensamente que otros.

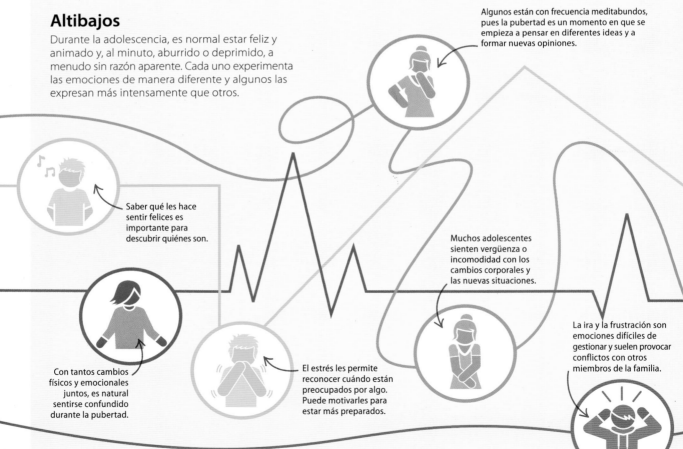

Algunos están con frecuencia meditabundos, pues la pubertad es un momento en que se empieza a pensar en diferentes ideas y a formar nuevas opiniones.

Saber qué les hace sentir felices es importante para descubrir quiénes son.

Muchos adolescentes sienten vergüenza o incomodidad con los cambios corporales y las nuevas situaciones.

Con tantos cambios físicos y emocionales juntos, es natural sentirse confundido durante la pubertad.

El estrés les permite reconocer cuándo están preocupados por algo. Puede motivarles para estar más preparados.

La ira y la frustración son emociones difíciles de gestionar y suelen provocar conflictos con otros miembros de la familia.

Causas de los cambios de humor

Durante la pubertad, las diferentes partes del cerebro maduran a distintos ritmos. El sistema límbico, responsable de las emociones y los sentimientos, se desarrolla desde el principio. La corteza prefrontal, que regula la respuesta de la persona ante sus emociones, no se desarrolla hasta más tarde, hacia el final de la pubertad. Mientras la corteza prefrontal no alcanza el sistema límbico, los adolescentes tienden a experimentar emociones extremas y son generalmente menos capaces de controlar sus respuestas emocionales, lo que provoca cambios de humor.

Estos no suceden solo por el desarrollo del cerebro. Las presiones de la pubertad, vivir nuevas situaciones, tomar conciencia de uno mismo, la presión de los compañeros, las expectativas crecientes, las preocupaciones por los exámenes, las relaciones y el futuro... todos estos elementos juegan un papel importante en los cambios de humor.

PARA LOS PADRES

Apoya a tu hijo

- Si tu hijo está experimentando emociones extremas, trata de identificar la causa o el sentimiento subyacentes, y apóyale, en lugar de centrarte en su comportamiento.

- Dale espacio para calmarse y hazle notar que estás ahí. Una vez que esté tranquilo, habla con él de todos los problemas.

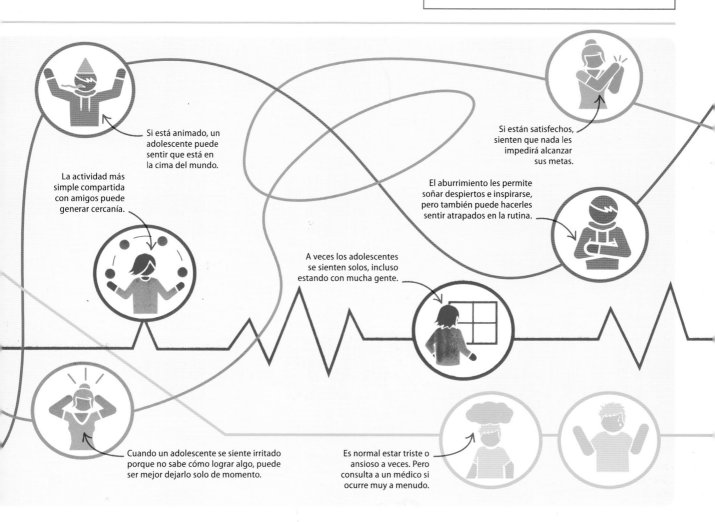

Si está animado, un adolescente puede sentir que está en la cima del mundo.

La actividad más simple compartida con amigos puede generar cercanía.

Si están satisfechos, sienten que nada les impedirá alcanzar sus metas.

El aburrimiento les permite soñar despiertos e inspirarse, pero también puede hacerles sentir atrapados en la rutina.

A veces los adolescentes se sienten solos, incluso estando con mucha gente.

Cuando un adolescente se siente irritado porque no sabe cómo lograr algo, puede ser mejor dejarlo solo de momento.

Es normal estar triste o ansioso a veces. Pero consulta a un médico si ocurre muy a menudo.

Expresión personal

Hay muchas maneras de mostrar quiénes somos, y nuestra apariencia es una de ellas. Los adolescentes pueden fomentar su creatividad, su individualidad y la conexión con sus compañeros sobre la base de cómo se expresan a través de su apariencia.

VER TAMBIÉN	
❮ **16–17** Identidad	
Género	**24–25** ❯
Imagen corporal	**72–73** ❯
Confianza y autoestima	**86–87** ❯

Apariencia

Cuando una persona se siente bien con su aspecto suele ser más positiva y mostrarse más segura. Recibir elogios de otros puede ayudar a aumentar la confianza en uno mismo. Pero a veces las reacciones de los demás no son las deseadas. Por desgracia, algunas personas tienen prejuicios respecto de aquellos que hacen las cosas de manera diferente, incluida la forma de vestir.

Es fácil para los adolescentes caer en la trampa de vestir para complacer a otras personas, en lugar de a ellos mismos. Es mejor ser siempre auténtico y coherente, también en lo que se refiere al propio aspecto.

▷ **Tener buen aspecto**
La expresión personal, sentirse bien y aceptarse uno mismo van de la mano.

△ **Probar cosas nuevas**
Probar diferentes atuendos puede darles la oportunidad no solo de averiguar lo que les gusta, sino también cómo quieren que otros los perciban.

Experimentar

Puede ser gratificante experimentar con la apariencia. Averiguar lo que hace que alguien se vea y se sienta mejor puede llevar tiempo. Después de todo, la pubertad es un proceso, y por lo tanto, a medida que los adolescentes crecen y maduran, tiene sentido para ellos probar diferentes aspectos. No hay nada malo en que alguien juegue con su apariencia en distintas épocas, o incluso día a día. Puede permitirle conocerse mejor, lo que, a su vez, ayuda también a los demás a comprenderle mejor.

PARA LOS ADOLESCENTES

Lidiar con la desaprobación

Es posible que a menudo no estés de acuerdo con tus padres sobre cómo vistes o sobre tu aspecto. Esto sucede porque los padres normalmente se centran en cómo otros juzgarán o etiquetarán a alguien por su aspecto. En cambio, tú valoras la creatividad, la individualidad y ser más aceptado por los amigos. Si tu aspecto se convierte con frecuencia en tema de conflicto, trata de discutir calmadamente con ellos esta diferencia de valores. Algunas cosas pueden ser más importantes que otras en función de la situación concreta.

Formas de expresión

Se pueden hacer muchas cosas para personalizar la vestimenta y la adolescencia es un buen momento para probar y experimentar.

Ropa

Si la ropa es cómoda y le queda bien, la persona se siente a gusto. Vale la pena encontrar algunos productos básicos y de buena calidad. Algunas personas confeccionan su propia ropa, lo que es una forma inteligente y divertida de llenar el armario.

Cabello

Largo o corto, rizado o liso, peinado o natural, las opciones para el cabello son infinitas. Muchos encuentran un estilo que les gusta y se ciñen a él, mientras que otros experimentan día a día. A veces, las elecciones de una persona reflejan su identidad cultural o religiosa.

Maquillaje

El uso de maquillaje puede acentuar los rasgos faciales, cubrir manchas o ser llamativo o natural. Puede ayudarte a sentirte más seguro y suele ser divertido experimentar con él, tanto para los chicos como para las chicas. Por supuesto, también es una forma de expresión no usar maquillaje.

▽ **Aspecto singular**
El arte corporal es una forma de expresar la identidad a través de la apariencia.

Piercings y tatuajes

Desde perforaciones en los oídos hasta tatuajes personalizados, el arte corporal permite ser extremadamente creativo con la apariencia, pero por su carácter permanente lo que hoy gusta podría ser un problema en el futuro. A medida que el adolescente explora su identidad, sus gustos cambian, por lo que es esencial pensar cuidadosamente y dedicarle tiempo a considerar la posibilidad de hacerse un piercing o un tatuaje.

CONVIENE SABER

Riesgos

Piercings:

- Pueden dañar algún nervio si no están bien hechos.

- Pueden infectarse si no se cuidan bien.

- Pueden cerrarse si no se usan durante mucho tiempo.

Tatuajes:

- Deben hacerse higiénicamente. Hay leyes estrictas sobre esterilización para tatuar. Acudir a un tatuador sin licencia aumenta el riesgo de infección de hepatitis C y VIH.

- Se requiere una edad mínima, incluso con el consentimiento de los padres.

- Solo se pueden quitar con una dolorosa técnica láser que disuelve las partículas de tinta de la piel.

Género

Muchas personas creen que existen dos géneros, el femenino y el masculino. Frecuentemente, el género se asocia al sexo biológico (hormonas, órganos sexuales y genes de una persona). De hecho, es mucho más complejo. El género de una persona está determinado por algo más que simplemente la anatomía con la que nació.

VER TAMBIÉN	
❮ **16–17** Identidad	
❮ **22–23** Expresión personal	
Imagen corporal	**72–73** ❯
Confianza y autoestima	**86–87** ❯

Entender qué es el género

El género es un concepto que funciona a dos niveles. A un nivel individual, se refiere a una combinación del sexo biológico de una persona, su percepción de quién es y sus opciones acerca de su comportamiento y su apariencia. Pero a nivel social, el género es una cuestión que analiza las expectativas tradicionales de la sociedad sobre cómo debe ser el aspecto de las personas y cómo deben actuar.

▽ **¿Qué es el género?**
El género se basa en el sexo biológico, la identidad de género y su expresión.

Sexo biológico
Se refiere a las características físicas con las que nace una persona. Algunas personas nacen hombres, otras mujeres. Algunas son andróginas, pues su biología tiene características masculinas y femeninas.

Identidad de género
Es el género con el que se identifica una persona, cómo se ve a sí misma, hombre, mujer u otro género. Nadie puede imponerle a alguien su identidad de género.

Género social
Es la forma en que los individuos se presentan a la sociedad, a través de su apariencia y su comportamiento. El género social puede coincidir o no con la identidad de género. También puede cambiar según el contexto.

Espectro de géneros

En lugar de solo reconocer los géneros femenino y masculino, el género puede considerarse como un amplio espectro de identidades. Una persona puede definir cómo identifica su género de muchas maneras.

▷ **Diversidad**
Hay una enorme gama de identidades de género. Esta lista no las incluye todas.

Transgénero
Alguien cuya identidad de género difiere de lo que la sociedad espera dado su sexo al nacer, como quien se identifica como mujer, pero nació hombre.

Cisgénero
Cuando la identidad de género de una persona coincide con lo que su cultura espera de ella dado su sexo biológico.

Agénero
Este término describe a alguien que siente que no pertenece a ninguno de los dos sexos. No se siente mujer ni hombre.

Declive de los estereotipos de género

La mayoría de las sociedades alientan a las personas a comportarse de cierta manera, a usar ropa apropiada y a hacer cosas específicas, según las ideas convencionales sobre qué significa ser hombre o mujer, femenino o masculino. Desafortunadamente, las personas que no se ajustan a esas expectativas pueden encontrar desaprobación social.

Ampliar el punto de vista sobre el género permite que todos se expresen más plenamente. Los estereotipos de género están muy presentes en los medios de comunicación y pueden hacer sentir que hay cosas que uno no puede o no debe hacer. Pero nadie debe sentirse limitado por las normas sociales, independientemente de si es hombre, mujer o tiene cualquier otra identidad de género.

△ **Desafiar las normas sociales**
Todo el mundo debe sentirse capaz de alcanzar su pleno potencial y hacer sus propias elecciones, libre de las limitaciones de los estereotipos de género.

Disforia de género

Para muchas personas, su identidad de género coincide con su sexo biológico (cisgénero). Sin embargo, otras sienten que el sexo que les asignaron al nacer no se corresponde con la forma en que se identifican o se expresan. La disforia de género define la angustia emocional que experimenta una persona si su cuerpo no coincide con su identidad de género.

Una persona con disforia de género puede sentirse muy incómoda con las suposiciones que la sociedad proyecta basadas en su sexo biológico. Para encajar con su forma íntima de sentirse algunas personas eligen cambiar su nombre, su apariencia o su anatomía.

PARA LOS ADOLESCENTES

Si estás confundido

- Investiga las experiencias e ideas de otros sobre el género; no estás dudando solo.

- Habla con alguien de confianza: un amigo íntimo, un terapeuta de la escuela o un grupo de apoyo.

- Si estás preparado para compartirlo y piensas que tus padres te apoyarán, busca una ocasión para hablar a solas con ellos. Si te preocupa que reaccionen de manera negativa, no te sientas presionado, puedes esperar a hacerlo.

PARA LOS PADRES

Si tu hijo necesita apoyo

- La pubertad puede ser perturbadora para alguien con disforia de género, por lo que es importante escucharle con atención y tomar en serio sus preocupaciones.

- Encuentra recursos (libros, sitios web, personas) para informarte mejor.

- Evita presionar a tu hijo para que actúe de una manera diferente. Recuérdale que no pasa nada por no ajustarse a las expectativas tradicionales.

Género cuestionado
Se refiere a una persona que evita ser etiquetada mientras explora su identidad de género.

Genderqueer (género no binario)
Término que engloba a todas las personas que no son heterosexuales y que no se identifican con la tradicional división de género binaria.

Género fluido
Persona cuyo género fluctúa, entre cualquiera de todos los tipos posibles. No quieren etiquetar su género como algo fijo.

Andrógino
Género cuya identidad está conformada por rasgos tanto masculinos como femeninos.

Pubertad femenina

¿Qué es la pubertad?

En la pubertad, las mujeres alcanzan su madurez física y adquieren la capacidad de reproducirse. Puede ser un período difícil en el que las adolescentes se transforman física, emocional y conductualmente.

Alcanzar la madurez

La pubertad comienza cuando el cerebro produce la hormona liberadora de la gonadotropina (GnRH). Esta hormona desencadena una amplia gama de cambios corporales y emocionales que tienen lugar en diferentes etapas, a lo largo de varios años, a medida que el cuerpo se desarrolla. El proceso es diferente para cada uno, pero las etapas clave son comunes. Seguramente generará confusión, pero hablar con un adulto de confianza puede ayudar. Después de todo, fueron también adolescentes.

CONVIENE SABER

Confianza y cuerpo

Muchas chicas adolescentes se sienten cohibidas o avergonzadas con su cuerpo, pero no hay por qué preocuparse, les pasa a todas. La pubertad es algo natural y puede ser también emocionante.

¿Qué cabe esperar?

Las niñas comienzan la pubertad antes que los niños, por lo general entre los 8 y los 14 años de edad. Durante la adolescencia, con tantas transformaciones, no es raro que las preadolescentes y las adolescentes se sientan como si su cuerpo y sus emociones estuvieran fuera de control. Aprendiendo cómo funciona su cuerpo, pueden sentirse mejor preparadas para lo que va a ocurrir.

Aumento de altura
Uno de los primeros signos de la pubertad a menudo se da en estirones repentinos.

Aumento de pecho
Los senos empiezan a desarrollarse bajo el pezón y van aumentando su tamaño gradualmente.

Vello púbico
El pelo que cubre los genitales se vuelve más tupido, más oscuro y más grueso. Al final de la adolescencia este pelo se vuelve rizado.

Cabello graso
El cabello de la mayoría de los adolescentes se vuelve más graso y hay que lavarlo más a menudo.

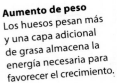

Aumento de peso
Los huesos pesan más y una capa adicional de grasa almacena la energía necesaria para favorecer el crecimiento.

Cambios emocionales

La pubertad trae nuevas emociones que a algunos adolescentes les puede costar expresar. Muchos pueden estar demasiado sensibles, irritables o enfadados. Son sentimientos normales pero para el adolescente pueden resultar, a veces, abrumadores. La manera de reaccionar ante estas emociones va desarrollándose a medida que los adolescentes crecen. Hablar abiertamente de estos nuevos sentimientos con un amigo o con los padres puede ayudarles a entender y a reflexionar sobre cómo se sienten.

△ **Cambios de humor**
El estado de ánimo experimenta a menudo altibajos. Pueden sentirse malhumorados y al minuto siguiente reírse.

△ **Sentimientos románticos**
Durante la pubertad, pueden comenzar a sentirse atraídos por otros. Puede ser emocionante, pero también confuso.

Primer período
La menstruación es probablemente el mayor cambio que experimenta una chica durante la pubertad.

Sudor y olores
Durante la adolescencia, el cuerpo comienza a producir más sudor, lo que puede causar olor corporal y de pies.

Vello axilar
Bajo los brazos, el pelo se vuelve más oscuro, más largo y tupido.

Acné
Las espinillas y los granos son un problema común en la adolescencia, causado por la obstrucción de los poros y las bacterias que quedan atrapadas en ellos.

Caderas más anchas
Las caderas se ensanchan, en preparación para dar a luz en el futuro.

Hormonas femeninas

Las hormonas son productos químicos, generados por el cuerpo, que dan instrucciones a las células. Cada hormona solo puede afectar a las células específicas que contienen el receptor asociado a ella.

VER TAMBIÉN

❰ **28–29** ¿Qué es la pubertad?

Cambios corporales	**32–33** ❱
El ciclo menstrual	**36–37** ❱
Pechos	**40–41** ❱

Inicio de la pubertad

Al empezar la pubertad, la hormona liberadora de gonadotropina (GnRH) en el cerebro indica al cuerpo que está listo para convertirse en adulto. La GnRH aumenta el nivel de las hormonas sexuales principales en las mujeres y los hombres (estrógeno en ellas y testosterona en ellos). A medida que la pubertad continúa, estas y otras hormonas regulan y controlan cada etapa del desarrollo.

▽ **Mensajeros químicos**
Los vasos sanguíneos transportan las hormonas de las glándulas endocrinas a las distintas células del cuerpo, donde estimulan el cambio.

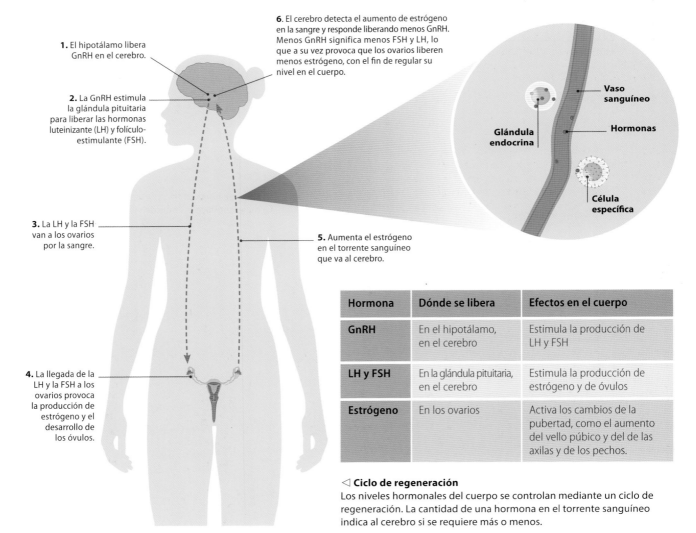

1. El hipotálamo libera GnRH en el cerebro.

2. La GnRH estimula la glándula pituitaria para liberar las hormonas luteinizante (LH) y folículo-estimulante (FSH).

6. El cerebro detecta el aumento de estrógeno en la sangre y responde liberando menos GnRH. Menos GnRH significa menos FSH y LH, lo que a su vez provoca que los ovarios liberen menos estrógeno, con el fin de regular su nivel en el cuerpo.

3. La LH y la FSH van a los ovarios por la sangre.

5. Aumenta el estrógeno en el torrente sanguíneo que va al cerebro.

4. La llegada de la LH y la FSH a los ovarios provoca la producción de estrógeno y el desarrollo de los óvulos.

Vaso sanguíneo

Hormonas

Glándula endocrina

Célula específica

Hormona	Dónde se libera	Efectos en el cuerpo
GnRH	En el hipotálamo, en el cerebro	Estimula la producción de LH y FSH
LH y FSH	En la glándula pituitaria, en el cerebro	Estimula la producción de estrógeno y de óvulos
Estrógeno	En los ovarios	Activa los cambios de la pubertad, como el aumento del vello púbico y del de las axilas y de los pechos.

◁ **Ciclo de regeneración**
Los niveles hormonales del cuerpo se controlan mediante un ciclo de regeneración. La cantidad de una hormona en el torrente sanguíneo indica al cerebro si se requiere más o menos.

Principales hormonas sexuales femeninas

Las dos principales son el estrógeno y la progesterona. El cambio en el nivel de cada una de ellas hace que las características sexuales se desarrollen durante la pubertad y regula el ciclo menstrual.

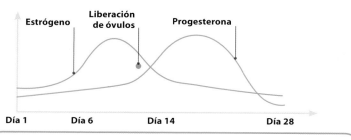

Estrógeno · **Liberación de óvulos** · **Progesterona**

Día 1 · Día 6 · Día 14 · Día 28

Estrógeno

El estrógeno es la principal hormona sexual femenina durante la pubertad. Hace que los ovarios produzcan óvulos y los prepara para la reproducción sexual. Durante la pubertad, el estrógeno es responsable de promover el desarrollo de los rasgos sexuales, como los pechos y el vello púbico. Después de la pubertad, regula el ciclo menstrual.

Progesterona

La progesterona está presente tanto en niñas como en niños, en niveles bajos. En las mujeres, empieza a actuar al comienzo del primer período. Construye el revestimiento del útero y lo prepara para acoger un óvulo fertilizado. Si no hay óvulo fertilizado, sus niveles descienden drásticamente y se desprende la envoltura del útero para su expulsión durante el ciclo menstrual.

Hormonas compartidas

El estrógeno, la progesterona y la testosterona están presentes tanto en las mujeres como en los hombres, pero en cantidades muy diferentes. A lo largo de sus vidas las mujeres siguen produciendo bajos niveles de testosterona y los hombres producen algo de estrógeno y progesterona. En las mujeres, la testosterona guarda relación con el mantenimiento de la masa ósea y muscular, y contribuye al deseo sexual. En los hombres, el estrógeno controla la grasa corporal y contribuye al deseo sexual, mientras que la progesterona supervisa la producción de testosterona. Los niveles hormonales difieren entre las personas y cambian a lo largo de la vida.

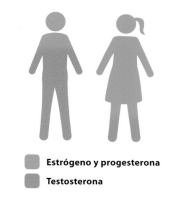

■ **Estrógeno y progesterona**

■ **Testosterona**

△ **Niveles hormonales**
La mujer produce el doble de estrógeno y progesterona que el hombre y diez veces menos testosterona.

Otras hormonas

Las hormonas no solo impulsan el inicio de la pubertad y el desarrollo de las características sexuales. Las hay de muchos tipos, aparte de las sexuales, que controlan y coordinan muchas funciones para mantener el cuerpo sano.

Mantienen el cuerpo sano

- La hormona antidiurética (HDA) mantiene los niveles de agua del cuerpo equilibrados.
- La melatonina permite dormir por la noche y permanecer despierto durante el día.
- La tiroxina determina la rapidez o la lentitud con la que el cuerpo metaboliza los alimentos.

Gestionan la alimentación

- La leptina regula el apetito haciendo que el cuerpo se sienta saciado.
- La gastrina segrega el jugo gástrico que descompone los alimentos.
- La insulina y el glucagón controlan el azúcar en sangre después de comer.

Lidian con el estrés

- La adrenalina aumenta la frecuencia cardíaca y produce energía cuando una persona está estresada.
- El cortisol administra el uso de azúcares del cerebro y proporciona más energía.
- La oxitocina permite relacionarse con otras personas al reducir el miedo y crear sentimientos de confianza.

Cambios corporales

La pubertad puede ser un momento difícil porque el cuerpo experimenta muchos cambios, tanto internos como externos. Todas pasamos por ella, pero cada una la experimenta de manera distinta.

¿Qué cabe esperar?

Estos son los cambios más comunes que experimentan las chicas, pero suceden en diferentes momentos para cada una.

▽ **Niña** ▽ **Preadolescente** ▽ **Adolescente** ▽ **Adulta**

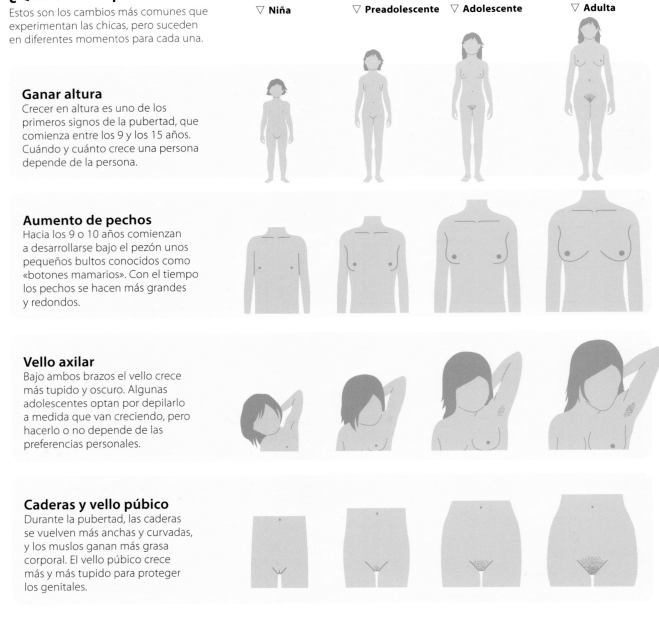

Ganar altura

Crecer en altura es uno de los primeros signos de la pubertad, que comienza entre los 9 y los 15 años. Cuándo y cuánto crece una persona depende de la persona.

Aumento de pechos

Hacia los 9 o 10 años comienzan a desarrollarse bajo el pezón unos pequeños bultos conocidos como «botones mamarios». Con el tiempo los pechos se hacen más grandes y redondos.

Vello axilar

Bajo ambos brazos el vello crece más tupido y oscuro. Algunas adolescentes optan por depilarlo a medida que van creciendo, pero hacerlo o no depende de las preferencias personales.

Caderas y vello púbico

Durante la pubertad, las caderas se vuelven más anchas y curvadas, y los muslos ganan más grasa corporal. El vello púbico crece más y más tupido para proteger los genitales.

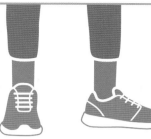

Estirones

Entre los 11 y los 15 años las chicas crecen hasta 8 cm cada año, con períodos de crecimiento rápido que afectan distintas partes del cuerpo en diferentes momentos. Las manos y los pies generalmente crecen primero, seguidos por los brazos y las piernas, mientras que la columna y el torso lo hacen al final. Estos ritmos de crecimiento diferenciados en el tiempo pueden ser causa de torpeza, ya que los músculos necesarios para mantener a los adolescentes equilibrados están adaptándose y la parte del cerebro que se ocupa de la conciencia espacial debe ajustarse a las nuevas proporciones corporales del individuo.

Problemas de la pubertad

La edad promedio de las chicas para iniciar la pubertad son los 11 años, pero puede comenzar en cualquier momento entre los 8 y los 14. Si alguien empieza la pubertad antes de los 8 años, tiene una «pubertad precoz». Si esto ocurre, lo mejor es acudir al médico para ver por qué el cuerpo ha iniciado la pubertad tan temprano. Puede comportar un estirón de crecimiento prematuro que también se interrumpirá antes de lo que debería, lo que significa que la niña puede ser más baja que la media cuando llegue a adulta. Del mismo modo, si la pubertad ocurre mucho después de los 14 años de edad, se debe buscar consejo médico.

▷ **Ritmos diferentes**
Si una adolescente está preocupada por su desarrollo, visitar a un médico le dará mayor tranquilidad.

Confiar en el propio cuerpo

Tener confianza interior marca una gran diferencia cuando una adolescente está lidiando con la gran cantidad de cambios que tienen lugar externamente. Es importante no estar pendiente de lo que les sucede a los demás, porque cada uno madura de manera diferente.

△ **Céntrate en las cosas positivas**
Piensa en las cosas buenas que tu cuerpo puede hacer, como bailar, correr y cantar.

PARA LAS ADOLESCENTES

Acepta el cambio

- Tu cuerpo te permite hacer cosas fantásticas: céntrate en lo que puede hacer más que en su aspecto.

- Háblate a ti misma tal como le hablarías a una amiga, regálate elogios y evita menospreciarte.

- Elige ropa que te haga sentir bien y concéntrate en las partes del cuerpo que más te gusten.

PARA LOS PADRES

Apoya a tu hija

- Trata de hacer que esta emocionante etapa de la vida sea positiva, a fin de construir la autoestima de tu hija adolescente por la persona en la que se está convirtiendo.

- Proporciona a tu hija adolescente toda la información y material práctico que pueda necesitar, esto puede ayudarla a sentirse mejor preparada para gestionar los cambios corporales cuando suceden.

- Si te avergüenza abordar estos temas, intenta al menos fingir que no. Esto hará que tu hija se sienta más segura en la etapa que está atravesando.

Genitales femeninos

Los órganos sexuales femeninos tienen dos funciones principales. Los ovarios almacenan y liberan los óvulos necesarios para la reproducción, mientras que el útero mantiene y aloja al bebé durante el embarazo.

En el interior

Los órganos sexuales internos están situados entre la vejiga, por delante, y el recto en la parte posterior. Son el útero, la vagina y los dos ovarios. Conocer la función de cada uno ayuda a los adolescentes a entender cómo funciona el cuerpo femenino y por qué las mujeres tienen ciclos menstruales.

▽ **Órganos sexuales internos**
La función principal de los órganos sexuales internos es la reproducción.

CONVIENE SABER

Secreción vaginal

En la pubertad, las mujeres empiezan a encontrar manchas de un líquido claro, amarillo o blanco, en su ropa interior. Este líquido, llamado flujo vaginal, lo produce el cérvix. Limpia y humedece la vagina y previene infecciones. Sin embargo, si el líquido cambia de color o es maloliente o grumoso, o produce picor, hay que consultar a un médico.

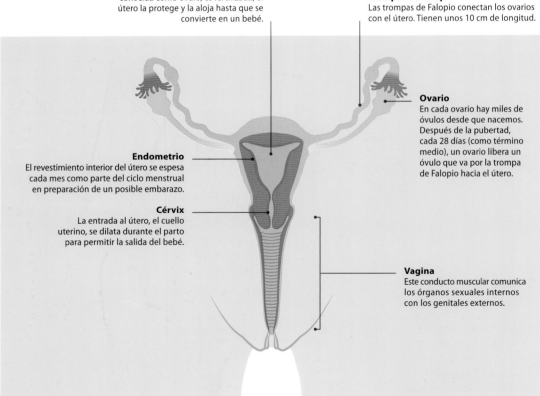

Útero
El útero tiene unos 7,5 cm de largo y 5 de ancho. Si la célula sexual femenina, conocida como óvulo, es fertilizada, el útero la protege y la aloja hasta que se convierte en un bebé.

Trompas de Falopio
Las trompas de Falopio conectan los ovarios con el útero. Tienen unos 10 cm de longitud.

Ovario
En cada ovario hay miles de óvulos desde que nacemos. Después de la pubertad, cada 28 días (como término medio), un ovario libera un óvulo que va por la trompa de Falopio hacia el útero.

Endometrio
El revestimiento interior del útero se espesa cada mes como parte del ciclo menstrual en preparación de un posible embarazo.

Cérvix
La entrada al útero, el cuello uterino, se dilata durante el parto para permitir la salida del bebé.

Vagina
Este conducto muscular comunica los órganos sexuales internos con los genitales externos.

Órganos externos

Los órganos sexuales externos, llamados vulva o genitales, se encuentran entre las piernas. Hay mucha variación en la forma, el tamaño y el color de los genitales femeninos. Todos son únicos y un adolescente nunca debe preocuparse de que el suyo tenga que tener determinado aspecto.

CONVIENE SABER

El himen

Las mujeres nacen con una delgada membrana de la piel que cubre la abertura vaginal, llamada himen, que, con el tiempo, se desgasta. Practicar ciertos deportes puede hacer que el himen se rompa, pero si no lo ha hecho ya en la pubertad, las hormonas lo van descomponiendo para permitir que salgan del cuerpo el flujo vaginal y la sangre menstrual.

Clítoris
En realidad es mucho más grande de lo que es visible externamente. Durante la excitación sexual el clítoris se expande. En su glande hay miles de terminaciones nerviosas sensibles.

Monte de Venus
Masa de tejido graso que cubre los huesos púbicos. Al inicio de la pubertad se cubre de vello púbico.

◁ **Vulva**
Contiene los genitales femeninos externos, con gran cantidad de nervios vitales para la excitación sexual.

Labios mayores
Los labios exteriores que protegen la abertura vaginal.

Labios menores
Estos pliegues protectores internos de la piel son, por lo general, más largos que los labios mayores.

Abertura de la uretra
La uretra está conectada con la vejiga y es por donde se expulsa la orina.

Abertura vaginal
Esta abertura puede cambiar de tamaño durante el acto sexual o el parto.

Ano
Está situado al final del recto, entre las nalgas, y es por donde se expulsan las heces. Está cerca de los genitales pero no forma parte de ellos.

Formas y tamaños

Los genitales son diferentes en cada mujer. Algunos tienen los labios internos más grandes que los externos y otros al revés. El tamaño del clítoris también varía.

Mantenerse sana

La práctica de una buena higiene reduce la posibilidad de infecciones genitales. Después de ir al baño, las niñas deben limpiarse siempre de adelante hacia atrás para evitar la propagación de bacterias desde el ano a la vagina. Lavar el área genital todos los días y secarla frotando a fondo después, así como llevar ropa interior limpia, ayuda a mantenerla sana. La vagina se limpia a sí misma, por lo que no es necesario lavarse por dentro.

PARA LAS ADOLESCENTES

Usar un espejo

Usar un pequeño espejo para mirar entre tus piernas te permite conocer tus genitales y ver dónde está cada parte. Observa cómo está normalmente, para reconocer si se produce algún cambio en esa zona.

El ciclo menstrual

El ciclo menstrual es el proceso que permite que el cuerpo de una mujer engendre un bebé. El ciclo se cuenta desde el primer día de un período hasta el día anterior al inicio del siguiente período.

VER TAMBIÉN

‹ **28–29** ¿Qué es la pubertad?

‹ **30–31** Hormonas femeninas

‹ **34–35** Genitales femeninos

Protección higiénica   **38–39** ›

Cómo funciona

Las hormonas femeninas, el estrógeno y la progesterona, regulan el ciclo menstrual. En la medida que suben y bajan los niveles de estas hormonas, el ciclo menstrual progresa. Sus cuatro etapas ocupan 28 días de promedio, pero pueden durar de 21 a 35 días. La longitud de cada etapa puede variar.

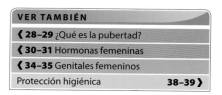

Estrógeno   Progesterona

Menstruación · Acumulación de revestimiento · Se mantiene el revestimiento · Descomposición

Día 1   Día 6   Día 14   Día 28

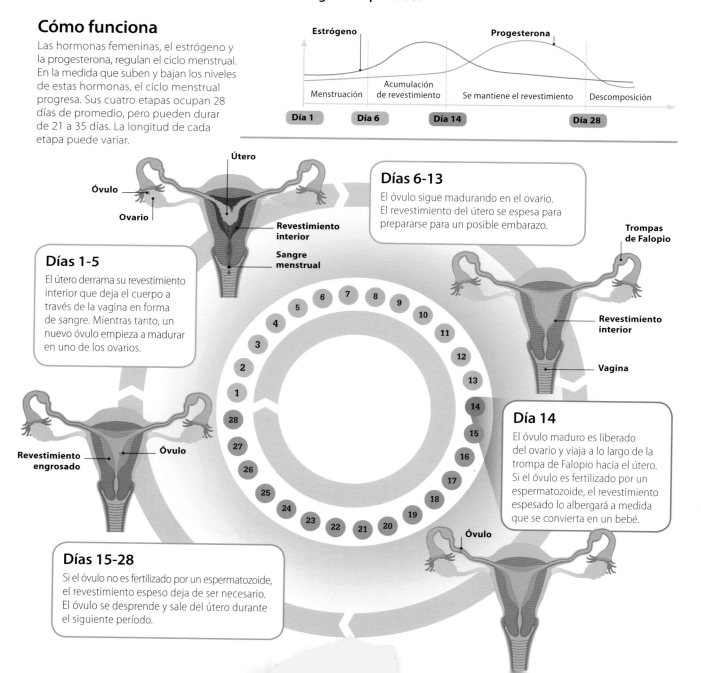

Útero

Óvulo

Ovario

Revestimiento interior

Sangre menstrual

Días 6-13

El óvulo sigue madurando en el ovario. El revestimiento del útero se espesa para prepararse para un posible embarazo.

Trompas de Falopio

Revestimiento interior

Vagina

Días 1-5

El útero derrama su revestimiento interior que deja el cuerpo a través de la vagina en forma de sangre. Mientras tanto, un nuevo óvulo empieza a madurar en uno de los ovarios.

Revestimiento engrosado

Óvulo

Día 14

El óvulo maduro es liberado del ovario y viaja a lo largo de la trompa de Falopio hacia el útero. Si el óvulo es fertilizado por un espermatozoide, el revestimiento espesado lo albergará a medida que se convierta en un bebé.

Óvulo

Días 15-28

Si el óvulo no es fertilizado por un espermatozoide, el revestimiento espeso deja de ser necesario. El óvulo se desprende y sale del útero durante el siguiente período.

Estar preparada

La mayoría de las chicas tienen su primer período, conocido como menarquia, alrededor de los 12 años, aunque no es raro tenerlo antes o después. Es natural sentir aprensión, pero conversar con un adulto de confianza puede ayudar a una adolescente a sentirse más preparada. Una vez que una adolescente comienza a dejar flujo vaginal (un fluido blanco o amarillo) en su ropa íntima, es útil tener compresas y ropa interior de repuesto a mano, ya que es probable que el primer período venga pronto.

CONVIENE SABER

Qué cabe esperar

- Tu menstruación suele comenzar unos dos años después de que tus pechos empiecen a desarrollarse y un año después de que el vello púbico empiece a crecer.
- Probablemente no notarás un chorro de sangre repentino. De hecho, muchas chicas no se dan cuenta al principio. Puedes sentir humedad o manchar de sangre tu ropa interior.
- Un período suele durar de tres a siete días. La cantidad de sangre perdida durante un período es muy pequeña, normalmente entre tres y cinco cucharadas grandes, aunque puede parecer más.
- La sangre menstrual puede ser de color rojo brillante, rojo oscuro o marrón, y está formada por los restos del revestimiento del útero.
- Nadie sabe si tienes la regla, a menos que se lo digas.

Altibajos

Sentirse cansado o sensible en los días previos a un período es completamente normal. Algunas personas también experimentan sensación de hinchazón, sensibilidad en los pechos, dolor de espalda, dolor abdominal y cólicos. Estos síntomas se conocen como síndrome premenstrual (SPM) y son causados por los cambios en los niveles hormonales.

El SPM puede comenzar de diez días hasta dos semanas antes de un período, pero cada persona es diferente. Tomar analgésicos, relajarse con una bolsa de agua caliente o hacer algo de ejercicio puede calmar el malestar físico.

▷ **Genera endorfinas**
Hacer ejercicio libera endorfinas, analgésicos naturales, que elevan el estado de ánimo.

CONVIENE SABER

El síndrome premenstrual (SPM)

Hay maneras de hacer más llevadero el SPM.

- Deja que la gente sepa cómo te sientes.
- Come saludablemente y duerme bien.
- Mantente activa y haz ejercicio.
- Reconoce de qué manera afecta tu estado de ánimo el SPM.
- Consulta al médico si los síntomas son muy intensos.

Períodos irregulares

Los dos primeros años, la cantidad de sangre perdida en cada período puede variar. También es común que los períodos sean irregulares, pero con el tiempo el ciclo menstrual debe seguir un patrón.

Es importante consultar a un médico si los períodos pierden su regularidad, si son excepcionalmente dolorosos o el sangrado aumenta. Si una adolescente ha tenido relaciones sexuales y tiene una falta, puede ser una señal de que está embarazada.

△ **Hacer un seguimiento**
Tomar nota en tu teléfono o en un calendario puede ayudarte a prever cuándo será el próximo período.

Vivir la vida

Aunque a veces puede ser incómoda, la menstruación no debe restringir el estilo de vida de una persona. Con la adecuada protección higiénica, te sentirás segura y capaz de hacer las actividades que te gustan.

Protección higiénica

Los productos higiénicos están diseñados para mantener a las chicas y las mujeres cómodas durante el período. Hay muchos productos, pero todos permiten desechar convenientemente la sangre menstrual de una manera adecuada.

Una elección personal

Hay muchas opciones disponibles para hacer frente a la sangre menstrual perdida durante un período. Muchas adolescentes comienzan usando compresas y siguen con ellas, mientras que otras prueban otras opciones, como los tampones y las copas menstruales. Sea cual sea el producto elegido, puede costar un tiempo de práctica familiarizarse con la forma de utilizarlo eficazmente. Vale la pena hablar con una persona adulta o amiga para saber qué les ha funcionado mejor.

¡ATENCIÓN!

Eliminación adecuada

Antes de tirar una compresa a la papelera, puedes enrollarla con la envoltura de la nueva, y los tampones en papel higiénico. Vacía las copas menstruales directamente en el inodoro antes de limpiarlas. Nunca tires al inodoro los productos higiénicos.

◁ **Hay muchas opciones disponibles**
Elige un producto que te resulte a la vez cómodo y práctico.

Compresas

Hechas de un material parecido al algodón, las compresas protegen la ropa y evitan molestias al absorber la sangre menstrual, lo que impide su contacto con el cuerpo. Para satisfacer las necesidades de las personas en las diferentes etapas de su período, las hay de tres tipos, que pueden encontrarse en distintos tamaños y grosores. Decidir cuál usar depende de la intensidad o ligereza de un período.

▽ **Compresas**
Tienen un lado inferior adhesivo para mantener la compresa higiénica fija en su lugar.

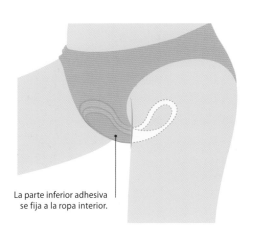

△ **Salvaslips**
Finas y ligeras, se utilizan cuando el flujo menstrual es leve o muy leve, lo que se conoce como sangrado irregular.

△ **Compresa**
Estas compresas, más gruesas y absorbentes, se utilizan cuando el flujo mensual es de tipo medio a intenso.

△ **Compresa con alas**
Las alas laterales adhesivas pueden doblarse sobre los lados de la ropa interior para mejorar la protección y dar mayor seguridad.

La parte inferior adhesiva se fija a la ropa interior.

Tampones

Un tampón es un rollo pequeño y compacto de material blando que se coloca dentro de la vagina para absorber la sangre menstrual. Los tampones deben cambiarse cada cuatro o seis horas. Los hay de diferentes tamaños y absorbencias disponibles, según si un período es suave, medio o intenso.

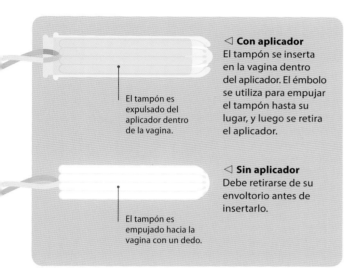

El tampón es expulsado del aplicador dentro de la vagina.

◁ **Con aplicador**
El tampón se inserta en la vagina dentro del aplicador. El émbolo se utiliza para empujar el tampón hasta su lugar, y luego se retira el aplicador.

◁ **Sin aplicador**
Debe retirarse de su envoltorio antes de insertarlo.

El tampón es empujado hacia la vagina con un dedo.

CONVIENE SABER

Síndrome de shock tóxico (SST)

El SST es una enfermedad rara pero peligrosa que puede producir síntomas similares a los de la gripe, fiebre alta y erupciones cutáneas. Está causado por las toxinas bacterianas que pueden acumularse en la vagina cuando se utilizan tampones. Para reducir el riesgo, hay que cambiar el tampón cada cuatro-seis horas, lavarse siempre las manos antes de ponerlo y quitarlo, y usar el tamaño y la absorbencia adecuados a la intensidad de tu período.

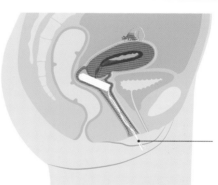

◁ **Posición**
El tampón debe colocarse en la parte alta de la vagina, cerca de la abertura del cuello uterino.

El cordón hace más fácil extraer el tampón.

Copas menstruales

Hecha de silicona flexible, una copa menstrual es un producto reutilizable usado para recoger la sangre menstrual dentro de la vagina, en lugar de absorberla. Durante un período, tiene que ser vaciada, enjuagada y reemplazada cada cuatro-ocho horas. Al final de un período, debe lavarse con agua y jabón no perfumado y guardarse en un lugar limpio. El tamaño que hay que usar no está relacionado con el flujo menstrual, sino con la edad de la usuaria y con si esta ha dado a luz o no.

FALSOS MITOS

La verdad sobre los productos higiénicos

Aunque uses tampones o copas menstruales seguirás siendo virgen. Es virgen quien no ha tenido relaciones sexuales.

Ni el tampón ni la copa menstrual se pueden perder. El cuello uterino es demasiado pequeño para dejar pasar un tampón o una copa menstrual.

◁ **Copa menstrual**
Se puede utilizar en cualquier momento del período. Bien cuidada, puede durar años.

La copa de silicona flexible se pliega antes de ser insertada en la vagina.

El rabillo ayuda a extraer la copa.

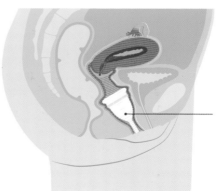

◁ **Colocación**
Debe quedar lo más baja posible sin que te sea incómoda, con el rabillo justo en el límite de la vagina.

La copa tapona la vagina para evitar la pérdida de sangre.

Pechos

Por término medio los pechos comienzan a crecer entre los 9 y los 13 años, y suelen tardar de 5 a 6 años en desarrollarse plenamente. Algunas no ven el momento de que esto suceda, mientras que otras pueden estar inquietas a medida que su cuerpo cambia.

Cómo funcionan

Los senos están formados por glándulas y tejido adiposo, y se encuentran sobre los músculos pectorales en la parte superior del torso. Durante la pubertad, los pechos femeninos crecen y se hacen más redondos por el mayor nivel de estrógeno. Como los hombres tienen bajos niveles de estrógeno, sus senos no suelen desarrollarse. La función principal de las mamas femeninas es producir leche para amamantar y nutrir a un bebé, durante la lactancia, que es controlada por la hormona oxitocina. Cuando el bebé chupa el pezón, una red de conductos transporta la leche a través de la mama y sale a través de pequeños orificios en el pezón.

PARA LAS ADOLESCENTES

Ama tus pechos

No hay una forma estándar de pecho o de pezón. Los hay de diferentes formas, tamaños y colores, y todos son perfectamente naturales. ¡Intenta amar los tuyos, sean como sean!

▷ **Dentro de la mama**
Formados por glándulas y tejido adiposo, los pechos son parte del sistema reproductivo femenino.

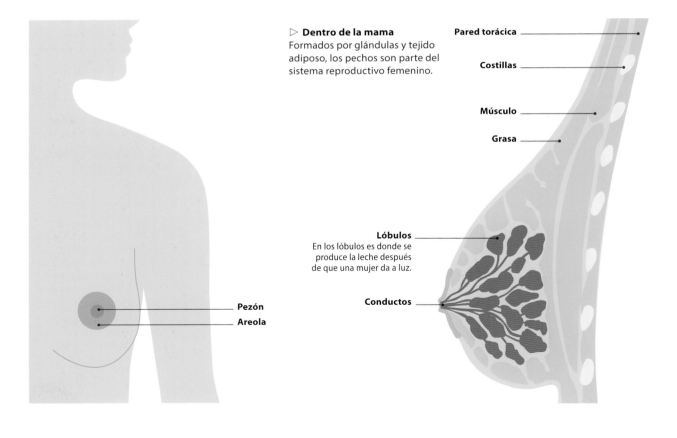

Pared torácica

Costillas

Músculo

Grasa

Lóbulos
En los lóbulos es donde se produce la leche después de que una mujer da a luz.

Conductos

Pezón

Areola

Desarrollo mamario

El botón mamario, una pequeña protuberancia que aparece bajo el pezón y la areola circundante, es uno de los primeros signos de la pubertad. Por lo general aparece entre los 9 y los 10 años, al aumentar en el cuerpo el nivel de estrógeno, una de las hormonas sexuales femeninas. Al principio pueden estar muy sensibles o doloridos, pero esto debería ir pasando.

Con el tiempo, a medida que el tejido adiposo y el glandular se desarrollan, los pechos se hacen más redondos y grandes. La areola se oscurece y se agranda. Los pezones pueden comenzar a sobresalir fuera de la mama.

△ **Etapas de crecimiento**
El desarrollo de los senos es provocado por el estrógeno, hormona sexual femenina.

Cosas que suelen preocupar

Las adolescentes pueden preocuparse a veces por sus pechos y por su aspecto. Estas son las preocupaciones más comunes:

Desarrollo tardío o temprano

Cada persona se desarrolla a su ritmo. La rapidez con que se desarrollen los pechos no tiene nada que ver con su aspecto en el futuro.

Pechos asimétricos

Normalmente, los pechos se van haciendo más uniformes, pero los pechos naturales no suelen ser del todo simétricos.

Sensibilidad

Algunas adolescentes experimentan sensibilidad mamaria en los días previos a un período, pero por lo general la sensación acaba con este.

Pezones invertidos

A veces los pezones crecen hacia dentro de la areola. Puede que terminen por salir, pero no siempre ocurre. No hay motivo para preocuparse.

Pelitos en el pezón

Es muy normal que crezca pelo alrededor de los pezones. No pasa nada por arrancar los pelos si no te gustan.

Estrías

El tejido mamario puede crecer más rápido que la piel que lo cubre. Eso puede hacer que aparezcan unas líneas finas, llamadas estrías. No te preocupes, pues con el tiempo se desdibujarán.

Autocontrol

Tanto las chicas como las mujeres deben comprobar sus pechos con regularidad y saber cómo se sienten en los diferentes momentos de su ciclo menstrual. Esto les permitirá notar cualquier cambio de manera más inmediata. Si hay algún cambio o si hay dolor o secreciones, lo mejor es consultar a un médico tan pronto como sea posible.

1. Ante un espejo mira ambos pechos por si notas algún cambio de forma o tamaño o alguna asimetría.

2. Une las manos detrás de la cabeza y presiónalas hacia delante para tensar los músculos. Mira si hay cambios en la piel o en el pezón, o si se producen secreciones.

3. Presiona firmemente las manos sobre las caderas, inclinándote ligeramente hacia delante. Busca cualquier cambio visible.

4. Acuéstate con un brazo alrededor de la cabeza. Presiona circularmente sobre cada pecho, incluyendo el pezón y la axila. Fíjate si notas algún cambio en el tejido mamario.

Sujetadores

El uso de un sujetador proporciona soporte al tejido mamario y hace que algunas chicas y mujeres se sientan más cómodas. Tienes disponibles muchos estilos, colores y diseños.

¿Cuál es tu talla?

Elegir la talla correcta del sujetador es muy importante, ya que un sostén mal ajustado puede afectar la postura y potencialmente causar dolor de espalda. Es posible calcular la talla correcta en casa, pero para garantizar que un sujetador se ajusta correctamente, lo mejor es dejarse aconsejar en una tienda por un experto. Puede que te dé vergüenza, pero recuerda que estos profesionales tienen experiencia y miden regularmente a gente para recomendarles su primer sujetador. Seguro que serán amables y comprensivos.

▷ **Medir bien**
Para calcular el tamaño correcto del sostén se necesitan dos medidas.

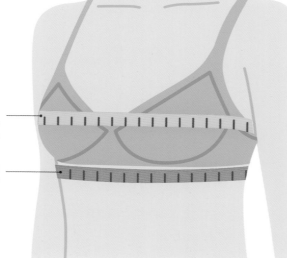

Paso 1
Medir la parte más ancha del busto.

Paso 2 - Medir el contorno
Mide alrededor del cuerpo, justo debajo de los pechos.

Paso 1
Mide la parte más ancha del busto, en línea con los pezones. La cinta métrica debe estar recta también en la espalda. Apunta esta medida.

Paso 2 – Medir el contorno del torso
Mide el contorno del cuerpo debajo de los pechos, junto a la caja torácica, asegurándote de nuevo de que la cinta métrica esté recta en la parte posterior. Anota esta medida. Este es el contorno del torso.

Paso 3
Resta la segunda medida de la primera. La diferencia entre las dos mediciones indica el tamaño de la copa.

A = Hasta 2,5 cm
B = Hasta 5 cm
C = Hasta 8 cm
D = Hasta 10 cm
DD = Hasta 13 cm
E = Hasta 15 cm

PARA LOS PADRES

Ir de compras con tu hija

Sé sensible cuando se trata de comprar un sujetador, ya que puede causar distintas emociones en una adolescente. Pregúntale si necesita ayuda para medir su talla, en lugar de hacer suposiciones y excederse o quedarse cortos.

¿Cuándo hay que empezar a usarlos?

La edad promedio para empezar a usar un sujetador es a los 11 años, pero cada persona se desarrolla a su propio ritmo. Una niña puede sentir que necesita más sujeción cuando aparecen las mamas o cuando se empieza a sentir incómoda practicando algún deporte. En ese momento, vale la pena comenzar a pensar en usarlo. Hay sujetadores para primerizas y camisetas ajustadas disponibles para aquellas que no se han desarrollado aún, pero tienen ya ganas de usar un sujetador.

Ajuste correcto

Usar la talla adecuada es esencial para la salud de los pechos y de la espalda. Un sujetador debe ser tan cómodo que se sienta como parte del cuerpo y debe dar confianza. Es importante seguir reevaluando el tamaño de los pechos a lo largo de la vida, pues pueden verse afectados por el cambio hormonal durante el embarazo y la menopausia.

▷ **Ajuste frontal**

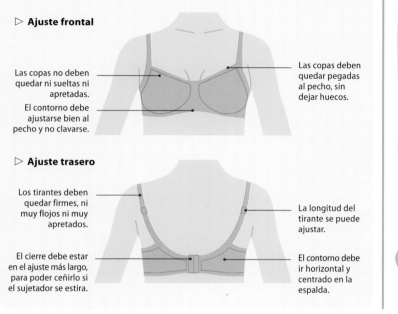

Las copas no deben quedar ni sueltas ni apretadas.

El contorno debe ajustarse bien al pecho y no clavarse.

Las copas deben quedar pegadas al pecho, sin dejar huecos.

▷ **Ajuste trasero**

Los tirantes deben quedar firmes, ni muy flojos ni muy apretados.

El cierre debe estar en el ajuste más largo, para poder ceñirlo si el sujetador se estira.

La longitud del tirante se puede ajustar.

El contorno debe ir horizontal y centrado en la espalda.

Ajuste incorrecto

Hasta un 70-80 % de las mujeres lleva mal ajustado el sujetador. Un sostén incómodo o mal ajustado no da el soporte adecuado y puede provocar que los pechos se muevan o producir dolor de espalda.

◁ **Tirantes demasiado apretados** Los tirantes deben mantener el sostén horizontal. Ponlos a la longitud correcta.

◁ **El pecho rebosa** Los pechos deben alojarse cómodamente dentro de la copa. Puedes necesitar un tamaño mayor de copa para albergar el pecho totalmente.

◁ **Sobra espacio** No debe quedar hueco entre el pecho y la copa del sujetador. Puede ser que necesites un tamaño más pequeño.

Tipos de sujetadores

Los sujetadores tienen diferentes objetivos en función de lo que se necesita. Además, los hay de muchos estilos. Puede ser difícil saber qué elegir al principio, así que pedir ayuda es una excelente manera de explorar opciones.

Primer sujetador, o de prueba

Son ligeros y son útiles cuando el pecho comienza a crecer pero no es aún lo bastante grande para usar un sujetador estándar. Suelen ser como camisetas ajustadas.

Con aros

Estos sujetadores tienen unos aros de alambre bajo los pechos y ofrecen una mayor sujeción y una estructura más rígida.

Sujetador deportivo

Estos sostenes llegan más arriba y ejercen un extra de sujeción, minimizando así el malestar causado por el movimiento durante el ejercicio.

Sujetador de copa suave

Estos sostenes no llevan aros de alambre en las copas. Son adecuados para su uso cotidiano.

Pubertad masculina

¿Qué es la pubertad?

Durante la pubertad, los chicos alcanzan la madurez física y la capacidad de reproducirse. Con cambios conductuales, emocionales y físicos, todo a la vez, la pubertad puede ser un momento difícil para los adolescentes.

Llegar a la madurez

La pubertad comienza cuando el cerebro produce la hormona liberadora de la gonadotropina (GnRH). Esta explosión hormonal dispara una serie de cambios emocionales y físicos que suceden en distintas etapas, a lo largo de varios años. Cada persona la experimenta de manera diferente, pero hay etapas clave comunes a todos. La transformación puede ser desorientadora, pero hablar con un adulto de confianza puede ayudar. Después de todo, fueron también adolescentes.

CONVIENE SABER

Confianza y cuerpo

Es normal que te sientas cohibido o avergonzado de tu cuerpo en la pubertad, pero no hay por qué preocuparse, les pasa a todos. La pubertad es algo natural y puede ser también emocionante.

Qué cabe esperar

En general, los chicos comienzan la pubertad un año más tarde que las chicas, normalmente entre los 9 y los 14 años. Durante la adolescencia, con tantas transformaciones, no es raro que los preadolescentes y los adolescentes se sientan como si su cuerpo y sus emociones estuvieran fuera de control. Si aprenden cómo funciona su cuerpo, estarán mejor preparados para lo que va a ocurrir.

Vello corporal
El vello comienza a crecer en la región púbica, en las piernas y el pecho, más grueso, más oscuro y más tupido. Al final de la pubertad este se vuelve rizado.

Sudor y olores
El cuerpo del adolescente comienza a producir más sudor, lo que puede causar olor corporal y de pies.

Aumento de testosterona
La testosterona hace que los hombres sean más fuertes, pero puede influir en el estado de ánimo y alterar los patrones de sueño.

Erecciones involuntarias
Empiezan las erecciones (el endurecimiento del pene). Pueden ocurrir mientras se duerme, en cualquier momento del día, o cuando el chico ve a alguien que le gusta.

Genitales más grandes
Durante la pubertad, el pene se alarga y los testículos crecen.

Cambios emocionales

Durante la pubertad, son comunes los altibajos emocionales. Los adolescentes suelen tener períodos en los que se sienten demasiado sensibles, irritables, enfadados, cohibidos o inseguros. Estos sentimientos son completamente naturales, pero para ellos a veces pueden resultar abrumadores. La manera de reaccionar ante estas emociones va desarrollándose a medida que crecen. Hablar abiertamente de estos nuevos sentimientos con un amigo o con un adulto puede ayudarles a entender y a reflexionar sobre cómo se sienten.

△ **Agresividad**
El aumento de la testosterona puede afectar mucho al estado de ánimo, y hacer aumentar la agresividad o incluso provocar peleas.

△ **Sentimientos románticos**
Un cambio emocionante pero algo confuso es el inicio de los sentimientos románticos hacia otras personas.

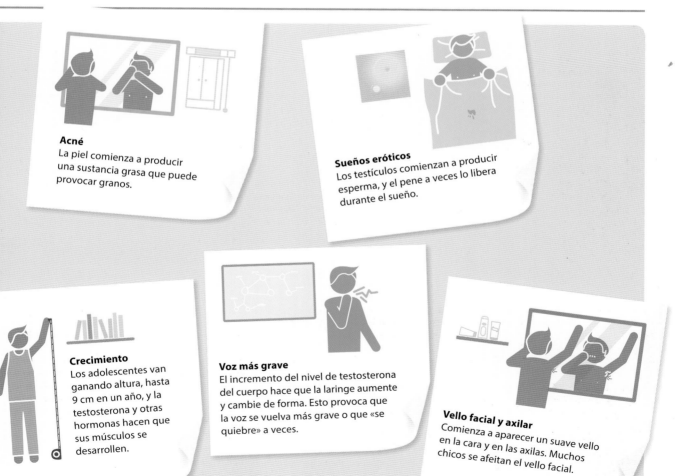

Acné
La piel comienza a producir una sustancia grasa que puede provocar granos.

Sueños eróticos
Los testículos comienzan a producir esperma, y el pene a veces lo libera durante el sueño.

Crecimiento
Los adolescentes van ganando altura, hasta 9 cm en un año, y la testosterona y otras hormonas hacen que sus músculos se desarrollen.

Voz más grave
El incremento del nivel de testosterona del cuerpo hace que la laringe aumente y cambie de forma. Esto provoca que la voz se vuelva más grave o que «se quiebre» a veces.

Vello facial y axilar
Comienza a aparecer un suave vello en la cara y en las axilas. Muchos chicos se afeitan el vello facial.

Hormonas masculinas

Las hormonas son productos químicos, generados por el cuerpo, que dan instrucciones a las células. Cada hormona solo puede afectar a las células específicas que contienen el receptor asociado a ella.

Inicio de la pubertad

Al empezar la pubertad, la hormona liberadora de gonadotropina (GnRH) en el cerebro indica al cuerpo que está listo para convertirse en adulto. La GnRH aumenta el nivel de las hormonas sexuales principales en mujeres y hombres (testosterona en ellos y estrógeno en ellas). A medida que la pubertad continúa, estas y otras hormonas regulan y controlan cada etapa del desarrollo.

▽ **Mensajeros químicos**
Los vasos sanguíneos transportan las hormonas de las glándulas endocrinas a las distintas células del cuerpo, donde estimulan el cambio.

6. El cerebro detecta el aumento de testosterona en la sangre y responde liberando menos GnRH. Menos GnRH significa menos FSH y LH, lo que a su vez provoca que los testículos liberen menos testosterona, con el fin de regular su nivel en el cuerpo.

1. El hipotálamo libera GnRH en el cerebro.

2. La GnRH estimula la glándula pituitaria para liberar las hormonas luteinizante (LH) y folículo-estimulante (FSH).

3. La LH y la FSH van a los testículos por la sangre.

5. Aumenta la testosterona en el torrente sanguíneo que va al cerebro.

Vaso sanguíneo

Glándula endocrina

Hormonas

Célula específica

4. La llegada de la LH y la FSH a los testículos provoca la producción de testosterona y espermatozoides.

Hormona	Dónde se libera	Efectos en el cuerpo
GnRH	En el hipotálamo, en el cerebro	Estimula la glándula pituitaria para que libere LH y FSH
LH y FSH	En la glándula pituitaria, en el cerebro	Estimula la producción de testosterona y espermatozoides en los testículos
Testosterona	En los testículos	Activa los cambios de la pubertad, como el aumento de los testículos y el pene

◁ **Ciclo de regeneración**
Los niveles hormonales del cuerpo se controlan mediante un ciclo de regeneración. La cantidad de una hormona en el torrente sanguíneo indica al cerebro si se requiere más o menos.

Testosterona

La testosterona es el motor de los cambios durante la pubertad. En los testículos se convierte en dihidrotestosterona (DHT), su forma activa, y se regula según los niveles de progesterona.

La DHT que causa los cambios en el cuerpo de un chico en la pubertad. La DHT incide en determinados órganos, favoreciendo el desarrollo de los genitales, el crecimiento del vello púbico y corporal, así como el del vello facial. También contribuye al desarrollo de la glándula prostática favoreciendo así la producción de semen. La cantidad de testosterona en el cuerpo controla los niveles de DHT.

△ **Crecer**
Los diferentes niveles de testosterona hacen que los chicos maduren a distintos ritmos.

Hormonas compartidas

El estrógeno, la progesterona y la testosterona están presentes tanto en las mujeres como en los hombres, pero en cantidades muy diferentes. A lo largo de la vida, los hombres producen algo de estrógeno y progesterona y las mujeres siguen produciendo bajos niveles de testosterona. En los hombres, el estrógeno controla la grasa corporal y contribuye al deseo sexual, mientras que la progesterona supervisa la producción de testosterona. En las mujeres, la testosterona guarda relación con el mantenimiento de la masa ósea y muscular, y contribuye al deseo sexual. Los niveles hormonales difieren entre las personas y cambian a lo largo de la vida.

■ **Estrógeno y progesterona**

■ **Testosterona**

△ **Niveles hormonales**
Los hombres producen diez veces más testosterona que las mujeres, pero solo la mitad de estrógeno y progesterona.

Otras hormonas

Las hormonas no solo impulsan el inicio de la pubertad y el desarrollo de las características sexuales. Las hay de muchos tipos, aparte de las sexuales, que controlan y coordinan muchas funciones para mantener el cuerpo sano.

Mantienen el cuerpo sano

- La hormona antidiurética (HDA) mantiene los niveles de agua del cuerpo equilibrados.

- La melatonina permite dormir por la noche y permanecer despierto durante el día.

- La tiroxina determina la rapidez o la lentitud con la que el cuerpo metaboliza los alimentos.

Gestionan la alimentación

- La leptina regula el apetito haciendo que el cuerpo se sienta saciado.

- La gastrina segrega el jugo gástrico que descompone los alimentos.

- La insulina y el glucagón controlan el azúcar en sangre después de comer.

Lidian con el estrés

- La adrenalina aumenta la frecuencia cardíaca y produce energía cuando una persona está estresada.

- El cortisol administra el uso de azúcares del cerebro y proporciona más energía.

- La oxitocina permite relacionarse con otras personas al reducir el miedo y crear sentimientos de confianza.

Cambios corporales

La pubertad puede ser un momento difícil porque el cuerpo experimenta muchos cambios, tanto internos como externos. Todos pasamos por ella, pero cada uno la experimenta de manera distinta.

VER TAMBIÉN

❮ **46–47** ¿Qué es la pubertad?	
❮ **48–49** Hormonas masculinas	
Los testículos	**52–53** ❯
El pene	**54–55** ❯

¿Qué cabe esperar?

Estos son los cambios más comunes que experimentan los chicos, pero suceden en diferentes momentos para cada uno.

▽ **Niño** ▽ **Preadolescente** ▽ **Adolescente** ▽ **Adulto**

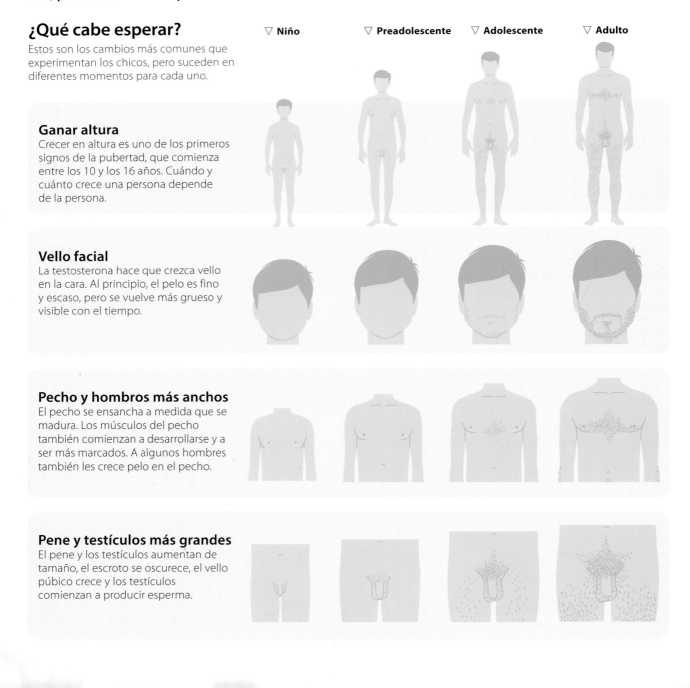

Ganar altura

Crecer en altura es uno de los primeros signos de la pubertad, que comienza entre los 10 y los 16 años. Cuándo y cuánto crece una persona depende de la persona.

Vello facial

La testosterona hace que crezca vello en la cara. Al principio, el pelo es fino y escaso, pero se vuelve más grueso y visible con el tiempo.

Pecho y hombros más anchos

El pecho se ensancha a medida que se madura. Los músculos del pecho también comienzan a desarrollarse y a ser más marcados. A algunos hombres también les crece pelo en el pecho.

Pene y testículos más grandes

El pene y los testículos aumentan de tamaño, el escroto se oscurece, el vello púbico crece y los testículos comienzan a producir esperma.

Problemas de la pubertad

La edad promedio en los chicos para el inicio de la pubertad son los 12 años, pero puede comenzar en cualquier momento entre los 9 y los 14. Si empieza antes de los 9 años, es una «pubertad precoz». Si esto ocurre, lo mejor es consultar a un médico para averiguar por qué el cuerpo ha desencadenado la pubertad tan temprano. Puede comportar un estirón de altura y luego que el crecimiento se detenga antes de lo que debería. Esto significa que el niño puede ser más bajo que la media cuando llegue a adulto. También conviene buscar consejo médico si llega mucho después de los 14 años sin desarrollo testicular.

CONVIENE SABER

Ginecomastia

La ginecomastia, también conocida como «tetas masculinas», puede ser causada por el cambio de los niveles hormonales, lo que puede provocar que los «pechos» de un chico se hinchen. Es un problema común que normalmente se resuelve al cabo de un tiempo, entre seis meses y dos años. Sin embargo, si la hinchazón persiste o hay cambios asimétricos en el tamaño del seno, o bultos o protuberancias en el pecho, debe consultarse a un médico.

Estirones

Entre los 12 y los 15 años los chicos crecen hasta 7-9 cm por año, con períodos de crecimiento rápido que afectan distintas partes del cuerpo en diferentes momentos. Las manos y pies, generalmente, crecen antes, seguidos por los brazos y las piernas, mientras que la columna y el torso lo hacen al final.

Estos ritmos de crecimiento diferenciados en el tiempo pueden ser causa de torpeza, ya que los músculos necesarios para mantener a los adolescentes equilibrados están adaptándose y la parte del cerebro que se ocupa de la conciencia espacial se ajusta a las nuevas proporciones corporales del individuo.

Confiar en el propio cuerpo

Tener confianza interior marca una gran diferencia cuando un adolescente está lidiando con la gran cantidad de cambios que tienen lugar externamente. Es importante no estar pendiente de lo que les sucede a los demás, porque cada uno madura de manera diferente.

△ **Céntrate en los aspectos positivos**
Piensa en las cosas buenas que tu cuerpo
puede hacer, como bailar, correr y cantar.

PARA LOS ADOLESCENTES

Acepta el cambio

- Tu cuerpo te permite hacer cosas fantásticas: céntrate en lo que puede hacer más que en su aspecto.

- Háblate a ti mismo tal como le hablarías a un amigo, regálate elogios y evita menospreciarte.

- Elige ropa que te haga sentir bien y concéntrate en las partes del cuerpo que más te gusten.

PARA LOS PADRES

Apoya a tu hijo

- Trata de hacer que esta emocionante etapa de la vida sea positiva, a fin de construir la autoestima de tu hijo adolescente por la persona en la que se está convirtiendo.

- Proporciona a tu hijo adolescente toda la información y material práctico que pueda necesitar, esto puede ayudarlo a sentirse mejor preparado para gestionar los cambios corporales cuando suceden.

- Si te avergüenza abordar estos temas, intenta al menos fingir que no es así. Esto hará que tu hijo se sienta más seguro en la etapa que está atravesando.

Los testículos

Los testículos son parte del sistema reproductivo masculino. Cada testículo es una fábrica de esperma, fluido de células sexuales masculinas. La testosterona, la hormona que controla la pubertad masculina, también se produce en los testículos.

Cómo funcionan

Una bolsa protectora de piel, llamada escroto, aloja los testículos. El escroto ayuda a mantener su temperatura ligeramente más fría que la temperatura corporal de 37 °C. Los testículos cuelgan fuera del cuerpo porque producen mejor el esperma a unos 35 °C. Para evitar que choquen entre sí, es frecuente que un testículo cuelgue más bajo que el otro. También es perfectamente normal que no sean simétricos.

▽ **Espermatozoide**

Cada espermatozoide contiene información genética masculina. Su función es llegar hasta un óvulo, célula sexual femenina, y fusionarse con él, durante la reproducción sexual. Los espermatozoides viven solo unos días.

▽ **Dentro del testículo**

El testículo medio es más bien pequeño, ovalado, y tiene aproximadamente 5 cm de longitud. Al comenzar la pubertad, cada testículo produce alrededor de 3000 espermatozoides por segundo, y lo hace hasta el final de la vida.

Parte intermedia
Contiene mitocondrias que liberan la energía que ayuda al espermatozoide a moverse.

Acrosoma
Revestimiento en forma de capuchón que le ayuda a introducirse en el óvulo.

Conducto deferente
Tubo largo y ancho a través del cual los espermatozoides viajan desde el epidídimo hasta el pene.

Núcleo
Contiene los 23 cromosomas con la información genética masculina.

Epidídimo
Los espermatozoides maduran en el epidídimo, y desarrollan la capacidad de moverse y fertilizar un óvulo.

Cola
La cola le permite propulsarse hacia delante.

Túbulos seminíferos
Los espermatozoides se producen en los túbulos seminíferos. Estos representan aproximadamente el 95 % del volumen de un testículo.

Escroto
Los músculos del escroto tiran de los testículos hacia el cuerpo y arrugan la piel escrotal para evitar la pérdida de calor cuando hace frío.

Autocontrol

Los adolescentes y los jóvenes deben acostumbrarse a examinar sus testículos una vez al mes, desde los 15 años, para comprobar que están sanos. Es fácil de hacer y lleva solo unos minutos. El mejor momento para examinarlos es después de la ducha o el baño, ya que el agua caliente relaja el escroto y hace más fácil palpar su interior.

¡ATENCIÓN!
Pide consejo

Si notas bultos, dolor o hinchazón en los testículos, es importante que los examine un médico. En la mayoría de los casos no hay nada de que preocuparse, pero siempre es mejor visitar a un médico para estar seguro.

1. Los testículos
Gira suavemente cada testículo entre el pulgar y los dedos. De vez en cuando presiona un poco. Presta atención a cualquier sensación de dolor, bulto o hinchazón.

2. El epidídimo
Inspecciona el epidídimo, el cordón en forma de coma que hay detrás de cada testículo. Es importante tener en cuenta que el epidídimo puede ser confundido con un bulto o una hinchazón.

3. El conducto deferente
El conducto deferente se palpa como un tubo duro, móvil y liso que pasa por detrás de cada testículo. Desplaza el pulgar y el índice a lo largo de su longitud, en ambos testículos, por si notas especial sensibilidad o bultos.

Cuidado de los testículos

Con el fin de mantener los testículos tan saludables como sea posible, hay que limpiarlos regularmente y protegerlos de lesiones.

FALSOS MITOS
La verdad sobre los testículos

Tener los testículos más grandes no hace que un niño sea más «varonil». El tamaño de los testículos no implica que seas más o menos hombre. Cada cuerpo es diferente.

No tendrás cáncer porque te golpeen en los testículos. En general, todo el mundo se recupera de un golpe como mucho pasada una hora, aunque se pueden experimentar náuseas.

Los pantalones ajustados pueden afectar la fertilidad. Usar ropa ajustada durante mucho tiempo puede aumentar la temperatura del escroto y reducir un poco la producción de espermatozoides.

△ **Limpieza a fondo**
Hay que limpiar bien alrededor y por debajo de los testículos, pues así se evita el olor corporal y las infecciones.

△ **Protección adecuada**
Un golpe en los testículos puede ser muy doloroso, así que, al practicar deporte, es una buena idea usar una coquilla protectora para evitar el riesgo de lesión.

El pene

El pene tiene dos funciones principales: se utiliza para orinar y también para la reproducción. En las relaciones sexuales, el pene eyacula un líquido llamado semen que contiene espermatozoides, las células reproductoras masculinas.

Anatomía del pene

El pene se compone de varias partes: glande, uretra, cuerpos cavernosos y cuerpo esponjoso. Conocer la función de cada parte ayuda a los adolescentes a entender cómo funciona el cuerpo masculino.

CONVIENE SABER

Higiene

Mantén tu pene limpio lavándolo cada día con agua tibia y jabón. Lava bien por debajo del prepucio, si lo tienes, para evitar una acumulación de esmegma (sustancia maloliente hecha de células muertas de piel y secreciones).

▽ **El pene**
La mayor parte del tiempo, el pene cuelga libremente y está flexible o flácido. La longitud y el ancho del pene pueden variar mucho, y es normal que se curve hacia la izquierda, la derecha o hacia arriba.

Vesícula seminal
Segrega el fluido que compone el 70 % del líquido seminal.

Vejiga
En ella se almacena la orina procedente de los riñones antes de ser expulsada.

Conducto deferente
El esperma viaja desde el testículo hasta la vesícula seminal y la próstata a través del conducto deferente.

Próstata
Segrega un líquido lechoso que constituye el 30 % del semen.

Cuerpos cavernosos
Dos tejidos esponjosos, en la parte superior del pene, que se llenan de sangre durante una erección.

Cuerpo esponjoso
Esta región de tejido esponjoso, que se encuentra debajo de la uretra, se llena de sangre cuando el pene está erecto.

Uretra
Este tubo conduce la orina y el semen al glande del pene.

Testículo
Los testículos producen espermatozoides, las células sexuales masculinas.

Prepucio
Pliegue de piel retráctil que se encuentra sobre el glande.

Epidídimo
Donde maduran los espermatozoides.

Glande
Es la punta, o «cabeza», del pene.

Formas y tamaños

Es común que los adolescentes se preocupen por la forma y el tamaño de su pene y que se comparen con otros. Lo importante es recordar que el tamaño de un pene cuando está flácido no afecta a su tamaño cuando está erecto.

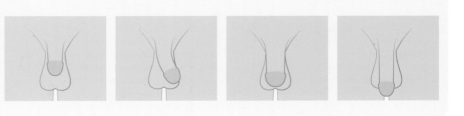

Circuncisión

La operación de cortar el prepucio se conoce como circuncisión. Alrededor de un tercio de los hombres son circuncidados, y suele ocurrir por razones religiosas o culturales, aunque puede recomendarse por razones médicas si el prepucio está demasiado cerrado o si tiene tendencia a infectarse. Generalmente se administra un anestésico general o local antes de llevar a cabo el procedimiento. La circuncisión no afecta al funcionamiento del pene.

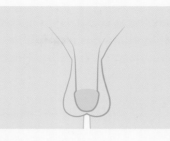

△ **Pene circuncidado**
El prepucio ha sido cortado y el glande del pene está expuesto.

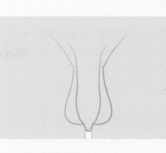

△ **Pene incircunciso**
El prepucio forma una capucha retráctil sobre el glande del pene.

Erecciones

Durante una erección el pene se llena de sangre y se endurece. Los cuerpos cavernosos en la parte superior del pene, y el cuerpo esponjoso en la inferior, se llenan de sangre. La mayoría de los penes apuntan hacia arriba cuando están erectos, pero también pueden apuntar hacia el lado, horizontalmente o hacia abajo.

Aunque las erecciones suceden por lo general cuando un hombre se excita sexualmente, también pueden suceder de forma espontánea, o mientras se duerme.

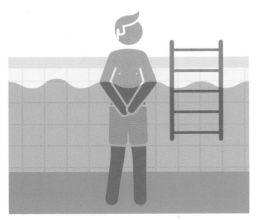

△ **Erecciones espontáneas**
Durante la adolescencia, se producen erecciones espontáneas con más frecuencia. Puede resultar embarazoso, pero lo mejor es reírse.

Eyaculación

En la eyaculación, el semen, fluido lechoso que contiene esperma, es expulsado del pene. El proceso comienza en los testículos, donde se produce el esperma, después es almacenado por un corto espacio de tiempo en el epidídimo. A partir de ahí, el esperma viaja a través del conducto deferente, combinándose con el líquido seminal de la vesícula seminal y la glándula prostática, para crear semen. Durante una eyaculación, se envían señales a los músculos de la base del pene, que se contraen para empujar el semen fuera del pene erecto.

La eyección de semen suele ocurrir durante la masturbación o las relaciones sexuales, pero también puede ocurrir involuntariamente durante el sueño, lo que se conoce como «sueño húmedo».

CONVIENE SABER

Sueños húmedos

Si mientras dormimos tiene lugar una eyaculación, decimos comúnmente que hemos tenido un «sueño húmedo». Los sueños húmedos se producen a menudo durante los años de la adolescencia, aunque a algunas personas les sucede con más frecuencia que a otras.

Es probable que los adolescentes se sientan avergonzados, pero es algo natural al crecer. Es una buena idea, limpiar bien el pene y los testículos y cambiar las sábanas al levantarse.

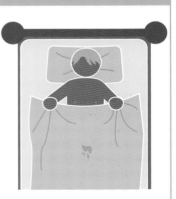

Cambio de voz

Durante la pubertad, la voz de los chicos y las chicas se hace más grave. La mayor profundidad de las voces femeninas es apenas perceptible, pero en algunas voces masculinas el cambio es drástico. En este período se dice que la voz de los chicos se está «quebrando».

VER TAMBIÉN

❮ **46–47** ¿Qué es la pubertad?

❮ **48–49** Hormonas masculinas

❮ **50–51** Cambios corporales

Confianza y autoestima **86–87** ❯

Cómo producimos la voz

La laringe, conocida como «caja de la voz», se combina con un sistema de cavidades en la cara y la garganta para gestionar los sonidos que se producen al hablar y al cantar.

Cuando el aire es expulsado de los pulmones, se dirige a la tráquea, y de ahí a la laringe. A lo largo de la laringe hay dos ligamentos, las cuerdas vocales, que son como dos bandas elásticas. Vibran cuando el aire pasa entre ellas (igual que una cuerda de guitarra al ser pulsada) y producen la voz.

El impacto de la pubertad

La testosterona provoca que las cuerdas vocales crezcan en la pubertad, haciéndose un 60 % más largas y gruesas y vibrando a una frecuencia menor que antes: de 200 veces por segundo a tan solo 130. Esto hace que la voz suene mucho más grave.

No está claro por qué ocurre este cambio. En otras especies, los machos desarrollan voces más profundas para atraer una compañera y para asustar a los depredadores y enfrentarse a otros machos más eficazmente. Quizá la voz humana cambia por las mismas razones.

Cuerdas vocales
Las cuerdas vocales se extienden por la laringe en forma de V. Son «pulsadas» por el aire que pasa a través de ellas para producir la voz de una persona.

Epiglotis
Estructura cartilaginosa que se cierra sobre la tráquea para impedir que entre la comida.

Laringe

Laringe
Estructura cartilaginosa a la cual se unen un grupo de membranas y músculos.

Cuerdas vocales

▷ **Caja de la voz**
Cuanto mayor es la laringe, llamada «caja de la voz», y cuanto más gruesas son las cuerdas vocales más grave es la voz.

Tráquea
El aire pasa a los pulmones a través de la tráquea.

Esófago
Los alimentos van de la boca al estómago a través del esófago.

Cambios en las facciones

Así como el cartílago de la laringe es sensible a la testosterona, también lo son los huesos faciales. El aumento de tamaño de estos implica que los espacios de aire del cráneo (conocidos como cavidades) aumenten también de tamaño. Esto da más espacio para que las moléculas de aire puestas en vibración por las cuerdas vocales puedan rebotar o resonar, lo que hace que la voz sea aún más grave.

Las cavidades frontales están entre los ojos, sobre el puente nasal.

El seno esfenoidal está en el núcleo del cráneo, detrás de los ojos.

Hay unas grandes cavidades detrás de los pómulos.

▷ **Senos más grandes**
Las cavidades de diferentes tamaños dentro de la estructura facial de una persona determinan el timbre y la altura de la voz. Cada persona las tiene de un tamaño distinto, por lo que todos tenemos una voz única.

La laringe resuena en menor grado, principalmente cuando una persona está emitiendo sonidos más agudos.

Gallos y gruñidos

El cambio de voz en los hombres es posterior al rápido crecimiento del pene. Suele ser gradual, ya que la laringe y los huesos faciales crecen con relativa lentitud. Sin embargo, en algunas personas, el crecimiento es súbito. Durante el cambio, se pueden producir gallos o sonidos roncos cuando el adolescente trata de hablar, a medida que el cuerpo se adapta a una caja de resonancia mayor. Esta «voz quebrada» no puede controlarse, pero desaparece al cabo de unos meses, una vez que la laringe deja de crecer.

PARA LOS ADOLESCENTES

Qué cabe esperar

- La edad promedio para que la voz cambie son los 15 años, aunque puede ser antes o después (el proceso de cada individuo en la pubertad es diferente). La voz suele cambiar hacia el final de la pubertad, pero en la mayoría de los hombres no madura completamente hasta pasados los 20.

- Puedes preocuparte o sentirte avergonzado por el sonido de tu voz, pero es perfectamente normal y la gente lo entiende. Recuerda que muchos otros están pasando por lo mismo. Pasará dentro de unos meses o incluso unas semanas.

- A medida que crece, la laringe también se inclina ligeramente, formando una prominencia en la garganta, llamada nuez. No les sucede a todos los adolescentes.

◁ **Altibajos**
La voz de un adolescente mientras los mecanismos vocales cambian puede oscilar entre gallos agudos y sonidos roncos.

Cuerpo sano

Higiene

Tener una rutina diaria de higiene, además de comer saludablemente y hacer ejercicio de forma regular, mantiene el cuerpo del adolescente limpio y libre de olores. Por otra parte, la higiene mejora el bienestar mental de un adolescente y puede aumentar su seguridad.

Higiene personal

Una mala higiene personal puede ser poco saludable y aumentar el riesgo de infecciones, por lo que es bueno que los adolescentes adquieran hábitos saludables tan pronto como sea posible.

▷ **Olores desagradables**
Adquirir el hábito de una buena higiene en la pubertad ayudará a los adolescentes a evitar situaciones embarazosas.

Cabello

En la pubertad, la sobreproducción de sebo (grasa) en la raíz de los folículos pilosos puede hacer que el cabello esté graso y lacio o que haya más células muertas, lo que origina caspa.

Para evitarlo, lávalo regularmente con una pequeña cantidad de champú y enjuágalo bien. Algunas personas necesitan lavarlo cada día, mientras que otras pueden esperar unos días antes de volver a lavarlo.

Usa las yemas de los dedos para frotar el champú en el cuero cabelludo. Evita usar las uñas para no arañar la piel.

Ojos

Lavarse las manos antes de tocar los ojos reduce el riesgo de conjuntivitis, así como otras infecciones. Es importante visitar al oculista regularmente para un chequeo, en especial si un adolescente usa lentes de contacto o gafas.

Para evitar la propagación de infecciones, como la conjuntivitis, evita compartir el maquillaje de ojos.

Piel y uñas

La piel es el órgano más extenso del cuerpo, por lo que es esencial que la mantengamos sana. Usar un exfoliante suave una vez a la semana ayuda a eliminar las células muertas de la piel, pero hay que evitar hacerlo con más frecuencia para no causar sequedad e irritación. Hay que hidratar la piel regularmente. Utiliza un cepillo de cerdas cortas para limpiar las uñas de las manos y de los pies.

Limpiar las uñas regularmente con un cepillo elimina las células muertas de la piel y reduce el riesgo de infección.

Colada

Saber lavar la ropa sin necesidad de ayuda es una habilidad cotidiana esencial que un adolescente debe adquirir.

Separar la ropa entre oscura, blanca y de color antes de ponerla en la lavadora o de lavarla a mano mantiene la tela en su estado óptimo. La ropa debe estar completamente seca antes de guardarla, para que no se ponga mohosa.

Elegir los productos adecuados

Prestar atención a si un producto es indicado para pieles sensibles, grasas o secas, o para las personas con alergias puede ayudar a evitar la irritación de la piel. Del mismo modo, los productos para el cabello pueden ser específicos para personas con pelo seco o graso, rizado, liso, fino o grueso, o para personas de diferentes etnias.

◁ **Opciones**
No es necesario gastar demasiado dinero. Los productos económicos suelen funcionar tan bien como los que son más caros.

Dientes

Para mantener la boca sana es muy aconsejable cepillarse los dientes y las encías al menos dos veces al día. El uso de hilo dental para eliminar cualquier resto de alimento atrapado entre los dientes ayuda a prevenir la caries. Los dulces y las bebidas azucaradas deben tomarse muy ocasionalmente.

Mantén el cepillo de dientes limpio, guárdalo vertical para que se seque y cámbialo cada tres meses para evitar que se acumulen en él las bacterias.

Axilas

Las axilas están llenas de glándulas sudoríparas. Este ambiente cálido bajo los brazos es ideal para que las bacterias descompongan el sudor, lo que puede liberar olores desagradables en esta parte del cuerpo.

Para minimizar el olor corporal, lávate las axilas todos los días con agua tibia y jabón suave. La mayoría de la gente usa desodorante diariamente para limitar la cantidad de sudor y encubrir cualquier olor desagradable.

Lavar las axilas todos los días mantiene a raya los malos olores.

Pies

En las plantas de los pies hay más glándulas sudoríparas que en cualquier otra parte del cuerpo humano, por lo que son a menudo la zona que desprende más olor.

Lávate los pies con agua tibia y jabón y sécalos bien, especialmente entre los dedos, para prevenir infecciones de hongos, como el pie de atleta.

Si un adolescente tiene una verruga (tipo de infección viral) debe cubrir su pie con un calcetín especial cuando nade.

Sudor y olores

En la pubertad, el cuerpo desprende más sudor y malos olores. Dado que los adolescentes sudan mucho más que los niños, mantener una buena higiene personal ayudará a reducir la sensación de sudar más y oler peor que antes.

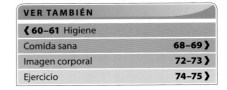

VER TAMBIÉN	
❮ **60–61** Higiene	
Comida sana	**68–69** ❯
Imagen corporal	**72–73** ❯
Ejercicio	**74–75** ❯

Qué es el sudor

Hay dos tipos de glándulas sudoríparas, que son unos tubos largos y enrollados que están en la piel. Las glándulas ecrinas, activas desde el nacimiento, cubren la mayor parte del cuerpo y producen un líquido claro que se vacía directamente sobre la piel. A medida que este líquido se evapora, baja la temperatura del cuerpo.

Las glándulas apocrinas se encuentran en las axilas y en las regiones genitales. Estas glándulas producen un líquido espeso y lechoso cuando la persona se siente nerviosa o estresada. Esta sustancia está llena de proteínas que las bacterias descomponen en la piel, causando la bromhidrosis, o el olor corporal.

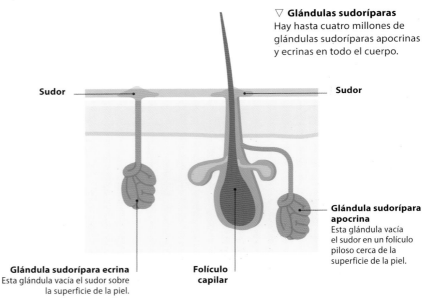

▽ **Glándulas sudoríparas**
Hay hasta cuatro millones de glándulas sudoríparas apocrinas y ecrinas en todo el cuerpo.

Sudor

Sudor

Glándula sudorípara apocrina
Esta glándula vacía el sudor en un folículo piloso cerca de la superficie de la piel.

Glándula sudorípara ecrina
Esta glándula vacía el sudor sobre la superficie de la piel.

Folículo capilar

CONVIENE SABER

Sudar

Las causas del sudor son:

- altas temperaturas
- ejercicio y actividad física
- estrés emocional
- comidas calientes o picantes
- cambios hormonales.

Algunas personas sudan más que otras, y, si se trata de un adolescente, merece la pena ir al médico.

Sudar en la adolescencia

Las glándulas apocrinas se activan al inicio de la pubertad, por lo que los adolescentes sudan más en este período. Los cambios hormonales de la pubertad también pueden hacer que una persona sude más. Puede llevar tiempo acostumbrarse al sudor y aprender a lidiar con él, pero es importante recordar que es una función corporal natural. Estando activo o inactivo, todo el mundo suda en algún momento del día.

▷ **Sudar a diario**
Algunas actividades te harán sudar más que otras, al igual que ciertas emociones, como la ansiedad.

Olor corporal

El sudor es inodoro. El olor solo aparece cuando las bacterias que viven en la piel y el pelo descomponen el sudor. Todo el mundo desprende olor corporal y debe aprender a manejarlo. La higiene diaria disminuye la cantidad de bacterias de la piel y, por lo tanto, reduce la probabilidad de olor corporal.

▷ **Tener una rutina**
Ducharse con regularidad reduce el número de bacterias responsables del olor corporal que tenemos en la piel.

Tratamiento del olor corporal

- Lávate todos los días y lo antes posible después de hacer ejercicio, centrándote en las áreas que más sudan, como las axilas.

- Usa un desodorante o un antitranspirante. Los desodorantes son lociones perfumadas que disfrazan el olor corporal.

- Cámbiate la ropa a diario, sobre todo los calcetines y la ropa interior. Elige ropa hecha de fibras naturales transpirables, como el algodón.

Mal aliento

El mal aliento (halitosis) puede darse por varios motivos, pero el más común se origina en los restos de comida atrapados entre los dientes. Las bacterias de la boca descomponen estos restos, liberando, al hacerlo, un gas maloliente. El cepillado regular y el uso del hilo dental ayudan a eliminar los restos de alimentos, reduciendo las probabilidades de mal aliento y caries dental.

▷ **Acumulación de bacterias**
Cambiar el cepillo de dientes cada tres meses detiene la acumulación de bacterias.

Combatir el mal aliento

- Cepíllate los dientes y las encías durante 2-3 minutos al menos dos veces al día. Límpiate también la lengua de manera regular. Usa hilo dental para eliminar cualquier resto de comida atrapado entre los dientes.

- Bebe agua con las comidas para lavar la boca.

- Evita fumar. Puede empeorar el mal aliento.

- Visita regularmente un dentista.

Olor de pies

Las glándulas sudoríparas de los pies son ecrinas. El sudor que producen no es dado a descomponerse por la acción de las bacterias desprendiendo mal olor. Sin embargo, los pies empiezan a oler mal si el sudor no puede evaporarse de la piel, puesto que están abrigados por calcetines y zapatos durante horas. Si los zapatos se humedecen con el sudor se crea el clima perfecto para que las bacterias se reproduzcan y descompongan el sudor, emitiendo mal olor.

▷ **Zapatos transpirables**
Los zapatos necesitan airearse después de cada uso para evitar la acumulación de bacterias en los pies. Un desodorante de pies puede ayudar a reducir y ocultar el mal olor.

Combatir el mal olor de pies

- Lávate y sécate los pies todos los días.

- Cámbiate los calcetines cada día.

- Evita usar los mismos zapatos dos días seguidos. Si es posible, alterna entre pares de zapatos para que tengan veinticuatro horas para airearse.

Vello corporal

En la adolescencia, el aumento de los niveles hormonales hace que el cabello se oscurezca y se espese. El color, la textura y la cantidad de pelo, normalmente, dependen de la estructura genética. Algunas personas tienen mucho vello corporal, y otras tienen menos.

VER TAMBIÉN	
❰ **22–23** Expresión personal	
❰ **60–61** Higiene	
Imagen corporal	**72–73** ❱
Presión social	**192–193** ❱

Funciones del pelo

El pelo humano tiene muchas funciones diferentes. El vello fino y claro que cubre la mayor parte del cuerpo forma una película para ayudar a regular la temperatura. El pelo de la cabeza también permite que el cuerpo retenga el calor y ayuda a proteger el cuero cabelludo, mientras que el pelo de los ojos y la nariz protege de la entrada de objetos extraños. El vello púbico protege los genitales y puede jugar un papel en la atracción sexual.

▽ **Cambios en la pubertad**
El pelo crece en nuevas áreas y se vuelve más oscuro y grueso en otras. El color del vello corporal puede ser distinto al de la cabeza en la pubertad.

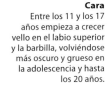

Cara
Entre los 11 y los 17 años empieza a crecer vello en el labio superior y la barbilla, volviéndose más oscuro y grueso en la adolescencia y hasta los 20 años.

Espalda, pecho y nalgas
Los chicos pueden desarrollar vello en estas zonas durante la adolescencia.

Axilas
En las chicas, el vello de las axilas aparece entre los 8 y los 14 años. En los chicos, lo hace un poco más tarde, de los 11 a los 17.

Brazos
Chicos y chicas tienen vello desde que nacen, pero en la pubertad puede oscurecerse y engrosarse.

Ingle
El vello púbico comienza a crecer en las niñas entre los 9 y los 16 años. En los niños suele hacerlo más tarde, entre los 10 y los 16. El vello púbico es más áspero, oscuro y grueso que el de otras zonas, y generalmente es rizado debido a su estructura.

Piernas
En ambos sexos, el vello de las piernas empieza a oscurecerse y espesarse durante la pubertad.

Opciones de vello corporal

Algunas personas prefieren eliminar el vello corporal, y otras deciden mantenerlo o recortarlo. No hay reglas sobre qué hacer con él, ni ninguna razón médica para quitarlo.

▽ **Preferencias personales**
Decidir qué hacer con el vello corporal es siempre una decisión personal. Cada opción presenta ventajas e inconvenientes.

FALSOS MITOS

La verdad sobre la depilación

Afeitarse no provoca que el pelo vuelva a crecer más oscuro y más grueso. El afeitado del pelo no altera la forma en que vuelve a crecer.

No tienes que apretar o arrancar con pinzas un pelo enquistado. Para evitar dañar la piel, que podría infectarse, exfóliala suavemente para sacar el pelo desde dentro.

	Cómo funciona	Ventajas	Desventajas
Cremas depilatorias	• Los productos químicos disuelven el cabello de la superficie de la piel	• Eficaz en grandes áreas • No deja vello incipiente	• Puede irritar la piel
No depilarse	• Deja el pelo natural	• No hay coste, molestias ni esfuerzos	• El pelo axilar puede alojar bacterias y producir mal olor
Arrancar	• Elimina el pelo desde la raíz, usando pinzas	• Puede retardar el crecimiento • Dura alrededor de una semana	• Puede ser doloroso, o causar irritación en la raíz del pelo y dejar cicatriz
Afeitado	• Corta el pelo en la superficie de la piel	• Indoloro • Barato, fácil y rápido	• Puede provocar irritación de la piel o cortes
Depilación a la cera	• Elimina el vello desde la raíz, usando tiras de cera	• Dura de tres a seis semanas • Puede retardar el crecimiento	• Puede irritar la piel • Puede ser doloroso • Puede ser caro

Afeitarse la barba

Cuando aparecen pelos más gruesos en la barbilla y el labio superior de un chico, este puede empezar a pensar en afeitarse. Hacerlo o no es una elección personal, aunque un adulto de confianza puede ayudar en la decisión.

No presiones demasiado con la maquinilla.

△ **1.** Elige una hoja de afeitar o una máquina. Es mejor tras un baño o ducha, pues la piel está suave e hidratada.

△ **2.** Si usas una hoja de afeitar, aplica antes una crema o un gel, para reducir el riesgo de cortes.

△ **3.** Sigue la misma dirección que la del crecimiento del vello. Afeitarse a contrapelo puede irritar la piel.

△ **4.** Lávate con agua y jabón, y aplica una loción hidratante, para evitar la sequedad de la piel.

△ **5.** Si usas una maquinilla, cambia las cuchillas regularmente para que sigan afiladas.

Granos

Cuando las células muertas de la piel y la grasa obstruyen los poros pueden salir granos. Este trastorno de la piel, conocido como acné, provoca a veces que los adolescentes se sientan cohibidos, pero es normal durante el crecimiento.

▷ **Espinillas**
Cuando las células muertas de la piel y la grasa obstruyen un poro, pueden aparecer espinillas. Su color oscuro no implica que estén llenas de suciedad, se debe más bien a la pigmentación de la piel. Pueden contener bacterias e infectarse.

▷ **Manchas blancas**
Cuando una delgada membrana de piel atrapa un tapón de células muertas, sebo y bacterias, sale una mancha blanca. Puede aumentar a medida que la glándula sebácea continúa produciendo grasa que se acumula bajo la piel.

▷ **Pústulas**
Estas protuberancias rojas con pus son lo que la mayoría de la gente asocia al acné. Aparecen cuando hay una infección del poro, que produce pus.

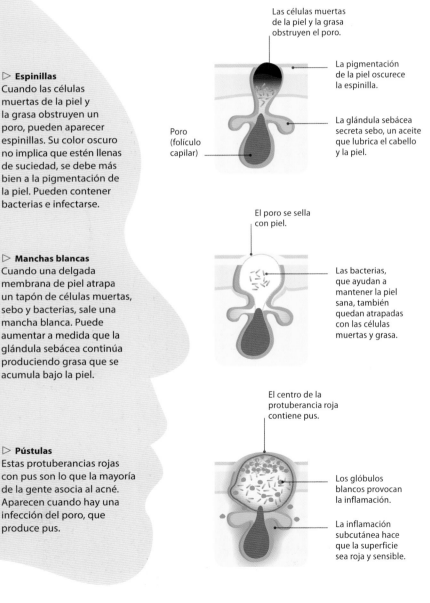

Las células muertas de la piel y la grasa obstruyen el poro.

La pigmentación de la piel oscurece la espinilla.

Poro (folículo capilar)

La glándula sebácea secreta sebo, un aceite que lubrica el cabello y la piel.

El poro se sella con piel.

Las bacterias, que ayudan a mantener la piel sana, también quedan atrapadas con las células muertas y grasa.

El centro de la protuberancia roja contiene pus.

Los glóbulos blancos provocan la inflamación.

La inflamación subcutánea hace que la superficie sea roja y sensible.

Acné

El término acné engloba una serie de puntos negros, blancos y otros tipos de manchas. El acné comienza cuando los poros (folículos pilosos) se bloquean por las células muertas de la piel y el aceite (sebo). Puede ayudar saber qué tipo de acné tiene un adolescente para tratarlo con eficacia.

FALSOS MITOS

La verdad sobre los granos

Una mala dieta no causa problemas en la piel. Ningún alimento provoca acné, pero comer sano puede ayudar a prevenirlo.

La suciedad no es causa de granos. Los granos salen de debajo de la piel, no los causa una carencia de lavado.

La menstruación puede provocar granos. El cambio hormonal antes y durante un período solo tiene un impacto menor, que tiende a ser temporal.

Infección

Si se acumulan bacterias en una espinilla o en un punto blanco, puede producirse una infección. El sistema inmunológico del cuerpo envía glóbulos blancos para atacarla, lo que causa el enrojecimiento y la hinchazón que provoca el dolor.

Hay cuatro tipos de lesiones: pápulas y pústulas, que son protuberancias rojas (las pústulas, llenas de pus), y nódulos y quistes, que son más grandes y más profundos (los nódulos son sólidos, mientras que los quistes están llenos de líquido).

Prevenir los granos

Tomar medidas para prevenir los granos es más fácil que tratarlos una vez que aparecen. Mantener rutinas de cuidado de la piel, incluso cuando no hay granos, ayudará a mantener sana la piel de los adolescentes.

Busca tratamientos con ingredientes antisépticos calmantes, como el aceite de árbol de té.

Usa a diario una crema hidratante suave.

Mantén el pelo fuera de la cara.

Lávate la cara con las manos, con agua tibia, no más de dos veces al día para evitar que la piel se reseque.

Evita cubrir los granos con maquillaje, ya que pueden empeorar. O por lo menos intenta encontrar algún maquillaje sin grasa.

Bebe mucha agua y sigue una dieta saludable.

Usa un exfoliante suave una vez a la semana para eliminar las células muertas de la piel.

Sentirse cohibido

Aunque los granos pueden hacer que un adolescente se sienta cohibido o avergonzado, la mayoría de la gente no está pendiente. Y, aunque alguien se fije, lo más probable es que también haya tenido granos y sea empático.

◁ **No sufras en silencio**
Si los granos producen ansiedad, es mejor ir al médico para tratarlos.

CONVIENE SABER

Reventar los granos

Aunque desees deshacerte de los granos, lo mejor es ignorarlos. Reventarlos puede empeorar la infección bacteriana y dejar cicatrices. Sin embargo, si la tentación es irresistible, es esencial lavarse antes las manos cuidadosamente, usar solo las yemas de los dedos y, si no revienta o sale sangre, parar de inmediato.

▷ **Ten paciencia**
Aunque estés tentado, reventar los granos a menudo los empeora.

Comida sana

Con todos los cambios que experimenta, el cuerpo del adolescente necesita energía extra y nutrientes. Adquirir ahora buenos hábitos alimentarios puede hacer más fácil llevar una vida sana, ya que estos hábitos suelen mantenerse en la edad adulta.

Dieta equilibrada

Una dieta equilibrada comprende alimentos de cada grupo y en las proporciones adecuadas. Las comidas y tentempiés deben contener frutas y verduras de colores variados, para asegurar que se están ingiriendo todos los nutrientes esenciales.

CONVIENE SABER

Diversidad de opciones

Algunas personas no comen ciertas carnes o preparan su comida de una manera específica por razones religiosas. Por razones éticas, los pescetarianos comen pescado pero no carne, mientras que los vegetarianos y los veganos no comen pescado ni carne. En su lugar, encuentran opciones ricas en nutrientes en el resto de los grupos de alimentos para asegurarse que el cuerpo recibe todo lo que necesita.

▷ **Comer bien**
Intenta seguir una dieta equilibrada que contenga alimentos de cada grupo, cada día.

Frutas y verduras
5-7 raciones diarias. Aportan minerales y vitaminas esenciales. Pueden ser frescos, congelados, enlatados, secos o exprimidos.

Carbohidratos y féculas
4-6 raciones diarias. Favorecen la digestión y proporcionan energía. Si es posible, usa los integrales.

Alimentos ricos en calcio
3 raciones diarias. Aportan calcio, que fortalece huesos y dientes.

Grasas saludables
Con moderación. Ayudan a almacenar energía y proteger los órganos vitales.

Proteínas
2-3 raciones diarias. Ayudan a construir y reparar tejidos.

Los beneficios de comer bien

Comer saludablemente da a un adolescente más energía, mejor concentración y una sensación general de bienestar. Es fácil para ellos adoptar unas sencillas medidas para mejorar su dieta.

Hábitos saludables

Hay muchas cosas que un adolescente puede hacer para asegurarse de que come saludablemente. Estas son solo algunas.

△ Hidratarse

Se recomienda beber 6-8 vasos de líquido por día. El agua es mejor, así que limita los zumos de fruta y los batidos a 150 ml por día.

△ Desayunar

El desayuno proporciona energía al cerebro y al cuerpo preparándolos para el nuevo día.

△ Tentempiés sanos

Preparar tentempiés saludables es tan fácil como combinar algunos alimentos dulces. Mantienen la sensación de saciedad más tiempo.

△ Control de la cantidad

En los carbohidratos, proteínas y verduras, una ración debe tener aproximadamente el tamaño del puño.

△ Comer regularmente

Para sostener el cuerpo durante todo el día, toma las comidas y tentempiés en horarios regulares.

△ Comer suficiente fruta y verdura

Come una selección de 5-7 frutas y verduras cada día.

Cosas que no son tan saludables

Los adolescentes deben ser conscientes de los hábitos poco saludables en su dieta diaria. Moderarlos es la mejor manera de mantenerse sano.

Cómida rápida

Los alimentos de preparación rápida suelen ser sabrosos y prácticos, pero normalmente tienen muchas calorías, grasas saturadas, sal y azúcar. Solo se deben consumir ocasionalmente.

Dulces

El chocolate, el helado, las bebidas gaseosas y los dulces pueden resultar más apetitosos que la fruta. Sin embargo, en exceso, pueden aumentar el riesgo de diabetes, caries dental e incremento de peso.

Dietas de desintoxicación

Los adolescentes deben evitar las dietas para «desintoxicarse», «limpiar» o cualquiera que recomiende saltarse las comidas o comer solo un tipo de alimento. Hacer una dieta así puede ser peligroso, y puede causar un trastorno alimentario.

Trastornos alimentarios

Si una persona tiene hábitos alimentarios poco normales, insanos o incluso peligrosos, podría sufrir un trastorno alimentario. Estos afectan a las personas al margen de su género, raza o antecedentes.

VER TAMBIÉN

❮ **68–69** Comida sana	
Imagen corporal	**72–73** ❯
Confianza y autoestima	**86–87** ❯
Ansiedad y depresión	**94–95** ❯

Relación con los alimentos

Comer nos mantiene física y mentalmente bien y las reuniones para comer facilitan la vinculación y la socialización con la familia y los amigos. Pero cuando la relación de una persona con los alimentos se convierte en una obsesión, o se vuelve insana o dañina, se sufre un trastorno alimentario.

Esto ocurre cuando la relación con los alimentos se convierte en una fuente de presión interna o se pierde el control de la situación. Puede suceder por muchas razones, por ejemplo, querer tener una cierta apariencia o vivir una situación estresante.

△ **Comida y socialización**
La comida es una gran parte de la rutina diaria y las comidas pueden ser una tortura para alguien con un trastorno alimentario.

Tipos de trastornos alimentarios

Hay diferentes tipos de trastornos de la alimentación. Las características pueden cambiar con el tiempo y se puede tener más de uno a la vez. Estos son los tipos de trastornos más comúnmente reconocidos.

Anorexia nerviosa

Este trastorno implica una percepción distorsionada de tener sobrepeso, lo que lleva a comer muy poco, saltarse comidas o ayunar de manera regular.

Algunas características
Estar muy delgado, pesarse y controlar las calorías obsesivamente, exceso de ejercicio y uso de laxantes.

Las complicaciones incluyen
Mareos y desmayos, piel seca, fatiga, pérdida de cabello, pérdida de memoria, infertilidad, menstruación irregular, pérdida de masa muscular, riesgo de daño renal y hepático y debilidad ósea.

Bulimia nerviosa

Este desorden consiste en comer en exceso (atracarse), para hacer frente al estrés o la ansiedad emocional, y seguidamente vomitar para purgar el cuerpo y evitar el aumento de peso.

Algunas características
Ayuno o exceso de ejercicio después de atracarse, ansiedad y culpa causadas por no cumplir con restricciones dietéticas imposibles.

Las complicaciones incluyen
Deshidratación, menstruación irregular, deficiencia de minerales, úlceras estomacales, glándulas salivales inflamadas, riesgo de problemas intestinales y cardíacos y caries.

Comer en exceso

Consiste en episodios repetidos de pegarse atracones compulsivamente en privado, para hacer frente a los sentimientos negativos.

Algunas características
Ansiedad, depresión, sentimiento de culpa, vergüenza, pérdida de control, comprar ciertos alimentos antes de un atracón.

Las complicaciones incluyen
Sobrepeso u obesidad, diabetes, colesterol alto, osteoartritis, dolor o inflamación de las articulaciones, riesgo de problemas cardíacos y cáncer de intestino o de mama.

Señales de alarma

Hay señales típicas que pueden indicar que alguien tiene un trastorno alimentario:

- Pérdida rápida o cambios frecuentes de peso
- Comportamiento desordenado, comer muy poco o excesivamente
- Pesarse muy a menudo y control obsesivo de las calorías

- Negarse a comer con otras personas o en público
- Hablar negativamente sobre el cuerpo
- Sentirse cansado o con poca energía

- Usar ropa holgada o de talla grande para ocultar el cuerpo
- Costumbre de hacer ejercicio en exceso
- Hacer cosas a escondidas, encerrarse en el baño después de las comidas

Buscar ayuda

Los trastornos de alimentación pueden ser fatales si no se tratan, por lo que es esencial abordar el problema lo antes posible. Ayudar a un ser querido puede ser un desafío, especialmente si niega el problema o está a la defensiva. Después de acudir a un médico, puede ser necesario ir a una clínica especializada en trastornos de la alimentación para recibir apoyo.

▷ **Primeros pasos**
Ir al médico es el primer paso hacia el tratamiento y la recuperación.

CONVIENE SABER

Ayudar a un ser querido

- Mantén la calma y evita juzgar, culpabilizar o criticar. Por el contrario, intenta aumentar su autoestima con elogios.
- Intenta no ponerte pesado con consejos, pregúntale qué necesita y cómo se siente.
- Prepárate por si rechaza tu ayuda o responde negativamente.
- Evita hablar delante suyo de aspecto o de peso.
- Sigue intentando que participe en actividades, incluso si no quiere socializar.
- Anímalo a buscar ayuda profesional, ya sea a través de su médico o llamando a una línea de ayuda.

Tratamiento

Los trastornos alimentarios suelen esconder otros problemas, como la ansiedad, la depresión o la soledad. En consecuencia, tratar un trastorno alimentario no es simplemente ayudar a una persona a alcanzar un peso saludable. También implica abordar los problemas emocionales y psicológicos que se encuentran tras este comportamiento. La recuperación puede ser un proceso lento durante el que la persona, poco a poco, reconstruye su relación con la comida y el cuerpo. Algunas personas pueden recaer, pero con el apoyo adecuado y el tiempo, los trastornos alimentarios pueden ser tratados con éxito.

△ **Tratamiento**
Es distinto para cada persona, puede consistir en medicarse, asesorarse o seguir una terapia familiar.

Imagen corporal

Una persona se vuelve más consciente de su imagen corporal en la adolescencia, cuando empieza a ser más importante para su sentido de la identidad. No estar satisfecho con su apariencia, puede afectar la confianza y la autoestima.

Qué es la imagen corporal

La imagen corporal es la representación mental que una persona tiene sobre su aspecto físico, así como los pensamientos y sentimientos asociados a esta percepción. Estos sentimientos pueden ser positivos o negativos o ambas cosas. La manera en que percibimos nuestro propio cuerpo no corresponde necesariamente a cómo es en realidad.

Lo importante de la imagen corporal no es cómo se ve un adolescente, sino cómo se siente por ello.

Importancia de la imagen corporal

La pubertad puede ser un tiempo turbulento para un adolescente y su imagen corporal. A lo largo de la adolescencia, algunos jóvenes se sienten constantemente cohibidos. Además de las transformaciones físicas experimentadas durante la pubertad, otras cosas pueden afectar la imagen corporal:

Manipulación mediática

Los medios presentan como modelo cuerpos «ideales» poco reales o estándares de belleza de famosos y de imágenes manipuladas digitalmente. La presión para cumplir con estos estándares puede llevar a los adolescentes a adoptar actitudes insanas, como dietas mal planteadas.

△ **Falsa «perfección»**
Es importante recordar que las imágenes de los medios suelen alterarse para dar una impresión falsa de «perfección».

Avergonzar por el aspecto

Hacer sentir mal a alguien por su aspecto consiste en criticar su apariencia, directamente, a través de murmuraciones, en línea o en persona. Es un tipo de intimidación que pretende hacer que la gente se sienta mal por su apariencia y puede resultar directamente en mala imagen corporal y baja autoestima.

△ **Burlas**
Incluso para aquellos adolescentes aparentemente seguros, los comentarios hirientes sobre su aspecto pueden ser humillantes y alterarles.

Situaciones difíciles

Afrontar una situación complicada, como cambiar de escuela o vivir una ruptura, puede hacer sentir vulnerables a los adolescentes sobre su apariencia. Pueden llegar a ser muy autocríticos como una forma de canalizar el estrés y hacer frente a la situación.

△ **Trastorno**
Conocer gente en situaciones nuevas puede suponer para el adolescente preocuparse por cómo serán.

Trastorno dismórfico corporal (TDC)

El TDC es un trastorno ansioso por el que se tienen pensamientos obsesivos que distorsionan la visión de una persona sobre su apariencia. Las personas con TDC pueden pasar mucho tiempo frente al espejo, centrándose en una o más partes de su cuerpo o comparándose constantemente con otros. Quizá los demás no se dan cuenta, pero esta autopercepción distorsionada causa tanta preocupación al afectado de TDC que puede restringir su disfrute de la vida.

△ **Sensaciones, no realidades**
La poca autoconfianza provoca al adolescente una visión distorsionada de sí mismo.

CONVIENE SABER

Vigorexia

La «vigorexia» (dismorfia muscular) es un tipo particular de TDC que afecta sobre todo a niños y hombres. Las personas con esta afección se ven pequeñas y débiles, aunque puedan ser grandes y musculosas. Se ejercitan excesivamente para desarrollar sus músculos, descuidan las amistades con el fin de entrenarse e incluso pueden usar esteroides para conseguir su cuerpo ideal.

Imagen corporal negativa

Muchos adolescentes ni siquiera son conscientes de que tienen opiniones negativas sobre sus propios cuerpos, presentes tanto en sus pensamientos como en sus conversaciones. Si persiste en el tiempo, esto se convierte en un hábito difícil de cambiar.

Un buen primer paso, sin embargo, es reconocer el patrón que hay detrás de esta negatividad. Abordar directamente estos sentimientos inicia el proceso para averiguar de dónde vienen.

Mejorar la imagen corporal

Es posible mejorar la imagen corporal de un adolescente. Puede llevar tiempo, porque implica en realidad cambiar su autopercepción. Esto puede marcar una gran diferencia en cómo se siente consigo mismo. Lo más importante es que aprenda a aceptar su singularidad ya que, con el tiempo, esto reforzará una imagen corporal saludable y una fuerte autoestima.

▷ **Eres único**
Los adolescentes deben centrarse en algo que les guste de su aspecto cada vez que se miran en el espejo.

PARA LOS PADRES

Apoyar a tu hijo

- Habla positivamente sobre tu propia imagen corporal, especialmente delante de tu hijo.

- Anímalo a concentrarse en estar en forma y sano, en lugar de en conseguir un peso o un cuerpo ideales.

- Deja claro que las imágenes de los medios de comunicación suelen estar trucadas y que no existen los cuerpos perfectos.

- Sé comprensivo con los cambios que vive tu hijo, pero déjale tomar la iniciativa en las conversaciones, para asegurarte de que se siente cómodo.

PARA LOS ADOLESCENTES

Mejorar la confianza en tu cuerpo

- Háblate a ti mismo como un amigo y señala cada día tres cualidades de tu cuerpo y también de tu manera de ser.

- Moverte te hará sentir bien. Descubre lo divertido que es correr, nadar o bailar.

- Si los sentimientos negativos te desbordan, habla de ellos con un adulto de tu confianza.

Ejercicio

El ejercicio es bueno para el cuerpo y la mente. Mantiene a los adolescentes sanos, mejora la memoria y la calidad del sueño y aumenta la confianza.

VER TAMBIÉN

❮ **68–69** Comida sana

❮ **70–71** Trastornos alimentarios

❮ **72–73** Imagen corporal

Estrés   **92–93** ❯

Estar activo

Los adolescentes deben incluir algún tipo de actividad física en sus hábitos diarios. Programar actividades variadas a lo largo de la semana, a diversos niveles de intensidad, con el fin de fortalecer los músculos y los huesos y mantener la salud cardiovascular.

▷ **Tiempo recomendado**
Deben intentar dedicar al menos 60 minutos diarios a algún tipo de actividad física.

Encontrar el equilibrio

Durante los períodos de estrés, como cuando empiezan a acumularse los deberes, encontrar el tiempo para hacer ejercicio puede ser difícil. Pero el ejercicio puede ser un gran calmante para el estrés. Si reservar para hacerlo un poco de tiempo es complicado, se puede intentar al menos tener alguna actividad física, como por ejemplo usar las escaleras en lugar de subir en ascensor.

Pasividad física: en pequeñas dosis
Limita la inactividad durante el día.

Intenta actividades que mejoren tanto la fuerza muscular como la ósea, como la natación.

Márcate desafíos, como las carreras, para elevar la frecuencia cardíaca.

Moderado: 2-3 veces por semana
Durante el ejercicio aeróbico moderado se debe poder hablar, pero el cuerpo debe sudar y la frecuencia cardíaca ha de ser alta.

Vigoroso: 3 veces por semana
Incluye todo lo que eleva la frecuencia cardíaca y hace respirar aceleradamente. No debería ser posible hablar con facilidad.

Actividad física ligera: diaria
Muchas actividades físicas cotidianas que mantienen a un adolescente activo, pueden también ayudarle a mantenerse sano.

Disfrutar de la variedad

Hacer ejercicio es algo más que ir al gimnasio, aunque a un adolescente le puede costar decidir qué actividad física le gusta más. Cuando es agradable, el ejercicio no se vive como un esfuerzo en absoluto.

Intentar cosas nuevas puede ser una buena manera de no perder interés por el ejercicio. Si un adolescente se pone nervioso cuando prueba algo nuevo, ir a una sesión de prueba con un amigo puede servir de aliciente. La práctica lo mejora todo, así que si los adolescentes sienten que no están progresando al principio, no deben rendirse.

▽ **Diversifícate**
Intentar muchas actividades y aprender otras nuevas ayuda a descubrir las que más te hacen disfrutar.

PARA LOS ADOLESCENTES

Estar motivado

Hacer ejercicio con frecuencia te da más energía y tiendes a disfrutarlo más. Ejercitarte regularmente, por ejemplo al salir de la escuela, y hacerlo con un amigo, hace que te enganche y te divierta más fácilmente. El objetivo principal, más que competir, es disfrutar de cómo te hace sentir. Hay otras metas que pueden motivarte: conocer gente nueva, estar más sano o sentirte menos estresado.

△ Correr tonifica los músculos, aumenta la potencia cardiovascular y la resistencia.

△ El ciclismo es una forma sana de fortalecer los músculos y mejorar la potencia cardiovascular.

△ La escalada fortalece huesos y músculos y desarrolla la capacidad para resolver problemas.

△ Los deportes de equipo aumentan la confianza y proporcionan una rutina regular de ejercicio.

△ El boxeo ejercita la coordinación, la disciplina y la fuerza.

△ El baile mejora la coordinación, el ritmo y la resistencia.

△ El yoga aumenta la flexibilidad y la fuerza muscular, y ayuda a aliviar el estrés.

△ Las actividades de grupo son una buena manera de hacer amigos trabajando en equipo.

△ El pilates fortalece los músculos del torso y mejora la flexibilidad.

Sueño

Los adolescentes necesitan dormir con calidad de ocho a nueve horas para desarrollar su cuerpo y su cerebro. Con ello reponen la energía del cuerpo y mejoran el aprendizaje y la memoria.

La importancia de dormir

Dormir es vital, especialmente durante la pubertad, cuando el cuerpo y el cerebro están experimentando tantos cambios. El sueño es un período de descanso pero también un tiempo en que el cuerpo lleva a cabo una serie de procesos. El sueño de buena calidad fortalece el sistema inmunológico, ayuda al desarrollo muscular, mantiene las reacciones hormonales y aumenta el bienestar mental.

◁ **Hora de acostarse**
Tener una rutina regular antes de ir a la cama, ponerse ropa cómoda, rodearse de objetos agradables... aumentará en los adolescentes el deseo de descansar.

▽ **Comenzar la noche**
Dormir bien no implica solo dormir un número determinado de horas, sino también hacerlo con calidad. Para mejorar la calidad, el dormitorio debe ser un espacio sereno y bien ordenado.

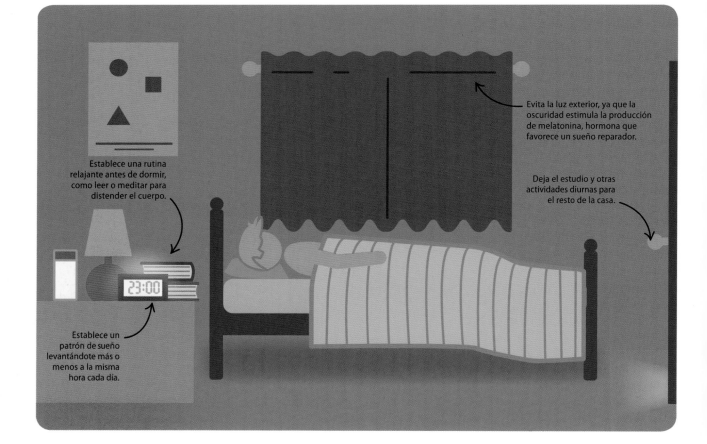

Evita la luz exterior, ya que la oscuridad estimula la producción de melatonina, hormona que favorece un sueño reparador.

Establece una rutina relajante antes de dormir, como leer o meditar para distender el cuerpo.

Deja el estudio y otras actividades diurnas para el resto de la casa.

23:00

Establece un patrón de sueño levantándote más o menos a la misma hora cada día.

El ritmo circadiano

El ritmo circadiano es un ciclo hormonal responsable de crear alternadamente sentimientos de desvelo y de somnolencia. Está relacionado con el nivel de melatonina del cuerpo, una hormona producida por el cerebro, influida por la exposición a la luz. Cuando el Sol se pone, el cerebro aumenta los niveles de melatonina, lo que causa somnolencia. Cuando sale, los niveles de melatonina bajan, provocando que una persona se desvele.

Las diferencias entre el ritmo de un adolescente y el de un adulto explican por qué a muchos adolescentes les cuesta despertarse temprano. Los cerebros adolescentes comienzan a liberar melatonina alrededor de dos a tres horas más tarde que los cerebros adultos, lo que no sugiere sensación de cansancio hasta altas horas de la noche. Además, siguen produciendo melatonina unas tres horas más que un adulto, por lo que al despertarse para ir a la escuela sienten que aún es de noche.

CONVIENE SABER

Insomnio

El insomnio es la dificultad para dormirse o permanecer dormido. Las personas que sufren de insomnio a menudo se despiertan sintiéndose cansadas, les cuesta dormir la siesta aunque estén rendidas y, con frecuencia, les cuesta concentrarse durante el día. Las causas del insomnio pueden ser muchas: ansiedad, estrés, estado de salud, estilo de vida o malos hábitos de sueño.

Puede ser útil evitar las bebidas con cafeína unas horas antes de ir a la cama y limitar el uso de dispositivos electrónicos por la noche, pero vale la pena ir al médico si el insomnio persiste.

▽ **Malos hábitos**
Dormir poco o con poca calidad afecta el estado de ánimo y hace que sea más difícil concentrarse, además de aumentar el riesgo de problemas de salud a largo plazo.

El exceso de ruido activa la adrenalina, lo que hace que sea más difícil dormirse.

La luz exterior indica al cerebro que es hora de despertarse.

Al hacer actividades estresantes, como estudiar para un examen, liberamos cortisol, lo que mantiene despierto el cerebro.

Ir a la cama muy tarde o a una hora distinta cada día impide que el cuerpo se habitúe a una rutina.

La luz azul de las pantallas interrumpe el ritmo circadiano del cuerpo.

Los estimulantes, como la cafeína que se encuentra en el té, el café y las bebidas energéticas, reducen la calidad del sueño.

El desorden distrae al cerebro, dificultándole descansar.

Enfermedades comunes

Los cambios hormonales, la ansiedad por los exámenes y el contacto físico con los compañeros son algunos de los factores por los que los adolescentes son vulnerables a algunas infecciones y enfermedades.

VER TAMBIÉN

❮ **68–69** Comida sana

❮ **74–75** Ejercicio

❮ **76–77** Sueño

Estrés   **92–93** ❯

Problemas potenciales

Las dolencias enumeradas aquí pueden afectar a los adolescentes. Esto se debe a los muchos cambios que están sufriendo y a que pasan gran parte de su tiempo en grupo.

Ⅰ El sistema inmunitario trabaja duro para protegerlos contra la constante avalancha de patógenos infecciosos (bacterias, virus, hongos y parásitos) siempre presentes en la vida. Pero, a veces, los adolescentes necesitan ayuda, por lo que es importante ser consciente de estas dolencias, tomar medidas para reducir las posibilidades de infección y buscar consejo médico si es necesario.

Mononucleosis

Infección viral que afecta principalmente a los jóvenes.

Complicaciones: Aumento de los ganglios linfáticos, cansancio prolongado, a veces disminución de las células sanguíneas, dolor en el bazo, problemas neurológicos.

Causas: El virus de Epstein-Barr, a menudo se propaga a través de la saliva (besos, cepillos de dientes, cubiertos, etc.).

Síntomas: Cansancio extremo, fiebre, dolor de garganta, inflamación de los ganglios del cuello.

Diagnóstico: Análisis de sangre.

Tratamiento: Beber líquidos, analgésicos, reposo.

Consejos preventivos: Evita compartir bebidas o cubiertos, evita besar a las personas que tengan la enfermedad.

Sarampión

Enfermedad viral altamente contagiosa, muestra sarpullido.

Complicaciones: Infección ocular, afectación hepática, pulmonar o neurológica. Puede ser fatal.

Causas: El virus del sarampión.

Síntomas: Síntomas similares a los del catarro, fiebre, sensibilidad a la luz, ojos rojos y doloridos, erupción cutánea, manchas blancuzcas en el interior de la boca.

Diagnóstico: Análisis de sangre o de saliva, diagnóstico clínico.

Tratamiento: Antipiréticos, analgésicos. Los síntomas generalmente remiten por sí solos en 7 o 10 días.

Consejos preventivos: Vacunación.

Meningitis

Inflamación de las meninges (membranas que rodean la médula espinal y el cerebro).

Complicaciones: Daño neurológico, parálisis en las extremidades. Puede ser mortal si no se trata rápidamente.

Causas: Infección bacteriana (más peligrosa) o viral (más común), a menudo se propaga a través de estornudos, tos, besos, cubiertos compartidos...

Síntomas: Dolor muscular, erupción cutánea que no desaparece al presionar con un vaso transparente, somnolencia, fiebre, dolor de cabeza, sensibilidad a la luz, convulsiones, vómitos...

Diagnóstico: Análisis de sangre y de los fluidos de la médula y del cerebro.

Tratamiento: Ⅰ Ingreso hospitalario inmediato, beber líquidos, antibióticos intravenosos y oxígeno (meningitis bacteriana). La meningitis viral tiende a curarse en 7-10 días.

Consejos preventivos: Vacunas (hay varias disponibles).

Migraña

Dolor de cabeza severo o moderado, generalmente en un lado de la cabeza, a veces con síntomas previos, como trastornos visuales. En ocasiones no hay dolor de cabeza.

Complicaciones: A veces vómitos, náuseas...

Causas: Desconocidas, puede deberse a señales nerviosas que afectan los vasos sanguíneos y la química del cerebro.

Síntomas: Visión borrosa, dolor de cabeza, aumento de la sensibilidad a la luz y el ruido, vómitos, náuseas...

Diagnóstico: Diagnóstico clínico, por tipo de síntomas.

Tratamiento: Medicamentos para la migraña, analgésicos, reposo...

Consejos preventivos: Evitar o reducir los desencadenantes conocidos; medicamentos preventivos.

Paperas

Infección viral contagiosa que causa hinchazón dolorosa en los lados de la cara, bajo las orejas.

Complicaciones: Daño en el páncreas, infertilidad (rara vez), meningitis, inflamación de los ovarios o de los testículos.

Causas: Infección viral, propagación a través de la saliva.

Síntomas: Fiebre, dolor de cabeza, dolores articulares, hinchazón de las glándulas salivales parótidas bajo las orejas.

Diagnóstico: Hisopado bucal.

Tratamiento: Compresas frías sobre las glándulas inflamadas, beber líquidos, analgésicos suaves, descanso. La infección por lo general se cura en 2 semanas.

Consejos preventivos: Vacunación.

Infecciones de transmisión sexual (ITS)

Diversidad de infecciones bacterianas, parasitarias y virales.

Complicaciones: Problemas de fertilidad, de la piel, daño neurológico.

Causas: Bacterias, virus, parásitos.

Síntomas: A veces, ninguno. En otras ocasiones, cambia el fluido menstrual, secreciones genitales, picor, erupciones cutáneas, problemas urinarios e intestinales.

Diagnóstico: Análisis de sangre y de orina, hisopado genital.

Tratamiento: Depende de la infección: antibióticos, antivirales o antiparasitarios. No hay aún cura para el VIH, pero la medicación puede permitir una vida sana y larga.

Consejos preventivos: Chequeos regulares, preguntar a las parejas sexuales si se han chequeado, practicar sexo seguro.

Infecciones urinarias

Infección bacteriana de la vejiga, llamada cistitis.

Complicaciones: Daño renal con infecciones recurrentes.

Causas: Infección bacteriana.

Síntomas: Sangre en la orina, orina frecuente y dolorosa, orina maloliente.

Diagnóstico: Muestra de orina.

Tratamiento: Antibióticos, beber líquidos, reposo.

Consejos preventivos: Mantenerse hidratado, las mujeres deben limpiarse de delante a atrás después de ir al baño.

Vacunas

Los agentes infecciosos como las bacterias y los virus se llaman patógenos. Las vacunas ayudan al cuerpo humano a combatir las infecciones exponiéndolas a una porción inofensiva de un patógeno específico. Esto entrena al sistema inmunológico para producir los anticuerpos necesarios para luchar contra ese patógeno si lo encuentra en el futuro. Los programas de vacunación ayudan a prevenir y reducir la infección de un gran número de enfermedades mortales.

CONVIENE SABER

Vacunas recomendadas

Se debe administrar una serie de vacunas y dosis de refuerzo a los adolescentes entre los 11 y los 18 años. Es importante llevar un registro actualizado de las vacunas administradas. Las inyecciones de refuerzo son tan importantes como la inmunización inicial y deben administrarse en el momento adecuado para que se mantenga la inmunidad.

Mente sana

Mente sana y positiva

La salud mental implica al yo emocional y social de una persona, su bienestar interior. La gente cuida de su salud física a través del ejercicio, la comida sana y el sueño de calidad. Igualmente importante es dedicar tiempo a cuidar también su salud mental.

VER TAMBIÉN	
Confianza y autoestima	86–87 ❯
Resiliencia	90–91 ❯
Estrés	92–93 ❯
Ansiedad y depresión	94–95 ❯

Ser positivo

La salud mental positiva consta de cuatro elementos principales: la capacidad de identificar las emociones, gestionarlas, practicar hábitos mentales sanos y establecer redes de apoyo fuertes. Cuando alguien tiene todas y cada una de estas cosas en su sitio, es más fácil sentirse mentalmente positivo. Ello capacita para vivir la vida al máximo potencial mientras se gestionan los obstáculos y traspiés que aparecen en el camino.

PARA LOS PADRES

Apoyar a tu hijo

- Habla con tu hijo de las cualidades que admiras en él, como podría ser su consideración hacia los amigos y la familia.

- Sé un modelo de reflexión para tu hijo. Cuando te sientas frustrado, háblale de cómo te sientes y de las acciones positivas que planeas para resolver el problema.

- Anima a tu hijo adolescente a dedicar tiempo a las cosas que le hacen disfrutar, incluso en época de exámenes. Esto evitará que se agobie y le ayudará en su rendimiento.

Mente sana

Incluso si una persona se siente pletórica, es importante que dedique tiempo a su bienestar interior. Cuando una persona es mentalmente sana, es consciente de qué la hace sentirse positiva y qué la desanima. Prestar atención a su salud mental ayuda a los adolescentes a estar mejor equipados para identificar lo que están sintiendo y mantener una perspectiva equilibrada tanto de la vida como de sí mismos.

Valora tus aptitudes

Reconocer y valorar tus propios talentos y logros puede ayudar a evitar los pensamientos y los sentimientos negativos, como pensar que no eres lo bastante bueno o comparar tus logros con los de los demás. Todo el mundo es diferente, con sus propios talentos y maneras de hacer las cosas. Identifica qué puede ayudar a un adolescente a valorarse a sí mismo.

Prueba el mindfulness

El mindfulness es una técnica que anima a una persona a centrar su atención en el momento presente y a sus pensamientos y sentimientos inmediatos. Con ello deja de sentirse agobiada y tiene sensación de control. Los ejercicios respiratorios ayudan a practicarlo.

▷ **Estrategias de pensamiento positivo**
Hay muchas maneras de desarrollar una mente positiva (tanto en los buenos tiempos como en los malos).

Hablar las cosas

Si un adolescente está agobiado y le cuesta esquivar los pensamientos negativos, puede serle útil contrastar la situación con un amigo o genitor y hablar de cómo se siente. Un punto de vista externo puede ayudarle a ver que en realidad está llevando una situación mejor de lo que creía. Los comentarios positivos de amigos o padres pueden marcar una gran diferencia la próxima vez que las cosas se pongan difíciles.

▷ **No estás solo**
A veces es difícil abrirse para explicar que estás triste o desanimado. Pero hablar de ello, normalmente, ayuda a tener una mejor perspectiva.

Construir relaciones positivas
Los buenos amigos pueden aumentar la confianza de una persona y animarla a dar lo mejor de sí misma. Refuerzan los pensamientos positivos, celebran los logros y ofrecen apoyo en momentos difíciles, lo que no tiene precio para el bienestar interior de una persona.

Ayuda a otros
Ayudar a los amigos y estar atento a sus necesidades puede favorecer que se sientan bien con ellos mismos y con sus amistades.

Sé amable contigo mismo
Tendemos a ser más amables con los demás que con nosotros mismos y solemos encontrar más fácilmente cosas negativas sobre nosotros. Por ello, es importante que los adolescentes capten cualquier reflexión negativa y la reemplacen con pensamientos más positivos. Esto les ayudará a sentirse más seguros y a percibir que su mundo está bajo control.

Aprende cosas nuevas
Desarrollar habilidades fuera de la zona de confort de un adolescente puede probar y desarrollar su resiliencia, así como darle la oportunidad de conocer personas nuevas y diferentes y entablar amistad con ellas.

Mantente activo
El ejercicio libera endorfinas, que mejoran el estado de ánimo de manera natural, por lo que es bueno para el cuerpo y para la mente.

Fija metas y ambiciones
Tener objetivos, pequeños o grandes hace que la mente se mantenga concentrada. Mantener el rumbo y concentrarse cuando se trabaja por un objetivo es importante para desarrollar la resiliencia. El trabajo duro y los contratiempos son parte del viaje y hacen más gratificante el éxito.

Medita
La gente usa la meditación hace miles de años para gestionar los pensamientos y los sentimientos, y para relajar la mente. Es similar al mindfulness, pero utiliza diferentes métodos para estimular la calma.

Relájate
Ya sea viendo una película, escuchando tu música favorita o leyendo un libro, dedicar tiempo a relajarse y simplemente «ser» es importante para el bienestar.

Emociones

Las emociones son reacciones ante lo que nos ocurre a nosotros
o a nuestro entorno. Son desencadenadas por sustancias químicas
que se liberan en el cerebro y que generan nuestros sentimientos.
Las emociones son universales y los sentimientos, individuales.

VER TAMBIÉN	
❮ **20–21** Cambios de humor	
❮ **82–83** Mente sana y positiva	
Resiliencia	**90–91** ❯
Ansiedad y depresión	**94–95** ❯

Qué son las emociones

Son respuestas humanas naturales que ayudan a las
personas a interpretar lo que están experimentando
y a reaccionar. Los bebés pueden sentir sus propias
emociones y responder a las de los demás, sonriendo,
riendo o llorando, aunque no puedan explicar cómo se
sienten. A medida que los niños y los adolescentes crecen,
sus reacciones físicas (reír cuando están contentos, sudar
cuando están nerviosos, enrojecerse cuando están
enfadados, etc.) son, en general, las mismas, pero son
más capaces de entender y expresar sus emociones.
Esto es consecuencia de que las zonas del cerebro
responsables del pensamiento racional se desarrollan
durante la pubertad.

▷ **Emociones y memoria**
Las emociones y la memoria están conectadas. Por esto, cuando
una persona recuerda, por ejemplo, unas vacaciones divertidas,
es probable que se sienta feliz.

El porqué de las emociones

Las emociones son una parte importante del instinto de supervivencia de las personas.
El miedo, la ira, la indignación y la sorpresa juegan un papel importante para evitar
el peligro o responder a él, desencadenando respuestas instintivas para luchar, huir
o racionalizar la amenaza. Aunque el «pensamiento positivo» se promueve a menudo
como parte del bienestar mental de una persona, la extensa gama de emociones
del ser humano ayuda a responder al mundo, tanto física como psicológicamente.

△ **Emociones básicas**
Cómo reaccionamos ante las emociones que
experimentamos depende de cada persona.

CONVIENE SABER

Universales

El estado emocional de una persona
se transmite a los demás a través de
expresiones faciales y es reconocible
independientemente de la cultura
y el idioma. En los años sesenta, los
psicólogos observaron que hay seis
emociones básicas y universales:
miedo, ira, indignación, alegría, tristeza
y sorpresa. Algunos afirman que hay
solo cuatro, porque la ira y la
indignación, y el miedo y la sorpresa,
son muy similares. Otros, en cambio,
consideran que hay muchas más.

Emociones en la adolescencia

Los adolescentes tienden a ser más imprudentes cuando están con sus compañeros que cuando están con adultos, y pueden verse afectados por la reacción social, la admiración y lo que otros puedan pensar de ellos. En parte, esto se debe a que la corteza prefrontal del cerebro (que regula el equilibrio emocional, la asunción de riesgos y la autoconciencia) es una de las últimas áreas en desarrollarse. Puede parecer extraño, pero esto tiene beneficios biológicos. Uno de ellos es que la incapacidad para reconocer los riesgos permite que los adolescentes se alejen de la protección de sus padres y se vuelvan independientes.

▷ **Reacciones exageradas**
Mientras no acaba de desarrollarse la corteza prefrontal, algunos adolescentes pueden reaccionar a incidentes menores de formas desproporcionadas.

△ **Emociones fuertes**
Ciertas hormonas, como la dopamina, que se liberan ante situaciones excitantes, producen sensaciones placenteras. Esto puede hacer deseable asumir riesgos y buscar emociones fuertes.

Evolución de las reacciones

En general, los adolescentes sienten emociones más intensas que los niños o los adultos porque la corteza prefrontal, la parte «pensante» del cerebro, se desarrolla más tarde que las partes del cerebro que activan la respuesta emocional. Por ello son menos capaces de identificar o controlar sus respuestas emocionales a situaciones o acciones.

La buena noticia es que la corteza prefrontal es capaz de hacer espacio para cambios, como el desarrollo del control emocional. Y, a diferencia de las emociones, que son instintivas, el control emocional se puede aprender, incluso antes de que la corteza prefrontal haya terminado de desarrollarse.

Gestionar los sentimientos

A veces las emociones toman el control y la gente se comporta de una manera de la que más tarde se arrepiente, cuando vuelve a controlar el cerebro «pensante». Esto puede ocurrir más durante la adolescencia.

> Si es posible, aléjate de la situación (por ejemplo, yendo a otra habitación).

> Concéntrate en tu respiración y cuenta hasta diez, muy lentamente.

> Identifica y acepta tus emociones y luego trabaja cómo reaccionar de manera constructiva ante ellas.

> Hacer ejercicio, escuchar música o incluso escribir pueden ser maneras positivas de focalizar tu mente.

PARA LOS PADRES

Ayudar a gestionar sentimientos

- Cuando tu hijo se sienta emocionalmente desbordado, dale espacio para resolver sus emociones antes de discutir qué ha pasado.

- Trata de identificar y dar respuesta a la emoción que está experimentando.

- Habla sobre el problema que deba ser resuelto una vez que tenga sus emociones bajo control.

- Encuentra oportunidades para fomentar su independencia. Ayudas a tu hijo si le animas a ser atrevido y reflexivo al mismo tiempo.

Confianza y autoestima

A menudo se piensa que la confianza y la autoestima son una misma cosa, pero en realidad son muy diferentes. La confianza alude a cómo se sienten los adolescentes en determinadas situaciones, mientras que la autoestima está relacionada con cómo se sienten consigo mismos.

Confianza

La confianza en uno mismo consiste en su seguridad y en la creencia en su capacidad de hacer algo bien. La confianza depende también de la situación (uno puede confiar en sus habilidades para impresionar a una multitud con un discurso, pero no en las de escribir un ensayo).

Una persona segura de sí misma, que cree en sus propias habilidades, es más probable que abrace nuevos retos y responsabilidades. La confianza en uno mismo es un rasgo positivo que ayuda a una persona a sacar el máximo provecho de sus talentos y a desarrollar otros nuevos.

Adelante y arriba

Cuando alguien se siente confiado, es más probable que afronte los retos con determinación y ánimo, lo que aumenta sus posibilidades de alcanzar sus metas y ambiciones. Una falta de confianza puede frenar significativamente el progreso de una persona, haciendo que los pequeños obstáculos se vivan como abrumadores. Los obstáculos son una parte de la vida pero no deben impedir que una persona persiga lo que desea.

▽ **Superar obstáculos**
Mantener la confianza al enfrentarse a retos puede ser ya un reto. Pequeños pasos pueden conducir a grandes logros.

Si una persona cree y confía en sí misma y aprende de cada experiencia, finalmente, alcanzará su objetivo.

Es posible que no siempre te sientas seguro de todo lo que haces y eso está bien. Cabe esperar sentirse de forma diferente según el momento.

A veces se te hará muy cuesta arriba. Sé persistente y recuerda por qué ese objetivo era importante para ti. Eso te ayudará a seguir adelante.

El primer paso para superar un obstáculo es creer que puedes hacerlo.

«El hecho de **ser yo** y no otro es uno de mis **principales valores.**»
Haruki Murakami

PARA LOS ADOLESCENTES

Mejorar la autoestima

La autoestima afecta a casi todos los aspectos de la vida de una persona, desde sus relaciones con los demás hasta su rendimiento en los estudios o el trabajo, así que es esencial que te valores y reconozcas tus virtudes como mereces.

- Dite y piensa cosas positivas sobre ti, y hazlo con regularidad, cada día.
- No te digas cosas desagradables a ti mismo. Trátate como tratarías a tu mejor amigo, con amabilidad y respeto.
- Acepta los elogios de otras personas.
- Cada día, escribe una lista con tres cosas que hayas logrado.

Autoestima

La autoestima se relaciona con la forma en que uno se siente consigo mismo. Es el sentido íntimo de su propia importancia, valor e interés. La confianza tiene que ver con aspectos concretos de la vida de una persona. Es normal no tener confianza en todos los aspectos, pero tener una baja autoestima afecta a algo más que las metas y capacidades de una persona, pues puede incluso afectar a su salud mental.

Las personas con baja autoestima son extremadamente autocríticas y este flujo constante de pensamientos negativos puede provocar ansiedad o depresión. La buena noticia es que podemos elegir qué pensar y afirmar acerca de nosotros, con lo que podemos deshacernos de los pensamientos negativos y reemplazarlos con opiniones positivas, más amables y asertivas.

PARA LOS PADRES

Predicar con el ejemplo

Hay cosas que los padres pueden hacer para ayudar a aumentar la autoestima de sus hijos adolescentes.

- Que tu hijo oiga que te felicitas cuando haces algo bien y que afirmas cosas buenas de ti.
- Destaca y repite las cualidades y logros de tu hijo.
- Anima su resiliencia hablando de tus propias batallas con tu autoestima. Esto le ayudará a comprender que todos dudamos de nuestra autoestima de vez en cuando.

Timidez

La timidez consiste en sentirse inseguro o torpe en las reuniones sociales, especialmente con desconocidos. Puede influir en cómo nos comportamos o nos sentimos al estar con otras personas, y hacernos estar incómodos, cohibidos o nerviosos. La timidez también puede provocar reacciones físicas, como sonrojarse, sudar, respirar con dificultad o ser incapaz de hablar.

La timidez es bastante común, pero no es un problema a menos que cause un malestar emocional y le impida a la persona alcanzar su pleno potencial. Si esto ocurre, es aconsejable hablar con amigos y familiares o incluso visitar un terapeuta.

△ **Temas de conversación**
Preparar temas para hablar con la gente que te presentan puede ayudar en la conversación y aliviar el sentimiento de incomodidad.

Introversión y extraversión

Tanto si los adolescentes prefieren el ajetreo o la tranquilidad, los grupos reducidos o los numerosos, conocer sus preferencias les permite recorrer su camino en el mundo, a su manera.

VER TAMBIÉN	
❰ **82–83** Mente sana y positiva	
❰ **86–87** Confianza y autoestima	
Ansiedad y depresión	**94–95** ❱
Expresarse	**124–125** ❱

Temperamentos y características

Una forma de clasificar las personalidades es en introvertidas (personas que tienden a centrarse en su mundo interior) o extravertidas (las que prefieren el mundo exterior). Si una persona es de un tipo o de otro se decide en función de la cantidad de interacción social con la que se siente cómoda. Las personas introvertidas suelen preferir socializar con una sola persona o con grupos reducidos y sienten la necesidad de estar un tiempo solas para recargarse después de una reunión social. Las personas extravertidas, en cambio, se sienten fortalecidas y estimuladas estando con grupos más numerosos, así como por conocer gente y situaciones nuevas.

La introversión y la extraversión son dos extremos y la complejidad de las personalidades implica que mientras algunas personas se identifican con una o con otra, muchas son una mezcla de ambas. Esto se conoce como ambiversión.

«El secreto de la vida es elegir el foco adecuado. Para algunos, es un foco de Broadway, para otros, una lámpara de mesa.»
Susan Cain, autora

  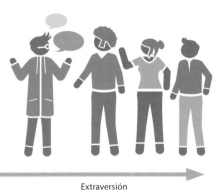

Introversión   Ambiversión   Extraversión

Introversión
Las personas introvertidas disfrutan de ambientes tranquilos y con pocas distracciones. Por ello, a menudo eligen estar solas o en grupos reducidos. Abordan sus tareas decididamente y concentradas, escuchan más de lo que hablan y piensan antes de hablar.

Ambiversión
Las personas ambivertidas se sitúan entre la introversión y la extroversión. Tienden a estar cómodas y motivadas en las reuniones sociales y disfrutan interactuando en ellas, pero a veces también buscan silencio y poder concentrarse en sus cosas.

Extraversión
Las personas extrovertidas prefieren el ajetreo y el bullicio. Se sienten entusiasmadas y motivadas con el mundo exterior. Tienden a disfrutar conociendo gente en grandes grupos, arriesgándose y enfrentando la vida desbocada y agresivamente.

Un mundo extravertido

En el mundo de hoy, se tiende a promocionar los valores de la extraversión. Las escuelas y los lugares de trabajo fomentan el aprendizaje grupal y el trabajo en equipo. No es difícil que una persona introvertida se sienta incómoda o agobiada.

Sea cual sea la tendencia, lo importante es recordar, introvertidos, extravertidos y ambivertidos, que cada uno prospera y lucha en un escenario distinto. Aceptar esto permite que cada uno pueda aprender, desarrollar y ejecutar sus diferentes fortalezas en distintas situaciones.

FALSOS MITOS

La verdad sobre introvertidos y extravertidos

Los extravertidos no son necesariamente buenos hablando en público. Algunos lo son, pero otros no. Hablar en público es una habilidad que hay que aprender y practicar. El que es extravertido puede ponerse menos nervioso, pero aún queda elaborar cuidadosamente el texto, habilidad más bien asociada con los introvertidos.

La introversión no es lo mismo que la timidez. Ser una persona introvertida o extravertida no tiene nada que ver con ser tímido o socialmente seguro.

◁ **Prosperar unos al lado de otros**
Mientras los extravertidos pueden brillar en un ambiente escolar orientado a su modelo, los introvertidos pueden prosperar a su manera, utilizando su potente capacidad de concentración y de centrarse ignorando las distracciones.

Explicación científica

Algunas imágenes de cerebros de extravertidos muestran que los mensajes viajan por rutas más directas cuando se procesan. Esto puede ayudar a entender por qué los extrovertidos disfrutan pasando rápido al próximo tema o experiencia. El camino es más largo en los cerebros de los introvertidos y esto explica por qué les gusta pensar más las cosas y dedicar más tiempo a procesarlas.

△ **Secuencia en el introvertido**
El mensaje sigue una secuencia más compleja, es procesado de muchas maneras que involucran la memoria, la planificación y la resolución de problemas.

△ **Secuencia en el extravertido**
El mensaje sigue una ruta más directa y es procesado en su mayor parte por el decodificador sensorial del cerebro, lo que explica por qué los extravertidos anhelan nuevos retos.

PARA LOS PADRES

Ayudar a tu hijo

Conocer la personalidad de tu hijo implica que podrás apoyarlo tanto si es introvertido como extravertido.

Si es introvertido:

- Dale tiempo para pensar las cosas antes de tomar decisiones.
- Respeta su carácter reservado, y permítele estar tranquilo tanto en situaciones sociales como en casa.
- Entiende su necesidad de trabajar solo, y elogia su disciplina y su concentración.

Si es extravertido:

- Déjale saltar de cabeza y encontrar su propio camino.
- Anima su entusiasmo y permítele expresar sus propias opiniones.
- Deja que haga varias cosas a la vez aunque esto signifique que le llevará más tiempo.

Resiliencia

La resiliencia es la capacidad de recuperarse tras una decepción y de aprender de los errores. Determina la capacidad de una persona para hacer frente a la presión, los contratiempos y el estrés, y de perseverar en tiempos difíciles.

VER TAMBIÉN	
❮ **82–83** Mente sana y positiva	
❮ **86–87** Confianza y autoestima	
Estrés	**92–93** ❯
Objetivos y ambiciones	**112–113** ❯

Manejar la adversidad

La vida está llena de altibajos. Las presiones y tensiones de la vida cotidiana, así como los acontecimientos vitales más traumáticos, como el duelo o la enfermedad, afectan la felicidad y el bienestar de una persona. Crecer es en buena medida aprender a manejar la adversidad y ser cada vez más fuertes.

▷ **Herramientas para la vida**
La resiliencia ayuda a evitar sentirse abrumado, ansioso o deprimido a raíz de una situación difícil.

Aprender a fracasar

Probar cosas nuevas o asumir riesgos puede dar miedo y, cuando las cosas salen mal, puede ser angustioso o vergonzoso, sobre todo si los demás no te apoyan. Sin embargo, es importante no desanimarse demasiado, pues en realidad con el fracaso se aprende mucho.

El fracaso demuestra a los adolescentes que pueden hacer frente a los obstáculos y mejora su capacidad de adaptarse y resolver problemas. Con más conocimiento del objetivo, de lo que necesitan para lograrlo y de ellos mismos, están mejor preparados para alcanzar su meta en el futuro.

▽ **Mantén la confianza**
El fracaso hace que el éxito sea mucho más dulce.

«Es **imposible** vivir sin **fallar en algo**, a menos que vivas con tanta precaución que probablemente no hayas vivido en absoluto. En ese caso, fallas por defecto.»
J. K. Rowling

Pensamiento negativo

Cuando algo sale mal, el pensamiento negativo puede dificultar enfrentarse a un problema o a un contratiempo.

Ignorar un problema

Aunque la distracción puede proporcionar alivio temporal, ignorar un problema no va a hacer que desaparezca. Guarda tiempo para abordar el problema y si es necesario pide ayuda.

Culparse a uno mismo

Pensar continuamente que te has equivocado solo va a empeorar las cosas. En lugar de ello, identifica lo que salió mal y planifica qué debes cambiar la próxima vez.

Ser catastrofista

Si algo sale mal, te puede parecer imposible arreglarlo y tal vez pienses que todo se viene abajo. Intenta relativizarlo pidiendo a un amigo que te dé un punto de vista más objetivo.

Desarrollar la resiliencia

Con el tiempo y con la práctica, los adolescentes pueden aprender nuevos comportamientos y formas de pensar que les ayuden a seguir adelante cuando las cosas se ponen difíciles.

Anímate

No seas demasiado duro contigo mismo. En lugar de eso, piensa positivamente y elógiate cuando consigas algo, no importa lo pequeño que sea.

Ve tus puntos fuertes

Pensar en qué cosas eres bueno te recuerda lo que tienes para ofrecer.

Pide ayuda

Busca personas que hayan pasado una situación similar y puedan ayudarte. No hay nada malo en pedir ayuda.

Recuerda retos pasados

Intenta recordar otros momentos en los que te sentiste de una manera parecida: ¿qué hiciste y cómo te sentiste después?

Aprende de los demás

Algunos de los mejores atletas, inventores y escritores sufrieron muchas decepciones y fracasos antes de lograr el éxito. Inspírate en su persistencia.

Sé proactivo

Tomar medidas para cambiar una situación puede darte sensación de control. Intenta hacer las cosas de una manera diferente si no funcionó la primera vez.

Márcate objetivos

Tener una meta bien clara puede orientarte para trabajar y centrar tu atención.

Crea una red de apoyo

Los amigos y la família pueden escuchar y ayudarte con tus preocupaciones o distraerte.

Piensa positivamente

Prueba una perspectiva distinta. Intenta ser más optimista. Un poco de humor puede ayudar.

Identifica tus sentimientos

Reflexiona y trata de entender cómo te sientes. Esto podría clarificar qué pasos seguir para cambiar las cosas.

PARA LOS ADOLESCENTES

Adaptarse a los cambios

Siendo adolescente, es normal que encuentres situaciones nuevas en las que no te sientas totalmente cómodo. En parte, ser resiliente es ser capaz de afrontar los sentimientos causados por los cambios. Está bien sentir cierta ansiedad, pues te ayuda a detectar que algo es importante para ti. Intenta ensayar la situación por adelantado o elaborar un plan que te ayude a sentirte más seguro y preparado.

Cuida la salud

Comer bien y hacer ejercicio regularmente puede mejorar tu salud mental y fortalecer tu capacidad para hacer frente a una situación difícil.

Valora las cosas buenas

Incluso las cosas más pequeñas cuentan. Escuchar tu canción favorita o leer un buen libro.

Estrés

Ya sea por los exámenes o por problemas familiares, es normal que los adolescentes se sientan estresados a veces. El estrés puede ser positivo y hacer que se rinda más bajo presión, pero en exceso puede tener un efecto perjudicial en la salud emocional y física.

VER TAMBIÉN

❬ 82–83 Mente sana y positiva

❬ 86–87 Confianza y autoestima

❬ 90–91 Resiliencia

Ansiedad y depresión 94–95 ❭

Luchar o huir

Cuando el cuerpo siente estrés, entra en modo de «lucha o huida», liberando una mezcla de hormonas que prepara el cuerpo para la acción. Estas hormonas aumentan la energía y desvían la sangre del cerebro hacia los músculos. Esta respuesta al estrés funciona bien cuando la vida de un ser humano está en peligro, pero es menos útil cuando se activa para algo que no es peligroso para la vida, como tener un examen.

△ **Lucha**
El mecanismo de «lucha» prepara el cerebro y el cuerpo para defenderse.

△ **Huida**
El mecanismo de «huida» induce a buscar una manera de escapar de la situación.

Detonantes

Un «detonante» del estrés es cualquier cosa que cause sentimientos estresantes. Mientras que la mayoría son externos (cosas que suceden fuera de la persona, como exámenes o acontecimientos familiares difíciles), algunos son internos, resultado de la presión que uno ejerce sobre sí mismo.

▽ **Identificar los detonantes**
Hay muchas cosas que pueden estresar a los adolescentes.

Perseguir logros académicos y extracurriculares

Tener muchos deberes

Estudiar para los exámenes

Compaginar las amistades con las relaciones románticas

Mantenerse sano y bien ejercitado

Mantenerse al día con los amigos en las redes sociales

Acabar bien los trabajos y a tiempo

PARA LOS ADOLESCENTES

Solucionar el estrés

A veces puede ser difícil averiguar qué está causando el estrés, especialmente si parece estar sucediendo todo a la vez. Dedica tiempo a pensar y escribir lo que te molesta. Puede sugerirte qué cambios puedes hacer en la práctica para ayudarte a gestionar la sensación de estrés.

CONVIENE SABER

Estrés bueno y estrés malo

El estrés a veces puede ser muy útil, pues motiva a seguir trabajando bajo presión y da energía para acabar lo que nos ocupa. Pero si se hace agobiante, puede limitar la capacidad de funcionar eficazmente. Cuando te sientas estresado, intenta usarlo como impulso para enfrentar un desafío, pero si las cosas se desbordan, busca apoyo.

Signos de estrés

La gente experimenta el estrés de diferentes maneras, pero hay bastantes síntomas comunes. Algunas personas los experimentan a la vez (sentirse cansado y vulnerable al mismo tiempo). En ocasiones, un síntoma puede provocar otro. Los síntomas del estrés se suman a la sensación general de estar agobiado, lo que impide descansar y tener la mente despejada, cosa que, a su vez, puede aumentar aún más el estrés.

△ **Cansancio**
El estrés agota la mente y los músculos y afecta el sueño, por lo que cuesta más concentrarse.

△ **Sentirse vulnerable**
Los ataques de pánico y el llanto súbito son signos de la ansiedad aguda que el estrés puede causar.

△ **Vómitos**
El estrés puede revolver el estómago y provocar pérdida de apetito, estreñimiento o diarrea.

△ **Enfado**
Algunas personas se muestran irritables, amargas y de mal humor cuando están estresadas.

△ **Dolor de cabeza**
Las migrañas y los dolores de cabeza pueden ser un aspecto debilitante del estrés.

△ **Dolor en el pecho**
El estrés puede provocar dolor en el pecho y palpitaciones.

Afrontar el estrés

No hay soluciones rápidas al estrés, pero hay cosas que, con el tiempo, pueden reducir sus efectos. Aunque parezcan simples, pueden ayudar a una persona a sentirse tranquila, descansada y amparada, y devolverle la sensación de control.

«La mayor arma contra el estrés es nuestra capacidad de elegir un pensamiento y no otro.»
William James, filósofo

Descansa

Trata de desconectar un tiempo de tus problemas: esto puede mejorar tu perspectiva y calmarte.

Duerme bien

Aunque puede ser difícil cuando estás estresado, un buen sueño es decisivo para superar el estrés y la ansiedad.

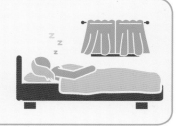

Habla

Hablar con quienes te rodean es una buena forma de liberar tensión y puede ayudarte a encontrar soluciones a tu estrés.

Haz ejercicio

La actividad física te ayuda a tranquilizarte y, además, mejora la calidad de tu sueño.

Ansiedad y depresión

La ansiedad y la depresión son las dos formas más comunes de trastorno mental. Ambas duran más y son más graves que estar simplemente preocupado o triste a causa de algo.

VER TAMBIÉN

❮ **82–83** Mente sana y positiva

❮ **84–85** Emociones

❮ **92–93** Estrés

Ataques de pánico y fobias **96–97** ❯

Ansiedad

Es normal sentir ansiedad como respuesta ante el estrés. Forma parte de los sentimientos asociados con estar preocupado o asustado. Aunque suele ser desagradable, no es más que un aviso del cuerpo para provocar una reacción biológica a situaciones que amenazan la vida, la respuesta de «lucha o huida», que los humanos, como todos los demás animales, sienten para poder hacer frente al peligro.

◁ **Lucha o huida**
Cuando se siente amenazado, el cuerpo libera hormonas que lo preparan para luchar o huir. El corazón late más rápido y el cerebro está más alerta.

Cuando la ansiedad es un problema

Para algunos, sin embargo, la ansiedad no desaparece una vez que el evento estresante ha terminado. Si los sentimientos de ansiedad son muy fuertes o agobiantes, o duran mucho tiempo, o tienen un impacto en su estilo de vida, la ansiedad de un adolescente se convierte en un problema.

▷ **Buscar ayuda**
Si la ansiedad empieza a afectar la vida cotidiana es mejor visitar al médico.

Gestionar la ansiedad y la depresión

Igual que hay formas de mantener el cuerpo sano, también hay muchas que los adolescentes pueden practicar para mantener sana la mente:

Mindfulness

El yoga y la meditación pueden enseñarles a concentrarse en el presente.

Salir

Estar en contacto con la naturaleza puede ayudar a elevar su estado de ánimo.

Amigos y familia

Relacionarse con otros es una buena manera de mejorar el bienestar mental.

Ejercicio y deporte

El ejercicio hace que el cerebro libere endorfinas, un antidepresivo natural.

Ser creativo

Practicar actividades creativas o artísticas mejora el ánimo y da sensación de satisfacción.

Mantenerse sano

Un estilo de vida activo y saludable también ayuda a mantener la mente sana.

Depresión

Muchas personas suelen decir «estoy deprimido» cuando solo están tristes. Pero la depresión dura más tiempo que la sensación que se tiene cuando ha sucedido algo molesto. La puede desencadenar una experiencia traumática, como la pérdida de un ser querido, mudarse de casa o cambiar de escuela. Pero a veces puede darse sin que haya pasado nada. Las personas deprimidas están desanimadas permanentemente y suelen experimentar uno o más de los siguientes síntomas.

Síntomas

- Estar siempre triste, desanimado o sin fuerzas. En ocasiones estar irritable o con ganas de llorar.
- Perder interés o gusto por cosas que normalmente nos gustan.
- Tener dificultad para concentrarse y tomar decisiones.
- No poder conciliar el sueño y dormir menos o más de lo habitual.
- Cambios en el apetito y subsiguiente pérdida o ganancia de peso.
- Dolor de cabeza, cansancio o pérdida de energía y sensación de inquietud.

¡ATENCIÓN!

Ideas suicidas

El suicidio es el acto de terminar con la propia vida de manera premeditada. A veces, las personas con depresión o con sentimientos insoportables pueden pensar que no vale la pena vivir. Esto suele ser temporal, pero es esencial buscar ayuda inmediatamente.

A algunos les ayuda hablar con alguien desconocido. Hay líneas telefónicas de ayuda disponibles las 24 horas del día, todos los días del año o terapeutas que atienden por correo electrónico o mensajes.

Si estás preocupado por un amigo, anímalo a hablar de sus sentimientos y escúchale con atención. Aconséjale que pida ayuda lo antes posible. Al principio, puede parecer que te rechaza o no te hace caso, pero no te alejes de él y ofrécele tu ayuda.

Qué evitar

Hay tentaciones que hay que evitar si un adolescente tiene ansiedad o depresión.

Ir al médico

Si es necesario, visitar el médico puede resultar de ayuda.

Tratamiento médico

Cuando la ansiedad y la depresión persisten, el médico puede recetar fármacos.

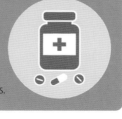

Pasar demasiado tiempo online

Atención con el tiempo online. Abusar de las redes sociales puede empeorar el estado de ánimo.

Terapia

Hablar es una de las primeras y mejores cosas para hacer contra la ansiedad y la depresión.

Terapia cognitivo-conductual (TCC)

Un buen método para cambiar los patrones de pensamiento negativo.

Bebidas o drogas

No confíes en que mejorarán tu humor. Hacen que la ansiedad y la depresión empeoren.

Ataques de pánico y fobias

Un ataque de pánico sucede cuando de repente nos afecta una intensa ansiedad. Una ansiedad abrumadora también puede ser provocada por el miedo a algo específico, lo que se conoce como fobia.

VER TAMBIÉN

❮ **82–83** Mente sana y positiva
❮ **90–91** Resiliencia
❮ **92–93** Estrés
❮ **94–95** Ansiedad y depresión

Ataques de pánico

Los ataques de pánico son sentimientos de ansiedad extrema que se producen de una manera impredecible. La víctima puede tener la sensación de que está a punto de desmayarse o tener un ataque al corazón, o morir. Por lo general dura apenas unos 10 minutos. La ansiedad desaparece poco a poco sin dejar secuelas, pero la víctima puede sentirse agotada.

Pueden ocurrir sin motivo aparente o tener un detonante, aunque la razón no siempre está clara. Si un adolescente ha tenido un ataque en un lugar y una hora en particular, estar en la misma situación de nuevo puede desencadenar otro.

△ **Taquicardia o corazón acelerado.**

△ **Escalofríos, sudor, temblores.**

△ **Mareos o náuseas.**

△ **Oír pitos en el oído, sensibilidad al ruido.**

△ **Dificultad para respirar.**

△ **Hormigueo en manos y pies.**

△ **Síntomas del ataque de pánico**
Los síntomas pueden asustar, pero no causarán ningún daño físico.

PARA LOS ADOLESCENTES

Ayudar a un amigo

- Mantén la calma. No le des prisa; tranquilízalo y recuérdale que pasará. Nunca digas «cálmate» o «supéralo».

- Haz que se concentre en respirar. Dile que inhale y exhale bien despacio. Hazlo con él y cuenta tres inspirando y tres exhalando.

- Camina con él para liberar el estrés o pídele que diga cinco cosas que vea a su alrededor.

Reducir el riesgo de un ataque de pánico

Hay maneras de reducir la probabilidad de un ataque de pánico:

Sé consciente

- Un ataque de pánico no es más que la reacción de «lucha o huida», que experimentan todos los animales, incluidos los humanos, para protegerse de un peligro.
- Los síntomas dan miedo, pero no causarán ningún daño físico.

Prepárate

- Piensa cómo vas a reaccionar si tienes un ataque. Si lo ves venir o se produce una situación detonante, tendrás pensada una rutina y todo el mundo sabrá qué hacer.

Baja el ritmo

- Haz ejercicios de respiración, practica la meditación y el mindfulness (centrándote en el momento presente).
- Ten música relajante a mano, a la que puedas acceder con rapidez.

Fobias

Las personas que tienen fobias tienden a sentir mucha ansiedad por algo en particular. Esto puede no ser peligroso ni molesto para nadie, pero puede hacer que el fóbico se sienta muy nervioso y asustado.

CONVIENE SABER

Trastorno obsesivo compulsivo (TOC)

Algunas personas que sufren ansiedad tienen un trastorno obsesivo compulsivo (TOC). Para controlar su ansiedad, sienten la necesidad de hacer ciertas cosas y pueden tener pensamientos negativos repetitivos (por ejemplo, que puede pasar algo malo o ellos mismos pueden hacerlo). El objetivo de las compulsiones de un enfermo suele ser intentar combatir los pensamientos negativos. Puede incluir ordenar objetos, revisar las cosas repetidamente, limpiar, contar, etc.

▷ **Fobias frecuentes**
Estas son las fobias más comunes, pero las hay de muchos otros tipos.

Nombre	Fobia a
Acrofobia	Alturas
Agorafobia	Espacios abiertos o públicos, lo que dificulta salir a la calle
Aracnofobia	Arañas
Claustrofobia	Espacios cerrados, lo que dificulta el uso de ascensores
Misofobia/ germofobia	Gérmenes
Ofidiofobia	Serpientes
Pteromeranofobia	Volar
Fobia social	Situaciones sociales, puede provocar el aislamiento de una persona
Tripanofobia	Agujas e inyecciones

Otras enfermedades mentales

Las enfermedades mentales afectan la forma en que la gente piensa, siente o se comporta. Abarcan desde problemas comunes, como la ansiedad y la depresión, hasta enfermedades más complejas, como el trastorno bipolar y la esquizofrenia. A menudo comienzan a desarrollarse en la adolescencia, momento de muchos cambios en el cerebro. Como con cualquier enfermedad, consultar a un médico es el primer paso hacia su tratamiento.

CONVIENE SABER

Estigma

A veces la gente encuentra mucho más difícil admitir que tiene problemas de salud mental que si se tratara de su salud física. Esto puede deberse a que la enfermedad mental está estigmatizada.

La enfermedad mental, sin embargo, es de hecho muy común, y es importante hablar de ella abiertamente tanto con los amigos como con la familia. Ser sincero permite que los que la están sufriendo reciban el tratamiento y el apoyo que necesitan.

◁ **Tratamiento y medicación**
Hay muchos tratamientos disponibles, desde la terapia hasta la medicación.

Autolesión

La autolesión se produce cuando alguien daña su propio cuerpo. Puede ser que lo haga como una manera de afrontar sentimientos o situaciones muy difíciles. No hay una única causa, pero muchas veces es una respuesta física ante un estrés o tristeza agobiantes.

VER TAMBIÉN
❮ 82–83 Mente sana y positiva
❮ 86–87 Confianza y autoestima
❮ 92–93 Estrés
❮ 94–95 Ansiedad y depresión

¿Qué es la autolesión?

Es el acto de hacerse daño deliberadamente. Se puede hacer de muchas maneras. La más común es cortarse, pero otras formas son quemarse, arrancarse el pelo, ingerir sustancias nocivas, pellizcarse, dar puñetazos a paredes o puertas y rascarse. Asumir actos peligrosos, no cuidarse a uno mismo y hacer ejercicio de manera obsesiva también pueden ser consideradas formas de autolesión.

▷ **Actitudes arriesgadas**
Cortarse o arrancarse el pelo se reconocen claramente como autolesiones, pero los adolescentes que asumen riesgos también pueden estar intentando hacerse daño.

FALSOS MITOS
La verdad de la autolesión

No solo se autolesionan las chicas. A pesar de que se conocen más casos entre las chicas, también lo hacen los chicos. Algunas tal vez no se detecten, como golpear una pared o correr riesgos que acaban en lesión.

La autolesión no busca llamar la atención. De hecho, a menudo se practica en secreto.

La mayoría de los que la practican no quieren acabar con su vida. La mayoría necesitan afrontar la angustia.

No es una enfermedad mental. Sin embargo, se asocia con algunas enfermedades mentales, como la ansiedad, la depresión, los trastornos alimentarios y el estrés postraumático.

¿Por qué alguien se autolesiona?

Puede haber muchas razones. A veces se describe como una «válvula de alivio», una forma de hacer frente a emociones que de otro modo serían insoportables. A algunos, el dolor físico les proporciona un escape, una distracción de la angustia emocional, mientras que otros se autolesionan por su baja autoestima o para castigarse. También puede tratarse de un intento de suicidio.

▽ **Sentimientos angustiosos**
La autolesión suele darse en momentos de enfado, angustia, depresión, miedo, baja autoestima o preocupación. Puede convertirse en un ciclo difícil de romper, ya que este comportamiento para aliviar los sentimientos difíciles o dolorosos, a su vez, provoca sentimientos de culpa o vergüenza.

Períodos de mucho estrés y presión, como los de exámenes

Dificultad para relacionarse, peleas y rupturas

Acontecimientos traumáticos (duelo, ruptura familiar) y sus aniversarios

Querer escapar de algo

Sentirse rechazado, impotente, ansioso, enfadado o deprimido

Dificultad para comunicarse o expresar emociones

Acoso, amigos o parejas controladores

Presenciar, o ser sometido a un acto de abuso físico, sexual o emocional

Reconocer el problema

Autolesionarse es un mecanismo de supervivencia poco saludable que es difícil admitir ante otras personas. A menudo queda en secreto porque la persona que se autolesiona teme la reacción de los demás. Dejar de estigmatizar, ser abierto y no juzgar la autolesión harán más probable que una persona que se autoperjudica busque apoyo.

PARA LOS ADOLESCENTES
Buscar ayuda

- Habla con alguien de confianza o, si prefieres hablar con un desconocido, llama a un teléfono de ayuda.

- A veces es más fácil hablar cuando se está haciendo otra cosa, como cocinar o conducir. Escribe antes una lista o una carta que te ayude a decir exactamente lo que necesitas que sepan.

- Piensa en lo que quieres que suceda después de hablar y en qué apoyo necesitas.

- Considera la posibilidad de buscar ayuda profesional, un médico o un psicopedagogo de la escuela.

PARA LOS PADRES
Apoyar a tu hijo

- Presta atención a las señales, si se está aislando, cambiando sus hábitos alimentarios o su peso, si está deprimido, consume alcohol o drogas, tiene poca autoestima, usa manga larga o se niega a usar traje de baño o un kit deportivo, para no mostrar las heridas.

- La autolesión normalmente se practica en secreto, por lo que su manifestación física puede no ser obvia. Mira si ves zonas calvas, moretones, quemaduras o cortes.

- Anima a tu hijo a hablar y escúchale con calma, sin juzgarlo. Ponte de acuerdo con él en cuál será el siguiente paso.

- Si no sabes qué hacer, busca ayuda profesional.

Otras maneras de aliviarse

Entender qué hay detrás de la autolesión puede ayudar a encontrar una estrategia alternativa para afrontarlo (golpear una almohada para liberar la ira, hacer un ejercicio de respiración para restablecer el sentido del control, etc.).

▽ **Distraerse**
Si no es posible hablar con alguien de confianza, hay todo tipo de estrategias alternativas para ayudar a los adolescentes a lidiar con los sentimientos abrumadores.

△ Aprieta un cubito de hielo hasta que se derrita.

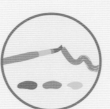

△ Dibuja y pinta sobre tu piel.

△ Juega con una cinta de pelo en la muñeca.

△ Dúchate con agua bien fría.

△ Practica un deporte o haz ejercicio.

△ Escucha música relajante.

△ Grita con fuerza.

△ Escribe lo que sientes y luego táchalo.

Alcanza tu potencial

Vida escolar

Desde que suena el despertador, envuelves el desayuno, llegas puntual, te pones con tu trabajo en la escuela, los deberes al día, haces nuevos amigos… La escuela está llena de actividades emocionantes, desafíos y oportunidades.

Maneras de aprender

Algunos adolescentes pueden preferir una forma de aprender sobre otra, pero la mayoría usan una mezcla de enfoques, dependiendo del tema, del tipo de trabajo y de dónde están cuando estudian.

▷ **Probar diferentes enfoques**
Saber qué les funciona mejor, en general o para un tema en particular, ayuda a los adolescentes a estudiar de manera más fácil y eficaz, por lo que les merece la pena experimentar con diferentes enfoques.

Auditivo
A los que prefieren este sistema les gusta entender las cosas escuchando, pueden leer notas en voz alta o hacer grabaciones.

Visual
Estos prefieren aprender observando, es probable que dibujen mapas mentales, borradores y esquemas.

Físico
Se inclinan hacia el aprendizaje activo, pueden copiar repetidamente sus apuntes o caminar mientras estudian.

Gestión del tiempo

Gestionar el tiempo implica pensar cuánto necesitamos para hacer un trabajo y de cuánto disponemos. Calcular cuidadosamente estos aspectos ayuda a elaborar un calendario realista y a planificar y organizar el tiempo de manera productiva y eficaz.

Planifica y prioriza

Planificar un horario en períodos de mucho trabajo hace que el agobio de quehaceres se perciba más factible. Escribe una lista de tareas para el día o la semana siguientes. Después prioriza, para evitar perder el tiempo en cosas menos importantes.

Di que «no»

Aprender a decir «no» es importante para la gestión del tiempo. Cuando los adolescentes asumen demasiadas cosas, pueden sentirse desorganizados y estresados. Priorizar la salud emocional y física forma parte de una buena gestión del tiempo.

Divide las tareas

Cuando añadas trabajos largos a una lista de tareas pendientes, divídelos en tres o cuatro partes y luego elabóralas una a una. Esto hace el trabajo mucho más factible y menos agobiante.

Reserva tiempo para relajarte

Programar pausas regulares es esencial para seguir motivado con el trabajo escolar. Hacer ejercicio, tener aficiones y quedar con amigos ayuda a los adolescentes a distenderse y tranquilizarse.

Consejos para los deberes

Los deberes a veces pueden ser una lata, incluso para el estudiante más entusiasta. Estar al tanto de ellos ayuda a reducir los niveles de estrés y fomenta una buena gestión del tiempo.

- Marca un horario para los deberes y respétalo.
- Empieza a hacerlos al volver de clase.
- Pregunta al profesor qué temas son prioritarios.
- Avisa al profesor lo antes posible si no vas a poder hacerlos a tiempo.
- Estudia fuera de casa; en la biblioteca no hay tantas distracciones.

△ **Organízate**
Tener buenos hábitos de trabajo elimina el estrés.

Temas preferidos y odiados

Es fácil que un estudiante se centre en los temas que le gustan a expensas de los que encuentra menos atractivos. Sin embargo, es importante no descuidar ninguna área de estudio, incluso si algún tema resulta más difícil que otro. Una estrategia para hacer estas materias más atractivas es estudiar con otros, en especial con alguien a quien realmente le guste el tema. Otras maneras pueden ser ver vídeos de expertos hablando sobre el tema o visitar una feria relacionada con él.

△ **Hacer más ameno un tema**
Inventar concursos o tácticas de estudio interactivo con un amigo o ir a ver eventos sobre el tema de estudio pueden ayudar a hacerlo más atractivo.

Cambiar de escuela

La mayoría de la gente cambia de escuela en algún momento, y la experiencia puede dar miedo. Nuevos compañeros de clase, nuevos maestros y nuevas rutinas por descubrir, todo al mismo tiempo. Por suerte, hay algunas cosas sencillas que pueden ayudar a los adolescentes a superar el cambio más rápidamente y hacer que la experiencia sea más fácil.

△ **Hacer nuevos amigos**
Sonreír y abrirse a conversar con la gente que se sienta cerca es una buena manera de hacer nuevos amigos.

△ **Participar**
Unirse a un equipo, un club o participar en una actividad escolar ayuda a sentirse más involucrado en la vida escolar y a conocer la escuela.

△ **Hablar con adultos**
Hay que mantener a los padres informados sobre cómo va el cambio y saber con quién hablar en la nueva escuela si hay algún problema.

△ **Sé tú mismo**
No quieras presumir o impresionar a los demás para encajar en el grupo. Los nuevos compañeros de clase preferirán que seas tú mismo.

Exámenes y estudio

Hay muchos tipos de exámenes, pero todos están diseñados para evaluar el conocimiento y la comprensión de un tema en un lapso de tiempo. Cada adolescente es diferente, pero tener un horario de estudio y mucho tiempo para prepararse puede dar seguridad.

Preparar un examen

Los exámenes pueden ser un reto, especialmente cuando hay varios en un mismo período de tiempo. El estudio efectivo comienza meses antes, cuando los alumnos empiezan a aplicarse y tomar apuntes sobre un tema.

▽ **Prueba distintos métodos**
La manera de estudiar es tan importante como la cantidad de tiempo dedicado. Hay varios métodos para probar.

PARA LOS ADOLESCENTES

Entorno de estudio

El lugar de estudio puede afectar su calidad. Elige un lugar tranquilo y bien iluminado, libre de distracciones. Asegúrate de que tu silla es cómoda. Si es posible, intenta no trabajar en tu dormitorio, para poder asociarlo con el descanso.

Leer los apuntes

Al estudiar, leer los apuntes de clase ayuda a los adolescentes a mejorar su comprensión e identificar qué partes requieren un estudio más profundo. Tomar notas usando diferentes colores, resumiéndolas en puntos clave, dibujando mapas mentales... todo contribuye a aprovechar al máximo los apuntes de clase.

Memorizar

Las personas tienen diferentes formas de guardar información en la memoria. Algunos organizan sus apuntes usando un sistema de codificación de colores para diferenciar temas. Otros visualizan la información en la página o asocian ideas con imágenes o esquemas. Otros se graban a sí mismos o a otra persona leyendo los apuntes en voz alta para escucharlos. Otros diseñan mapas mentales o diagramas para establecer conexiones claras entre las cosas.

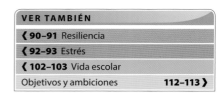

Ensayar respuestas con modelos de examen

Usar modelos anteriores, si es posible obtenerlos, es una forma útil de recrear unas condiciones parecidas a las del examen. También es una oportunidad para practicar el tipo de examen, así como para hacerse a la idea del tiempo necesario para responder cada pregunta. Los estudiantes pueden revisar sus propias respuestas comparándolas con las respuestas del modelo, e incluso pedirle a su profesor que mire su trabajo y les dé su opinión.

Calendario de estudio

La planificación de un programa de estudio que contemple las fechas de todos los exámenes puede ayudar a tenerlos bajo control y a prepararse bien. Empezar tan anticipadamente como sea posible permite una mayor flexibilidad si un tema en concreto necesita más tiempo y atención.

Haz un gráfico con los días de la semana divididos en mañana, tarde y noche.

Asegúrate de incluir tiempo de descanso y para hacer ejercicio.

▷ **Horario con colores**
Usar diferentes colores para cada tema puede ayudar a ver a simple vista lo que hay que hacer y cuándo.

Meses antes

Haz un horario que cubra todos los temas del examen. Averigua qué tipo de preguntas incluirá para elegir los métodos de estudio más adecuados.

Semanas antes

Pide ayuda adicional al profesor, si la necesitas. Deja tiempo para relajarte, asegurando que te mantienes sano y motivado. Intenta responder exámenes anteriores.

La noche antes

Evita el bloqueo de última hora. Deja los libros y haz algo relajante. Prepara todo lo necesario y pon el despertador.

El mismo día

Empieza desayunando. Llega lo antes posible. Lee cuidadosamente cada pregunta y divide el tiempo de que dispones según la importancia de cada una.

Mantente centrado

Los exámenes son importantes pero una buena salud mental es esencial. Hay muchas estrategias para reducir el estrés y aumentar la motivación.

Hacer pausas

Aunque sea breve, un descanso ayuda a revitalizar y centrar la mente. Si a un adolescente le parece que su mente está empezando a divagar, es un buen momento para tomarse un descanso.

Mantener la salud física

El ejercicio regular es bueno para el cuerpo y permite que la mente se recargue. Dormir lo suficiente es vital, ya que mejora la concentración y la toma de decisiones.

Comer bien

Comer regularmente mantiene a los adolescentes durante todo el día. Los refrigerios dulces y las bebidas «energéticas» pueden ser tentadores, pero el subidón que proporcionan va seguido de un desplome energético. Beber mucha agua también es importante.

Obtener ayuda

Los exámenes pueden ser estresantes, sobre todo si se juntan varios en el tiempo. A veces, tener mucho trabajo puede producir estrés o ansiedad. Si la cosa se pone agobiante, es esencial hablar con un amigo o un adulto de confianza.

Resolver problemas

Ya se trate de un pinchazo en la bicicleta, un descosido en la ropa, un trabajo escolar complicado o una situación vital difícil, ser capaz de identificar un problema y solucionarlo es una habilidad vital.

Superar obstáculos

Las personas nos topamos constantemente con retos, problemas, contratiempos y obstáculos. Algunos de ellos son pequeños y otros grandes, unos son fáciles de resolver y otros bastante difíciles. Las personas con habilidad para resolver problemas son capaces de ver con claridad una situación difícil, analizar los hechos y proponer ideas que conduzcan a una solución.

PARA LOS ADOLESCENTES

Sentirse sobrepasado

- Intenta ver el problema como una oportunidad para cambiar y mejorar algo.

- Intenta distanciarte para ver la situación con más perspectiva. Puede que no sea tan mala como crees.

- Si un problema te produce ansiedad, habla con amigos o familiares que te puedan ayudar.

◁ **Mantén la calma**
Los problemas pueden dejar a los adolescentes hastiados o frustrados, pero mantener la calma y pensar en las cosas les ayudará a encontrar una solución más rápidamente.

Pasos que seguir

Cuando algo sale mal, es fácil desanimarse, pero lo más práctico y productivo es seguir buscando medidas activas para resolver el problema. A menudo, el primer intento no tiene éxito, pero es una buena manera de aprender lo que no funciona. Los adolescentes no deben sentirse desanimados, pues todos cometemos errores o fallamos en algún momento, y la experiencia adquirida ayudará la próxima vez.

▽ **Hacia la solución**
Estos pasos ayudarán a los adolescentes a encontrar la mejor manera de abordar y superar sus problemas.

Identifica el problema

Piensa en la situación y detecta exactamente lo que quieres cambiar. Averigua qué sería para ti una resolución exitosa de la cuestión.

Piensa posibles soluciones

Haz una tormenta de ideas. No te conformes con la primera que se te ocurra. Piensa o escribe una lista con los pros y los contras de cada una. Cuánto tiempo implican, qué coste tienen, con quién necesitarías hablar, si es realista y si necesitas o no ayuda para llevarla a cabo.

Elige la mejor opción

Piensa detenidamente en la situación y, basándote en los pros y los contras, elige la solución más adecuada. Habla con alguien de confianza si no estás totalmente seguro. Guarda en mente otras opciones, por si el primer intento no funciona.

Diferentes enfoques

Hay más de una manera de abordar los problemas. Ser flexible y abierto a nuevas ideas y enfoques aumenta las posibilidades de encontrar la mejor solución.

Sigue pasos lógicos

Resuelve el problema paso a paso y no te muevas al siguiente paso hasta que el anterior funcione o cobre sentido.

Inspírate en el entorno

No tengas miedo de inspirarte en cosas que no estén estrictamente relacionadas con el problema. A lo mejor, conceptos de un tipo te ayudan a resolver un problema de otro ámbito.

Sé creativo

Intenta jugar con el problema: empieza por el final y ve hacia atrás, pega papeles con posibles soluciones en la pared, o traza un mapa mental de ideas. Trabajar de una manera distinta puede ayudarte a solucionar creativamente el problema.

Busca un modo distinto

Puedes abordar el problema de la manera más obvia, pero es probable que haya otra solución. A veces, pensar con «originalidad» puede conducir a otras formas de superar un problema.

Piensa como un detective

Hazte tantas preguntas como puedas, y no aceptes nada como un hecho si no puedes probarlo. Una pregunta y su respuesta podrían producir un avance.

Visualiza el éxito

Visualizar es imaginar cómo será algo en el futuro, con el fin de averiguar cómo llegar hasta allí. Puede darte mayor seguridad y motivación para continuar y una meta clara hacia la que apuntar.

Un problema compartido…

Pedir opinión a otros es una buena manera de resolver problemas. A veces es más fácil para una persona externa a la situación ver las cosas con más claridad. Padres, profesores y amigos suelen estar dispuestos a ayudar.

Apárcalo

Si estás bloqueado, distráete. Ve a dar un paseo o a jugar con un videojuego. Desconectar y volver a un problema más tarde puede ayudarte a mirarlo con ojos más frescos y entusiasmo renovado.

Hobbies e intereses

Los hobbies mejoran la confianza en uno mismo, generan nuevas experiencias y permiten conocer gente. También relajan el cuerpo y mantienen la mente activa. Y lo más importante, son divertidos.

Elegir un hobby

Solemos elegir un hobby según lo que nos interesa. Unas personas eligen un hobby para que les ayude a desarrollar cierta habilidad, otras porque sienten curiosidad por un tema en particular. Lo mejor para cualquier persona que busca desarrollar un nuevo interés es probar cosas nuevas. Los años de la adolescencia son un momento perfecto para explorar y para experimentar.

△ **Déjate llevar por lo que te gusta**
Los adolescentes deben pensar en lo que les gusta o les interesa. Podría ser algo que ya hacían de niños o algo totalmente nuevo. Un hobby que te gusta no se abandona fácilmente.

△ **Infórmate**
Cuando a un adolescente le gustaría probar algo, es una buena idea hablar con la gente que ya practica esa actividad para averiguar cómo es y cuánto tiempo hay que dedicarle.

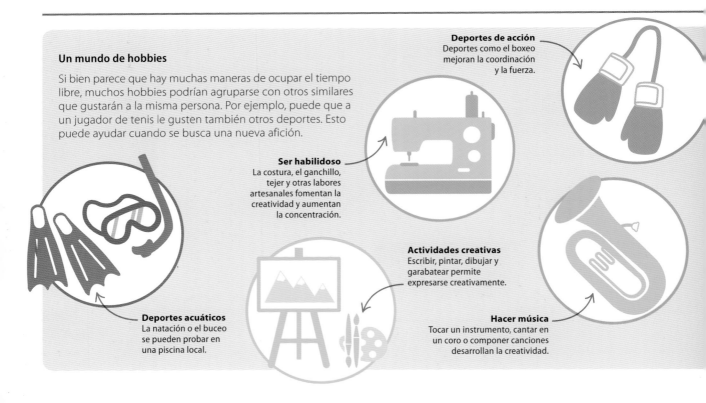

Un mundo de hobbies

Si bien parece que hay muchas maneras de ocupar el tiempo libre, muchos hobbies podrían agruparse con otros similares que gustarán a la misma persona. Por ejemplo, puede que a un jugador de tenis le gusten también otros deportes. Esto puede ayudar cuando se busca una nueva afición.

Deportes de acción
Deportes como el boxeo mejoran la coordinación y la fuerza.

Ser habilidoso
La costura, el ganchillo, tejer y otras labores artesanales fomentan la creatividad y aumentan la concentración.

Actividades creativas
Escribir, pintar, dibujar y garabatear permite expresarse creativamente.

Deportes acuáticos
La natación o el buceo se pueden probar en una piscina local.

Hacer música
Tocar un instrumento, cantar en un coro o componer canciones desarrollan la creatividad.

Sentirse inseguro

Al probar cosas nuevas, es normal estar inseguro o nervioso, pero es importante no permitir que esto te detenga. Si te diviertes, hazlo. Cuanto más lo hagas, más seguro vas a estar.

△ **Pruébalo**
La mejor manera de explorar un nuevo hobby es probándolo. Es posible que no te sientas seguro al principio, pero sigue intentándolo hasta que tus habilidades mejoren.

△ **¡La práctica hace la perfección!**
Para sacar el máximo provecho de un hobby, hay que dedicarle tiempo. En muchos casos, la verdadera diversión se obtiene trabajando y viendo las mejoras en el tiempo.

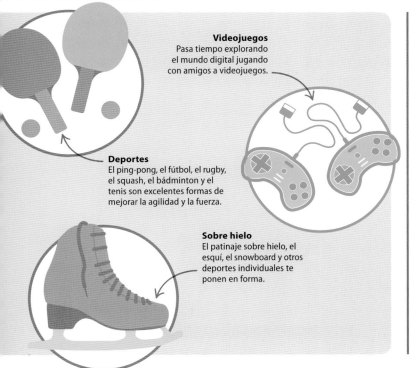

Videojuegos
Pasa tiempo explorando el mundo digital jugando con amigos a videojuegos.

Deportes
El ping-pong, el fútbol, el rugby, el squash, el bádminton y el tenis son excelentes formas de mejorar la agilidad y la fuerza.

Sobre hielo
El patinaje sobre hielo, el esquí, el snowboard y otros deportes individuales te ponen en forma.

Otras consideraciones

Al elegir un hobby, es importante pensar en los aspectos prácticos que le atañen, como el coste, el equipo y el espacio necesarios, y cuánto tiempo hay que dedicarle. Un pasatiempo debe encajar con los otros aspectos de la vida, desde la escuela a las relaciones sociales. Debe ayudar a aliviar el estrés, no añadir estrés adicional.

Temas de dinero

La adolescencia es un buen momento para aprender a hacerse responsable del dinero personal. Se puede empezar a ganar algún dinero por pequeños trabajos y es buena idea aprender a administrarse, abrir una cuenta bancaria y empezar a ahorrar.

VER TAMBIÉN	
Objetivos y ambiciones	**112–113 ❭**
Ir a la universidad	**118–119 ❭**
Alternativas a la universidad	**120–121 ❭**
Conseguir trabajo	**122–123 ❭**

Elaborar un presupuesto

Un presupuesto es una estimación del dinero que entra y del que sale. Un buen presupuesto se basa en cálculos realistas. Los adolescentes deben empezar por anotar el dinero de bolsillo que ganan más el procedente de cualquier trabajo a tiempo parcial. A continuación, deben anotar los gastos imprescindibles, como el material escolar. Si después de estos gastos aún queda dinero, lo pueden ahorrar para permitirse algunos lujos, como videojuegos o música.

PARA LOS ADOLESCENTES

Dinero de bolsillo

Ganar algo de dinero es una buena manera de iniciarse en la independencia financiera. Pregunta a tus padres si pueden pagarte algo a cambio de realizar tareas domésticas. Cuando empieces a ganar dinero, elabora un presupuesto e intenta ajustarte a él. Si funciona correctamente, podrías ahorrar dinero y comprarte las cosas que realmente quieres.

▽ **Compara precios**
Intenta ser listo al hacer tus compras y compara precios. En la web te será fácil comparar y eso te ayudará a ahorrar dinero.

Actividades gratuitas

No hay por qué gastar mucho dinero para divertirse. Los adolescentes pueden hacer muchas cosas que no cuestan nada. Pasar tiempo en la biblioteca local, intercambiar ropa con amigos, visitar galerías y museos, hacer de público en un programa de televisión, ir a conciertos gratuitos en espacios públicos o jugar en el parque son solo algunas ideas.

Trabajos a tiempo parcial

Conseguir un trabajo a tiempo parcial puede ser una buena manera de que los adolescentes adquieran experiencia laboral, hagan nuevos amigos y den los primeros pasos hacia la independencia financiera. La ley regula a qué edad pueden empezar a trabajar legalmente y durante cuántas horas a la semana. Un trabajo a tiempo parcial no debe interferir en la vida escolar del adolescente, especialmente en época de exámenes.

▷ **Repartidor de periódicos**
Hacer trabajos sencillos inculca sentido de la responsabilidad y puede ayudar a desarrollar habilidades.

CONVIENE SABER

Impuestos

El impuesto es una cantidad de dinero que se paga al Estado, en función del sueldo, rentas, patrimonio y servicios. El Estado usa este dinero para pagar a los empleados públicos (policía, maestros, etc.) o para construir carreteras, etc. Hay diferentes tasas de impuestos, dependiendo del nivel de ingresos de una persona, pero, por lo general, no se empieza a pagar hasta que las ganancias superan cierta cantidad. Por tanto, los adolescentes normalmente no pagan impuestos por el trabajo a tiempo parcial o de temporada.

Cuentas bancarias

Una persona puede guardar su dinero en una cuenta bancaria y sacarlo cuando lo desee. Hay muchos tipos de cuentas. Algunas cobran comisión de mantenimiento, otras pagan intereses sobre saldos positivos o dan crédito (hay que contemplar la posibilidad de que la cuenta esté en números rojos).

△ **Tarjetas de débito**
La mayoría de las cuentas bancarias están asociadas a una tarjeta de débito, que permite sacar el dinero de la cuenta en un cajero automático.

Ahorros

Ahorrar el dinero sobrante puede ayudar a los adolescentes a pagar en el futuro cosas que necesiten o deseen. Muchos bancos ofrecen cuentas de ahorro especiales para adolescentes, pero es buena idea comparar y obtener las comisiones más bajas y los mejores beneficios. Ordenar un pago regular a una cuenta de ahorros puede facilitar el ahorro.

▽ **Ahorrar para algo**
Si se quiere comprar algo caro, como un dispositivo electrónico, o sacarse el carnet de conducir, un plan de ahorro puede ayudar a alcanzar el objetivo con el tiempo.

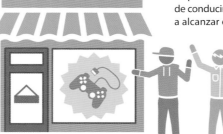

PARA LOS PADRES

Dar ejemplo

- Si eres el tipo de persona que se administra bien y ahorra, es probable que tu hijo aprenda esto de ti.

- Si has tenido problemas financieros en el pasado, puede ser útil hablar sobre esto a tu hijo, para que entienda que se pueden cometer errores y qué cosas hay que evitar.

- Una buena manera de educar a tu hijo en temas de dinero es hacerle partícipe de alguna decisión financiera (elegir el seguro del coche, las vacaciones...).

Objetivos y ambiciones

Las metas y las ambiciones ayudan a tener un sentido de dirección y enfoque. Desde los logros escolares, a triunfar en un deporte o conseguir determinado trabajo, los objetivos y ambiciones de una persona son esperanzas para el futuro que inspiran y estimulan.

Desear algo

Una ambición es un fuerte deseo de hacer o lograr algo. Algunas son sencillas y se pueden lograr rápido, pero otras son a mucho más largo plazo, como ir a la universidad o seguir una carrera en un determinado sector. Este tipo de objetivo, en general, se divide en muchas acciones sucesivas más simples, que podemos considerar escalones (obstáculos específicos que superar con el fin de lograr el objetivo a largo plazo).

△ **A corto plazo**
Actuar en un grupo de teatro escolar implica metas a corto plazo, como aprender el texto de tus escenas en un cierto tiempo para tener éxito.

△ **A largo plazo**
Planificar cómo convertirse, por ejemplo, en actor, requiere que los adolescentes imaginen su futuro, para poder empezar a trabajar en esa dirección.

Establecer objetivos y ambiciones

La mejor manera de que los adolescentes se fijen metas y ambiciones es pensar en lo que les interesa, inspira y estimula. Estas reflexiones pueden ser muy personales y el individuo puede preferir mantenerlas en privado.

«Debes esperar grandes cosas de ti mismo para ser capaz de hacerlas.»
Michael Jordan, jugador de baloncesto

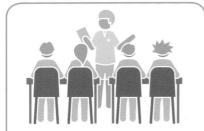

Logros escolares

Querer alcanzar una posición particular, por ejemplo, ser el mejor en una materia, es muy común entre los adolescentes que quieren lograr grandes cosas.

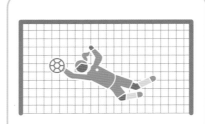

Perfeccionar una técnica

Algunos adolescentes se esfuerzan por perfeccionar una habilidad, como parar los chuts en el fútbol.

Probar varias cosas

Otros adolescentes disfrutan teniendo más de un desafío y prefieren perseguir varias metas a la vez. Quizá tocar un instrumento, practicar un deporte y estudiar, todo a la vez.

Ponerse en acción

Los objetivos y las ambiciones estimulan a una persona pero hay que pensar bien si son realistas antes de apostarlo todo para perseguirlos. Dividir una ambición importante en objetivos y acciones más sencillos ayuda a hacerla más factible. Las ambiciones pueden cambiar con el tiempo, por lo que es importante que los adolescentes reevalúen sus planes de vez en cuando para ver si necesitan o quieren hacer las cosas de manera diferente.

▷ **Apuntar alto**
Un objetivo o ambición se puede lograr con persistencia, dedicación y trabajo duro.

PARA LOS ADOLESCENTES
No estar seguro

Algunos adolescentes tienen muy claro cuáles son sus metas y ambiciones, pero otros muchos necesitan más tiempo para decidir qué les estimula. Esto es bien normal y no hay que forzar la decisión. Mantener opciones abiertas y probar cosas diferentes te permite encontrar nuevos intereses y descubrir lo que te apasiona, aunque esto no suceda hasta que seas mayor.

Seguir motivado

Si un objetivo o una ambición son el destino, la motivación es el combustible que mantiene a la gente en marcha, incluso cuando las cosas se ponen difíciles. Es normal sentirse frustrado o desanimado de vez en cuando, pero hay cosas que podemos pensar para inspirarnos y reanimarnos.

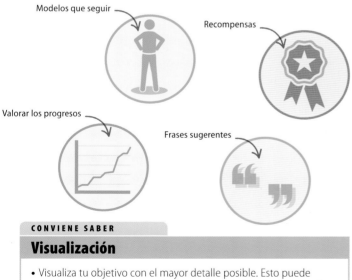

Modelos que seguir

Recompensas

Valorar los progresos

Frases sugerentes

▷ **Celebrar las victorias**
Sean grandes o pequeños, los logros son una razón para estar orgulloso y sentirse seguro.

Celebrar los éxitos

Trabajar por un objetivo y alcanzarlo puede ser muy satisfactorio. Saber que es posible hacerlo trabajando duro, superar desafíos y obstáculos y lograr algo emocionante ayuda a aumentar la confianza en uno mismo y la autoestima. Si una persona lucha por un objetivo importante a largo plazo, es bueno celebrar también los pequeños éxitos en el camino.

CONVIENE SABER
Visualización

- Visualiza tu objetivo con el mayor detalle posible. Esto puede ayudarte a ver qué pasos prácticos necesitas dar para llegar a él.

- Cuando las cosas se pongan difíciles, imagina cómo te sentirás tras lograr tu objetivo. Esto puede motivarte.

PARA LOS PADRES
Enfrentar el fracaso

No lograr un objetivo puede ser muy decepcionante. Hazle saber a tu hijo que quizá tardará más tiempo del que le gustaría, pero si aprende de sus errores, busca cómo mejorar y es persistente, llegará al final.

Orientación profesional

La carrera profesional nos ofrecerá oportunidades para progresar y aprender nuevas habilidades. Se inicia desde el momento que el adolescente empieza a soñar en lo que podría ser su futuro y a explorar cómo convertir sus sueños en realidad.

Pensar en el futuro

Una carrera es un viaje durante el cual se experimentan muchas lecciones, oportunidades y desafíos. Algunos tienen desde niños una idea clara de cuál quieren cursar, pero muchos necesitan explorar las opciones disponibles y probar diferentes cosas para ver qué es lo mejor para ellos. No pasa nada si los adolescentes no saben qué carrera les gustaría seguir y no hay prisa por decidir.

▷ **Diferentes opciones**
Con tantos tipos de trabajo para elegir, la decisión de qué carrera seguir puede ser todo un desafío para algunos.

Comprenderse uno mismo

Cada persona tiene una combinación única de habilidades, talentos, intereses, valores y metas. Reflexionar sobre estos atributos, así como sobre qué los motiva, puede dar a los adolescentes una visión de las funciones y los sectores que les podrían ser atractivos.

▷ **Preguntas para pensar**
Pensar en estas cuestiones puede ayudar a tomar decisiones sobre la dirección de su futura carrera.

¿Cuáles son tus intereses?

¿Quieres trabajar al aire libre?

¿Cuánto dinero quieres ganar?

¿Qué querrías conseguir?

¿Quién te inspira?

¿Qué habilidades quieres desarrollar?

Reflexionar sobre las carreras

Al pensar en los empleos y los sectores que les atraen, los adolescentes deben considerar también las aptitudes y la experiencia que sus futuros jefes podrían estar buscando, así como qué oportunidades profesionales pueden tener. Esto les ayudará a decidir sobre qué temas estudiar en el instituto o en la universidad, y qué oportunidades de experiencia laboral deben buscar.

CONVIENE SABER
Cambio de carrera

Antes era común que alguien permaneciera en la misma carrera durante toda su vida laboral, pero ahora es mucho más normal que la gente se mueva y cambie de sector. Puede pasar porque una persona desarrolle nuevos intereses y habilidades o bien se enfrente a cambios en el mercado laboral que crean nuevos puestos de trabajo o hacen desaparecer otros.

Titulaciones

Es importante saber qué certificaciones académicas se requieren para trabajar en determinado sector. Algunos trabajos precisan que la gente haya estudiado ciertos temas o tenga un título.

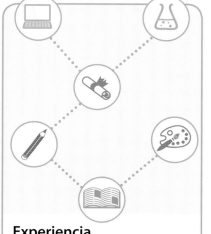

Experiencia

La mayoría de los trabajos requieren alguna experiencia previa. Para empezar, la mejor manera de adquirir experiencia es realizando prácticas laborales o voluntariado.

Mercado laboral

El mundo laboral puede ser muy competitivo. Saber de antemano las posibilidades de encontrar trabajo en determinado sector, en un futuro, puede ser un factor a tener en cuenta.

Experiencia laboral

Para hacerse una idea de lo que les podría gustar, los adolescentes pueden probar diferentes trabajos haciendo prácticas laborales o ejerciendo de ayudantes. En estas ocupaciones tienen la oportunidad de mostrar su entusiasmo, su interés y voluntad a potenciales futuros empleadores y agregar una gran experiencia a su currículo. Además, se hacen una idea de cómo funciona el mundo laboral.

▷ **Aprender trabajando**
La práctica laboral y hacer de ayudantes también permiten experimentar a qué ambientes de trabajo se adecúan mejor.

PARA LOS ADOLESCENTES
Buscar prácticas laborales

Una forma de encontrar prácticas laborales es contactar con familiares o personas cercanas que trabajen en sectores que te interesen. Por otra parte, si en tu instituto hay un orientador laboral, pregúntale si tiene algún contacto que pueda pasarte. Por último, intenta contactar directamente con las empresas para ver si tienen ofertas disponibles.

Tipos de carrera

VER TAMBIÉN

❮ 112–113 Objetivos y ambiciones
❮ 114–115 Orientación profesional
Alternativas a la universidad 120–121 ❯
Conseguir trabajo 122–123 ❯

Hay tantas carrera posibles, que decidir qué pasos hay que seguir puede ser confuso. Ver qué trabajos tienen más relación con los temas que les interesan puede ayudar a los adolescentes a decidirse.

Tomar decisiones

Elegir una carrera es una decisión muy importante. Hablar con asesores laborales, profesores y familiares e investigar en internet son buenas maneras de informarse sobre lo que implican los diferentes trabajos. Pero, en última instancia, depende del adolescente pensar en sus metas, intereses y habilidades y cómo podría encajar en un futuro en el mundo laboral.

> «Averigua qué es lo que más te gusta hacer y encuentra a alguien que te pague por hacerlo.»
> **Katharine Whitehorn, periodista**

Artes

Los artistas son personas muy creativas e imaginativas. Son «personas de ideas» y les gusta usar su talento para crear nuevas melodías, imágenes, diseños y contenidos. Algunos trabajos artísticos son: actor, músico, diseñador de moda, gestor de eventos, etc.

Materias artísticas

- Bellas artes
- Diseño gráfico e industrial
- Estudios audiovisuales
- Teatro
- Danza
- Música

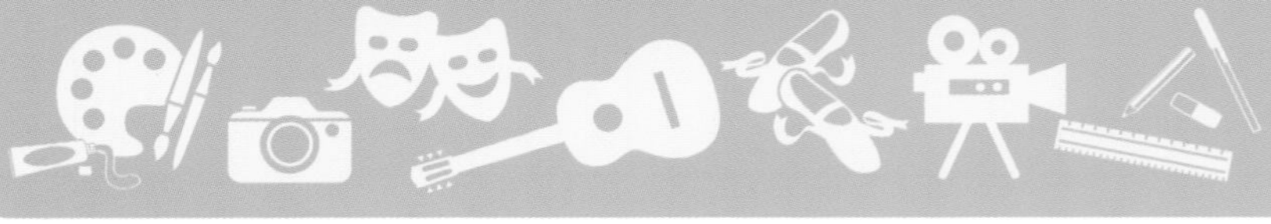

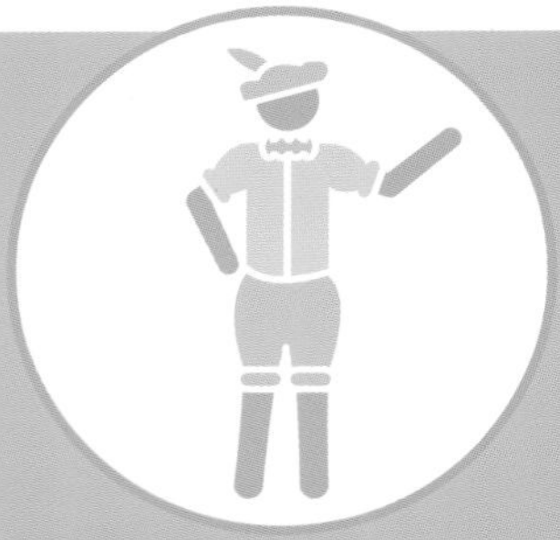

△ **Actor**
Al interpretar personajes en películas, series de televisión y en el teatro, a los actores debe interesarles la literatura, ser capaces de memorizar textos y «meterse en la piel» de los personajes.

Humanidades

Las personas que estudian humanidades, un conjunto de disciplinas que conforman la cultura humana, tienden a disfrutar de la lectura, el análisis y el debate. Las humanidades incluyen convertirse en profesor, historiador, traductor, periodista, etc.

Materias de humanidades

- Historia
- Geografía
- Filosofía
- Clásicas
- Idiomas
- Literatura

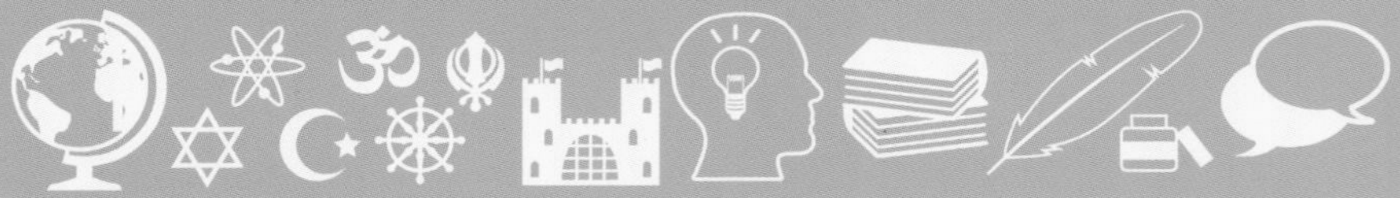

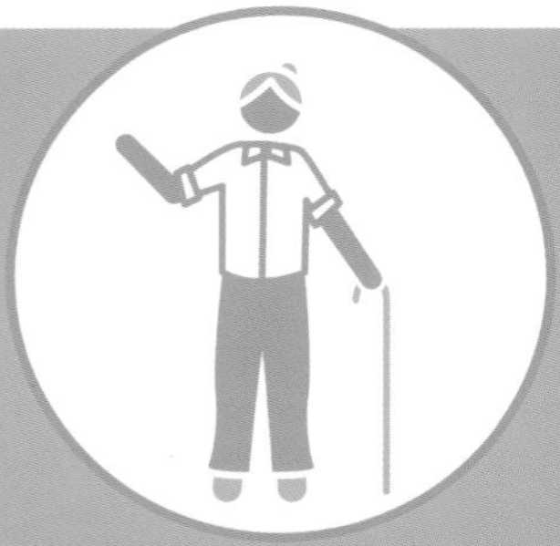

△ **Profesor**
Un buen profesor busca informar e inspirar a los estudiantes, para ayudarles a alcanzar su potencial.

Oficios prácticos

Son ideales para personas físicamente activas que disfrutan al aire libre o entrando en acción. Les gusta construir o arreglar cosas, participar en deportes, trabajar con animales, etc. En estos puestos de trabajo, es esencial ser ingenioso y capaz de resolver problemas. Algunos oficios de este sector son mecánico, ganadero, carpintero, policía, etc.

Temas prácticos
- Deportes
- Gastronomía y hostelería
- Construcción
- Carpintería y metalurgia
- Ejército
- Agricultura
- Mecánica

△ **Mecánico**
La reparación y mantenimiento de maquinaria es un campo amplio, por lo que el mecánico se especializa en un área (automóviles, aviones o maquinaria industrial).

Ciencias

Los amantes de la ciencia tienden a ser lógicos y analíticos. Tienen mente inquieta. Les gusta realizar experimentos, diseñar y construir prototipos y probar nuevas hipótesis. Los trabajos en este sector son médico, científico, investigador, ingeniero informático, etc.

Materias de ciencias
- Biología
- Química
- Física
- Matemáticas
- Informática
- Ingeniería
- Medio ambiente

△ **Médico**
El diagnóstico y tratamiento de enfermedades y lesiones es una de las principales tareas del médico, pero también aconsejar sobre salud y la prevención.

Ciencias sociales

Las ciencias sociales se interesan por la interacción social de las personas y en cómo las decisiones políticas afectan a la población en su vida cotidiana. La ciencia social abarca áreas como la ley y la economía. Los trabajos en este campo incluyen ser abogado, político, empresario, sociólogo, etc.

Materias de ciencias sociales
- Psicología
- Sociología
- Ciencias políticas
- Económicas
- Empresariales
- Finanzas
- Derecho

△ **Abogado**
Los abogados asesoran a sus clientes en asuntos legales. Conciben argumentos legales que tengan en cuenta las leyes y las circunstancias de cada caso.

Ir a la universidad

Ir a la universidad no es simplemente obtener un título. Es una gran oportunidad para aprender cosas nuevas, vivir experiencias únicas y hacer nuevos amigos.

VER TAMBIÉN

❮ **102–103** Vida escolar

❮ **114–115** Orientación profesional

Alternativas a la universidad **120–121** ❯

Conseguir trabajo **122–123** ❯

Valóralo bien

Además de cualificarse y mejorar las perspectivas de trabajo, muchos adolescentes tienen en la universidad la oportunidad de hacer nuevos amigos, probar nuevas aficiones e intereses, y ganar una mayor independencia personal, pero también presenta desventajas que hay que considerar.

▷ **Pros y contras**
Ir o no a la universidad puede ser una decisión muy importante.

Ventajas: ✓

- Obtener un título, cosa que valorarán los potenciales empleadores
- Desarrollar aptitudes útiles en un lugar de trabajo
- Ampliar los conocimientos sobre tu campo favorito
- Capacitarte para la vida diaria viviendo independientemente
- ¡Divertirse mucho!

Desventajas: ✗

- Las tasas y el coste de la vida pueden suponer bastante dinero
- No hay garantía de encontrar trabajo al acabar

Elegir la universidad adecuada

Hay muchas cosas a considerar al decidir en qué universidad matricularse. Para muchos adolescentes, los factores más importantes serán si la universidad ofrece la carrera que quieren estudiar y si cumplen los requisitos para ser admitidos.

▽ **Tomar una decisión**
Existen tantas universidades que elegir una de ellas puede resultar a veces difícil. Estas son algunas cosas que debes considerar.

Asignaturas

¿Te interesan más las materias académicas tradicionales o tu vocación?

Salidas profesionales

¿Es fácil o difícil encontrar trabajo después de titularse?

Condiciones de admisión

¿Qué universidad tiene requisitos de entrada más realistas? Lo mejor es enviar solicitudes a varias universidades.

Reputación

¿Qué reputación tiene la universidad? ¿Cómo te afectará esto a ti?

Ubicación

¿Hay algún lugar en el que siempre has querido vivir? ¿Prefieres las grandes ciudades o poblaciones más pequeñas?

Métodos de evaluación

¿Te calificarán basándose en ensayos, proyectos, exámenes o tutorías?

Matricularse en la universidad

Una vez que un adolescente ha decidido qué estudios quiere cursar, es hora de empezar los trámites de matriculación y de familiarizarse con las condiciones de cada universidad, por ejemplo, sus plazos de inscripción. Algunas universidades piden una declaración personal del alumno y redactarla con tiempo permite considerar cuidadosamente lo que se quiere decir. Algunas, también realizan entrevistas a los posibles estudiantes.

> «La inversión en conocimiento es la que reporta el mejor interés.»
> **Benjamin Franklin, científico**

△ **Jornadas de puertas abiertas**
Visitar las universidades y asistir a estas jornadas puede ayudarte a decidir dónde matricularte. Habla con los que ya están estudiando allí para hacerte una idea.

△ **Solicitudes**
Las solicitudes bien escritas, atractivas y originales, describen lo que se espera obtener del curso y lo que se aportará a la universidad como estudiante.

△ **Alojamiento**
Por lo general, hay muchas opciones para alojarse: habitaciones alquiladas o pisos o en el mismo campus.

Estudiar en el extranjero

Algunos estudiantes tienen la oportunidad de estudiar en una universidad extranjera a través de un programa de intercambio (como el programa Erasmus en Europa). Otros estudian fuera toda su carrera. Esto puede ser una gran oportunidad para conocer otra cultura, aprender un nuevo idioma y dar una dimensión internacional al propio currículo.

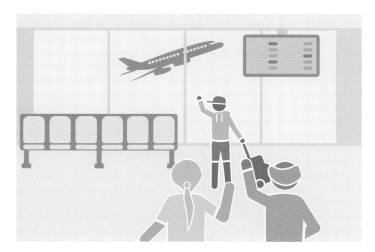

Financiar los estudios

Muchos estudiantes que optan por una universidad privada necesitan pedir un crédito, así que tienen que ajustar cuidadosamente sus gastos. Algunos trabajan a tiempo parcial para costear sus gastos. Se pueden pedir becas o ayudas específicas para un curso, pero la competencia por conseguirlas suele ser muy elevada.

△ **Vida cotidiana**
Los padres suelen preocuparse por que su hijo no sabrá cuidarse en la universidad, pero esta experiencia le ofrece la oportunidad de aprender cosas vitales, como saber administrarse, cuidar de su salud y gestionar el tiempo.

Alternativas a la universidad

Hay muchas opciones atractivas para quienes no consideran que la universidad sea una buena alternativa. Algunas forman en un oficio, mientras que otras, en cambio, ofrecen experiencias vitales que nunca olvidarán.

Opciones para los adolescentes

Mientras que algunos adolescentes sienten que la universidad es adecuada para ellos, otros prefieren seguir una ruta diferente para alcanzar sus metas. Hay muchas opciones y oportunidades diferentes a su alcance. Pueden aprender un oficio en un centro reglado, mediante prácticas o haciendo de aprendiz. Algunos quieren trabajar como voluntarios, otros prefieren viajar y otros, en cambio, se decantan por comenzar su vida laboral de manera inmediata. Cada elección tiene su propia combinación de ventajas y desventajas, por lo que los adolescentes deben considerar cuidadosamente las distintas opciones antes de tomar una decisión definitiva.

PARA LOS ADOLESCENTES

Visiones distintas

Todas estas opciones son emocionantes y aportan una gran experiencia al propio currículo, pero a veces las personas no están de acuerdo en lo que el futuro debe deparar. Si tú y tus padres no estáis de acuerdo con tus planes de futuro, es mejor encontrar tiempo para sentarse a hablar con la familia, cuando todo el mundo esté tranquilo y haya pensado bien lo que quiere decir. Demuéstrales que has pensado detenidamente en los pros y los contras de cada opción y que también has tenido en cuenta su opinión.

Estudiar formación profesional

Los centros de formación profesional, o de artes y oficios, capacitan a las personas para un oficio en particular. Originalmente, estas escuelas se centraban en la formación politécnica (metalistería, fontanería, etc.) pero ahora algunas imparten también temas académicos.

△ **Centros de formación profesional**
Estos centros ofrecen la oportunidad de estudiar una variedad de materias a un nivel superior.

Ejercer de aprendiz

Trabajar en una empresa u organización como si fueran empleados a tiempo completo implica que los adolescentes reciben capacitación práctica basada en el trabajo. A veces obtienen títulos o certificados de profesionalidad. Generalmente se trata de prácticas concertadas con los centros de formación profesional.

△ **Aprender trabajando**
Ganar dinero y al mismo tiempo aprender un oficio es una buena manera de independizarse.

Hacerse voluntario

El voluntariado implica trabajar para una organización de forma gratuita. La mayoría se ejercen en organizaciones benéficas. Esto da a los adolescentes la oportunidad de adquirir experiencia laboral y aprender habilidades útiles mientras contribuyen a una causa en la que creen. El voluntariado es una buena opción para los adolescentes que quieren ayudar a las personas, los animales o el medio ambiente.

△ **Ayudar a los demás**
Ayudar a otros puede desarrollar el sentido e interés comunitarios de un adolescente.

Viajar

Viajar ofrece a los adolescentes oportunidades de ver mundo, así como de trabajar en diferentes lugares y aprender o mejorar el conocimiento de otro idioma. Conocer culturas extranjeras y aprender cosas puede ser divertido, y una experiencia valiosa para entrar después en el mundo del trabajo. Trabajar mientras viajan también puede ayudarles a ahorrar dinero.

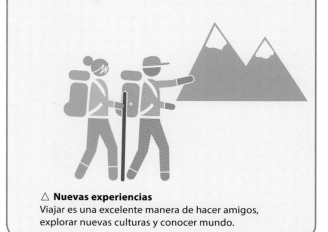

△ **Nuevas experiencias**
Viajar es una excelente manera de hacer amigos, explorar nuevas culturas y conocer mundo.

Trabajar como becario

Trabajar como becario permite participar en proyectos o tareas específicas en una empresa y adquirir nuevas habilidades y experiencia laboral durante un período específico de tiempo. Es una buena oportunidad para probar diferentes sectores y ver cuál se adapta mejor. Puede mejorar el currículo para conseguir otros trabajos. Algunas prácticas laborales son pagadas, pero muchas no. No hay garantías de conseguir un trabajo al acabar, pero si surge una oportunidad y un becario ha hecho un buen trabajo, las prácticas podrían convertirse en un empleo fijo.

△ **Probar**
Trabajar para diferentes empresas durante un tiempo permite saber qué tipo de sector es más atractivo y añade mucha experiencia al currículo.

Encontrar empleo

Entrar directamente en el mercado laboral ofrece la posibilidad de adquirir habilidades específicas. Ganar dinero, independencia y otros beneficios de trabajar, mientras aprenden. Puede que se quiera iniciar un negocio propio, convertir el trabajo a tiempo parcial en uno a tiempo completo o adquirir experiencia trabajando para alguien que se conoce.

△ **Mano amiga**
Puede haber subvenciones para jóvenes que quieren iniciar un nuevo negocio.

Conseguir trabajo

Cuando se solicita un puesto de trabajo, una buena carta de presentación y un currículo claro (o CV) pueden hacer que el entrevistador se fije en nosotros.

VER TAMBIÉN

❮ **90–91** Resiliencia
❮ **108–109** Hobbies e intereses
❮ **110–111** Temas de dinero
❮ **112–113** Objetivos y ambiciones

Ofertas de trabajo

Buscar ofertas parece un trabajo en sí mismo, pero hay muchas maneras de hacerlo. Las ofertas suelen publicarse en periódicos, en sitios web de empleo y de empresas y en las redes sociales. Hacer networking para tener contactos en las empresas, hablar con personas cara a cara u online son buenas maneras de darse a conocer, así como el voluntariado y las prácticas laborales o las becas.

PARA LOS ADOLESCENTES

Redes sociales

Aprovecha las ventajas de las redes sociales, investigando posibles contratantes y buscando ofertas de trabajo. También puedes crear y promover tu propia marca profesional online, pero cuidado con lo que publicas: pueden verlo potenciales contratantes.

◁ **Cómo buscar**
Los periódicos, sitios web y aplicaciones de búsqueda de empleo son muy útiles.

Solicitar un puesto

La mayoría de las solicitudes se acompañan de una carta de presentación y un currículo (CV). La oferta indica el tipo de competencias que la empresa busca. El solicitante debe evaluar sus aptitudes (dotes comunicativas, trabajo en equipo, adaptabilidad, etc.) y ver si se adecúan al puesto de trabajo que se le ofrece.

▽ **Prepararse bien**
Adaptar el CV y la carta de presentación al trabajo y comprobar a fondo la ortografía y la gramática, mejorará las posibilidades.

Una carta de presentación debe incluir:

- Información de contacto: nombre, dirección, correo electrónico y número de teléfono.
- Un saludo inicial y un número de referencia del trabajo, si lo tiene.
- El motivo de la solicitud y la afirmación de que la experiencia, los conocimientos, las competencias y las habilidades del solicitante se corresponden con los requisitos que pide el contratante.
- La razón por la que le atrae trabajar para esta empresa.
- Un saludo formal como «Atentamente» o «Cordialmente».

Un CV debe incluir:

- Información de contacto: nombre, dirección, correo electrónico y número de teléfono.
- Un perfil personal con aspectos clave.
- Titulaciones.
- Experiencia previa (empleo, voluntariado y prácticas, todo cuenta).
- Competencias.
- Méritos.
- Hobbies e intereses.

Asistir a una entrevista

Una entrevista puede resultar un poco estresante, pero es una buena oportunidad para conocer al contratante y decidir si quieres o no trabajar para él. Generalmente se llevan a cabo en persona, pero también pueden hacerse por teléfono o por videoconferencia. Sea como sea, que salga bien depende por completo de una buena preparación.

Preparar la entrevista

Investiga sobre la empresa y prepara respuestas para posibles preguntas. Estudia la descripción del trabajo, así como tu carta de presentación y tu CV.

Antes de la entrevista

La mayoría de los entrevistadores esperan que los candidatos vistan con corrección. Intenta ser muy puntual para tener tiempo de familiarizarte con el entorno y evitar sentirte incómodo.

Durante la entrevista

Sé claro y conciso al responder y mantén el contacto visual. Sonríe y, al acabar, da las gracias al entrevistador y estréchale la mano al despedirte.

Aceptar una oferta

Es emocionante que te ofrezcan un trabajo, pero piensa bien a qué te comprometes y si hay otras ofertas disponibles antes de aceptar. Si sigues dispuesto a desarrollar las aptitudes necesarias para trabajar en esa empresa, podría ser el empleo perfecto. Si te han hecho la oferta por teléfono, es mejor pedir que te la manden por escrito. Una oferta de trabajo firme (por carta o correo electrónico) y el contrato deben incluir cuándo comienza el trabajo y cuál es el salario.

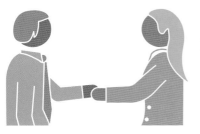

◁ **Decir «sí»**
Asegúrate de comprobar que estás de acuerdo con los términos del contrato.

Afrontar un rechazo

Puede ser muy decepcionante que no te elijan para el puesto, pero sigue siendo una oportunidad útil que te enseña para la próxima vez. Los entrevistadores suelen estar dispuestos a comentar con los solicitantes lo que ha fallado en su solicitud o en su entrevista. Obtener información sincera y reflexionar sobre tu propia actuación te permitirá entender cómo puedes mejorar y tener éxito la próxima vez.

▷ **Inténtalo de nuevo**
Entender el fracaso como una oportunidad para aprender te ayudará a desarrollar resiliencia.

Expresarse

A medida que van creciendo, los adolescentes se encuentran en situaciones en las que tienen que hablar y expresarse: en la escuela, en la universidad o en ocasiones especiales. Compartir ideas con otros puede ser intimidante, pero desarrolla la confianza.

VER TAMBIÉN

❰ **18–19** Pensamiento autónomo
❰ **22–23** Expresión personal
❰ **86–87** Confianza y autoestima
❰ **90–91** Resiliencia

Grandes momentos

Ya se trate de dar un discurso en un club, de aceptar un premio o de graduarse en la universidad, la vida está llena de grandes momentos para que un adolescente presente ante el mundo lo mejor de sí mismo.

▽ **Diversidad de situaciones**
La ocasión determinará el tipo de discurso y el enfoque que el orador debe darle.

△ Al hablar con los compañeros de clase, es mejor usar un tono coloquial.

△ Pronunciar un discurso en apoyo de una causa requiere ideas claras y elevar la voz.

△ En los debates, es importante tomar notas y pensar rápidamente para persuadir a la audiencia.

△ Mostrar y explicar objetos y proyectos puede ser útil cuando se habla para los miembros de un club.

△ Los discursos en las bodas suelen incluir algunas bromas y anécdotas sobre la pareja.

△ Los manifestantes suelen gritar lemas cortos y claros, a menudo rimados.

△ Hablar como guía en una excursión de grupo requiere ser claro y dar instrucciones fáciles de entender.

△ Al aceptar un premio, los discursos tienden a ser humildes, humorísticos y breves.

△ Los discursos de graduación suelen ser edificantes y hablar de la etapa dedicada a los estudios.

Hablar en público

A casi todos nos toca hablar en público de vez en cuando. La duración depende del caso. Puede que solo tengamos que hablar un par de minutos. Pero una presentación en un auditorio o un discurso a favor de una causa puede requerir mucha más preparación.

▽ **Estar preparado**
Hay algunos aspectos clave a considerar de antemano al hacer una presentación o un discurso ante público en el que hay compañeros de clase, familiares o amigos.

CONVIENE SABER
Consejos para hablar en público

- Prepara lo que quieres decir y hazte un guión claro y fácil de leer, que puedas consultar si es necesario.

- Asegúrate de que se oye cada palabra. Habla más lentamente de lo normal, aunque te sientas tonto y haz una pausa después de los puntos importantes para permitir que calen hondo.

- Intenta estar erguido y mantener el contacto visual con los que escuchan. De vez en cuando, moverse y gesticular es una buena manera de llamar la atención.

Piensa en tu público. ¿Son familiares, compañeros, una empresa que podría contratarte? ¿Cómo debes hablar desde un punto de vista formal? ¿Qué temas les interesan?

¿Qué quieres darles a conocer? ¿Qué es lo que más te interesa que retengan? Asegúrate de enfatizar este punto.

¿Estás intentando convencer a la audiencia de algo? ¿Quizá has tenido una idea nueva? ¿O estás presentando información sobre una causa importante que te preocupa?

Piensa en la estructura del discurso. ¿Hay un principio, una parte central y un final? ¿Quieres incluir una anécdota o una broma al principio para enganchar al público?

Sé creativo. ¿Podrías usar un panel o un vídeo o hacer circular folletos o fotografías?

¿El público te hará preguntas? Tienes que pensar en qué tipo de preguntas podrían hacerte.

Controlar los nervios

Es natural estar nervioso antes de una ocasión importante, especialmente si no se tiene mucha experiencia en hablar frente a un grupo de personas. La práctica y la preparación pueden ayudar a aumentar la confianza, al igual que el pensamiento positivo y dormir bien la noche anterior.

PARA LOS ADOLESCENTES
Nervios y preparación

- Intenta prepararte lo mejor posible. Domina el tema en profundidad.

- Practica ante un grupo más reducido para ver su reacción y adquirir seguridad.

- Entusiásmate, es tu oportunidad para compartir tus ideas con una audiencia.

- Antes de empezar, afirma bien los pies en el suelo, respira profundamente, cuenta hasta tres y espira lentamente.

◁ **La práctica hace la perfección**
Para tener una idea de la perspectiva del público, es útil practicar frente a un espejo.

Vida
digital

Internet

Internet juega un papel importante en la vida cotidiana. Lo usamos para chatear con amigos y comprar online, o para leer noticias y para aprender cosas nuevas. También para pasar ratos relajados, como lugar de encuentro con amigos y para comunicarnos por toda la red.

En permanente cambio

Internet permite a las personas mantenerse en contacto y les da acceso a información actualizada. ahora también ha sido incorporado a muchos dispositivos y accesorios (dispositivos «inteligentes»), que memorizan las preferencias del usuario.

Descubrir

- Encuentra información casi sobre cualquier tema.
- Obtén consejos para resolver problemas.
- Navega por nuevos sitios web.
- Conoce a personas con intereses similares.

Aprender

- Investiga y estudia.
- Descubre nuevos hobbies e intereses.
- Mira tutoriales sobre cómo hacer las cosas.
- Estudia a distancia.
- Adquiere nuevas habilidades digitales.

Jugar

- Juega a videojuegos online con gente de todo el mundo.
- Experimenta con la realidad aumentada y la virtual.
- Descubre nueva música.

Planificar

- Organiza y planifica eventos.
- Consulta la previsión meteorológica.
- Haz listas de tareas pendientes y chequea el progreso de los proyectos.
- Monitoriza tu estado físico.

CONVIENE SABER

Oportunidades digitales

Aunque a veces internet nos puede parecer complicado o caótico, hay numerosas e increíbles ventajas en la vida digital. Internet es una puerta de entrada emocionante para navegar por la red y, asimimsmo, un espacio en el cual puedes expresarte, consolidar amistades, relajarte, divertirte y aprender.

Crear

- Diseñar sitios web.
- Escribir blogs.
- Blogs de vídeos (vlogs).
- Compartir arte, música y literatura.

PARA LOS PADRES

Aprovechar internet al máximo

- A través de sus vídeos, concursos, juegos educativos y sitios web interactivos, internet es una excelente manera de complementar la educación de tu hijo.
- Internet te proporciona una buena manera de pasar tiempo y aprender con tu hijo. Averigua qué sitios le gusta visitar y qué habilidades digitales le parecen más útiles.
- Hay sitios web apropiados para la edad de los preadolescentes y los adolescentes. Encuentra los que apruebas y dirígelos hacia ellos.
- Si utilizan una tableta o un smartphone, es recomendable desactivar las notificaciones de las aplicaciones para reducir las distracciones.

Comunicarse

- Chatea con tus amigos y conoce a personas nuevas.
- Comparte fotos y vídeos.
- Recauda fondos y financia colectivamente (crowdfund).
- Participa en foros de noticias.
- Organiza campañas de protesta.

Redes sociales

Con miles de millones de usuarios en todo el mundo, las redes sociales son para los adolescentes una manera apasionante de mantenerse en contacto, entretenerse, organizar y planificar eventos y aprender sobre el mundo que les rodea.

Usar las redes sociales

Comprender cómo funcionan las redes sociales y qué se puede hacer en ellas permite a los adolescentes sacarles el máximo provecho, manteniéndose seguros. El objetivo principal de una red social es ofrecer a sus usuarios una forma fácil e instantánea de conectarse con familiares, amigos y gente de todo el mundo. Muchas ofrecen también la posibilidad de compartir ideas, imágenes y vídeos, y reaccionar y comentar su contenido, generando debate e interés.

«Internet se está convirtiendo en la plaza mayor del mundo global del mañana.»
Bill Gates, cofundador de Microsoft

▽ **¿Qué se puede hacer en las redes sociales?**
Constantemente se están desarrollando nuevas aplicaciones para las redes sociales. Estas son algunas de las principales, pero hay muchas más.

Interactuar

Hay muchas maneras de interactuar en las redes sociales. Los usuarios pueden comunicarse a través de mensajes privados o públicos. Pueden conocer personas con intereses similares y organizar un encuentro en el mundo real si lo desean.

Compartir contenidos

Muchos usuarios comparten imágenes, vídeos y música a través de las redes sociales, ya sean de su creación o de otras personas. Los amigos del usuario pueden comentar el contenido o compartirlo. Si algo es popular, puede compartirse rápidamente cientos de miles de veces, lo que se conoce como «hacerse viral».

Organizar eventos

Las redes sociales permiten a los usuarios organizar eventos, incluso con poca antelación. Puede ser desde una fiesta de cumpleaños a un grupo de estudio, o incluso una manifestación política. Así, funciona como un tablón de anuncios digital hecho a la medida de cada usuario.

Conocer y debatir noticias

Los medios informativos publican fragmentos de sus artículos en las redes sociales. Los usuarios pueden compartir, comentar y debatir estas historias, darlas a conocer a otros y, de este modo, difundirlas y debatirlas de forma más amplia que en los medios tradicionales.

Registro de ubicación

Registrar tu localización (*checking in*) en una red social permite informar a los demás de dónde estás y qué estás haciendo en un momento dado. Pero puede ser arriesgado, ya que revela tu ubicación a un número potencialmente enorme de personas.

El registro informa a los ladrones de que una casa está vacía o permite a un acosador conocer las costumbres de una persona. Debes configurar correctamente tu privacidad, para que solo tus contactos de confianza puedan ver dónde estás. La dirección particular nunca debe publicarse.

△ **Pros y contras**
Registrar tu presencia en un negocio (en un restaurante o una tienda, por ejemplo) puede suponer que te hagan un descuento o que puedas escribir una valoración. Pero las empresas no siempre son transparentes sobre la información que recogen o sobre cómo la utilizarán en el futuro.

Descansar una temporada

Mantener un perfil y estar al día con lo que publican los contactos puede llevar mucho tiempo, por lo que vale la pena descansar de vez en cuando. Si un adolescente quiere dejar de usar las redes sociales, tiene tres opciones (comprueba siempre primero los términos y condiciones del sitio en particular):

- No iniciar sesión en el sitio, mantendrá tu cuenta activa y seguirás recibiendo notificaciones.

- Desactivar la cuenta eliminará tu perfil de usuario del sitio, pero tu información, incluidas las fotografías y los comentarios, seguirá estando allí si decides reactivarla.

- Cancelar la cuenta definitivamente eliminará toda la información y ya no recibirás notificaciones.

PARA LOS ADOLESCENTES

Comparar perfiles

Las redes sociales permiten a las personas conectarse y comunicarse entre sí, pero ver la vida de amigos y famosos, así como el éxito que tienen online, puede llevar a algunos a hacer comparaciones. Estas comparaciones pueden hacer que los adolescentes sientan tristeza, soledad o envidia de otras personas, y la sensación de que ellos no pintan nada. Recuerda que la gente presenta en las redes una versión distorsionada de sí misma, que solo habla de los mejores momentos de su vida, pero que también tiene momentos aburridos, solitarios o tristes.

Redes sociales y publicidad

La mayoría de las redes sociales son gratuitas, por lo que sus ingresos provienen de publicar anuncios. Esta publicidad a menudo se adapta al usuario, sobre la base de lo que ha revelado en la plataforma sobre sus preferencias e intereses.

Información publicada por el usuario

Un usuario de redes sociales comparte información sobre su perfil personal (intereses, fotografías y opiniones).

Los anunciantes pagan por anunciarse

Los anunciantes son atraídos por el número de personas que utilizan la red, y pagan para anunciarse en ella.

Se publican anuncios personalizados

Los anuncios se orientan a los usuarios. Si alguien expresa preferencia por un grupo musical, verá anuncios de sus conciertos y productos relacionados.

Identidad digital

Internet es un espacio de liberación para los adolescentes. Pueden decidir cómo se presentan a sí mismos, así como socializar y explorar la red. Pero también es inmenso, por lo que es esencial que sean conscientes de cómo son percibidos online.

Selfis

Hacerse fotos uno mismo con un smartphone (hacerse una selfi) permite a los jóvenes definir su imagen online. Publicando una selfi, los adolescentes pueden decidir cómo quieren ser vistos, expresar su estado de ánimo y compartir experiencias importantes con su comunidad online, que puede comentar dicha foto y ponerle «me gusta». Lamentablemente, los comentarios negativos online son tan fáciles de escribir como los positivos y pueden influir en la autoestima de un adolescente. Pueden convertirse en un verdadero problema si el adolescente se basa en las opiniones de otras personas para alimentar su autoestima.

▷ **Autoestima**
Las selfis pueden ser una buena manera para aumentar la confianza en uno mismo, probar una nueva imagen y hacer saber a los amigos qué se está haciendo.

¡ATENCIÓN!

Selfis peligrosas

Las selfis de personas en actitudes arriesgadas abundan en las redes sociales. Publicar selfis temerarias es poner en riesgo la vida de las personas. Siendo los adolescentes más propensos a correr riesgos, debido a los cambios que están teniendo lugar en su cerebro, es importante no seguir esta peligrosa tendencia, por la que mucha gente ha resultado herida e incluso ha muerto. Por el contrario, hay que ser consciente y asegurarse de que no estamos en una situación imprudente, antes de hacernos una selfi.

Piénsalo antes de publicar

Aunque publicar una foto o un comentario en las redes sociales puede parecernos la cosa más natural del mundo, es importante detenernos un momento y pensar en lo que un mensaje está afirmando o mostrando.

A pesar de que el comentario o la imagen pueden estar destinados solo a una persona o un grupo específico, hay que recordar que puede ser visto por una comunidad más amplia de personas. Permanecerá disponible más allá del momento actual, años, como parte de tu historia digital.

▷ **Piensa en las consecuencias**
Antes de publicar, es buena idea pararse a pensar si será embarazoso o incómodo que un miembro de la familia, un profesor o un futuro jefe vean el post.

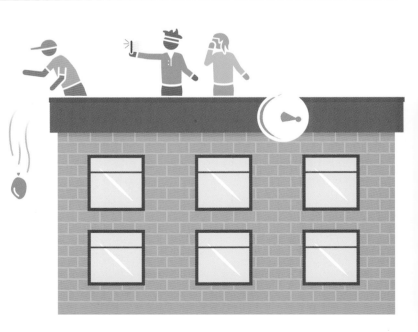

Compartir en exceso

Las redes sociales pueden ser una herramienta útil para los adolescentes para establecer amistades y compartir ideas y recuerdos. Pero en ocasiones lo compartido puede cruzar la línea de dar «demasiada información». Muchas veces nos quedamos sorprendidos al leer un post o al ver una imagen colgada por un amigo, porque revela información íntima que debería haber quedado en un ámbito privado. Ser demasiado sincero o «compartir en exceso», puede tener consecuencias. Toda la información publicada online permanece online. Si hay comentarios inapropiados o dañinos, las relaciones pueden verse afectadas.

PARA LOS PADRES

Predicar con el ejemplo

Los padres pueden ayudar a sus hijos adolescentes a estar cómodos con lo que publican, hablando con ellos sobre publicar en exceso y modelando el contenido adecuado de las redes sociales con sus propios post.

- Enseña a tu hijo cómo has configurado la privacidad de tu perfil para limitar quién puede ver tus mensajes y ayúdale también a configurar la suya.
- Como padre recuerda que es improbable que a tu hijo le guste que compartas fotos embarazosas o demasiada información sobre él online.

Avatares

Los avatares son imágenes electrónicas tridimensionales que en los videojuegos, representan al jugador e interactúan con otros elementos del juego. Basados en estos avatares, los avatares se usan cada vez más en las redes sociales, de modo que los usuarios tienen una representación virtual de sí mismos sin necesidad de utilizar una fotografía. El uso de un avatar en lugar de una fotografía da a una persona mayor control sobre su rastro digital y sobre la información que comparten con el resto de la gente.

△ **Rastro no intencionado**
Las fotos pueden dar pistas sobre la identidad de alguien, de sus aficiones y de los lugares a los que le gusta ir.

△ **Único pero anónimo**
Los adolescentes siguen mostrando su personalidad a través de un avatar, pero sin revelar información personal.

Huellas digitales

Las actividades online de una persona dejan un rastro, su «huella digital». Es un registro de todo lo que se hace en los dispositivos digitales. A veces los usuarios dejan información online de forma consciente, por ejemplo en las redes sociales. Pero es posible también dejar rastro involuntariamente. Los datos sobre una persona, su uso y su actividad en internet pueden ser recogidos por sitios web sin que ella lo sepa. Cada vez es más común que las empresas y las universidades «investiguen» la huella digital de los posibles empleados, para asegurarse de que su historia online no tiene ningún contenido censurable o potencialmente embarazoso.

CONVIENE SABER

Cookies

Las cookies son pequeños archivos de texto que se crean cuando una persona visita un sitio web y registran lo que hizo mientras estaba en él. Estas cookies se descargan en el ordenador de la persona, preparadas para la próxima vez que visite el mismo sitio. En futuras visitas, la cookie envía información al sitio web, en función de la navegación y los clics del usuario. Las cookies también registran la localización desde la que la persona navega, los anuncios que ve y los sitios que visita posteriormente, información que puede utilizarse para crear un perfil de las acciones online de una persona.

Tener criterio

Internet está lleno de contenidos. Anuncios, noticias, opiniones, fotos e historias, todo creado y compartido por muchas fuentes distintas. Es difícil saber qué y quién es de fiar, así que lo mejor es evaluar la información con ojo crítico para distinguir hechos de falsedades.

VER TAMBIÉN	
❬ 130–131 Redes sociales	
❬ 132–133 Identidad digital	
Seguridad online	140–141 ❭
Entender las noticias	160–161 ❭

Falsa información

Los periodistas que no han contrastado correctamente los hechos o personas y organizaciones que quieren difundir información inexacta en beneficio de sus propios intereses pueden publicar información falsa online. Es un gran problema porque la gente puede creer cosas que no son ciertas o, al revés, puede afirmar que algo es falso solo porque no es de su gusto.

△ **Comprobar en fuentes distintas**
Se puede comprobar si una noticia es falsa viendo si también se está divulgando en la radio, en la televisión o en la prensa escrita.

Cosas que hay que preguntarse

- ¿Hay otros sitios que hablan de este asunto? ¿En qué términos?
- ¿Quién ha publicado esta información y por qué?
- ¿Hay alguna prueba que respalde lo que se afirma?
- ¿Es el sitio web tendencioso? Algunos sitios tienen una perspectiva política o cultural que determina qué noticias publican y en qué terminos.

A qué hay que prestar atención

En internet aparece todo tipo de contenido, por lo que es esencial comprobar si la información es falsa o inexacta. Cuidado también con los sitios que contienen software malicioso que puede dañar los dispositivos electrónicos.

Ciberanzuelo

Se trata de enlaces que juegan con la curiosidad de las personas. Por lo general, tienen títulos escandalosos y prometen sorprender al usuario, pero conducen a contenido inexacto o falso. También a sitios con virus (software malintencionado que puede dañar los dispositivos).

Post patrocinados

Los blogs y redes sociales a menudo publican «post patrocinados», pagados por una empresa para promocionar un producto. El blog o su autor deben avisar (aunque no siempre lo hagan) de que el post es un anuncio. Las opiniones sobre el producto, generalmente son favorables y animan a la gente a comprarlo.

Anuncios emergentes

Estos anuncios aparecen en ciertos sitios web. Normalmente se abren en una nueva ventana. Hay programas para bloquearlos. Es mejor no hacer clic en ellos, porque pueden aparecer más o pueden descargar archivos no deseados en el equipo.

Imágenes retocadas

Desde fusionar imágenes separadas a añadir efectos especiales, la edición de fotos puede ser una forma divertida de crear algo nuevo. Pero las imágenes retocadas son un problema cuando presentan estándares inalcanzables de belleza corporal como reales o cuando recortan información esencial o se usan como «prueba» de algo que es falso.

△ **Valorar los riesgos**
Piensa siempre de manera crítica sobre las fuentes de las imágenes y los motivos que esas fuentes puedan tener.

Publicidad indirecta

Atención con los productos recomendados por un usuario. Un videotutorial de maquillaje, por ejemplo, rara vez indica que el vlogger está patrocinado por un fabricante de productos de maquillaje y que obtiene un beneficio por promocionarlo.

Cámaras de eco

Los motores de búsqueda y las redes sociales tienden a mostrarnos lo que nos interesa, lo que cuadra con nuestra manera de pensar, así que es fácil que veamos en ellas solo una visión de un tema, y rara vez algo muy distinto. Esto implica que uno puede acabar encerrado en una burbuja, lo que se conoce como «cámara de eco». Como prueba, vale la pena mirar los resultados de un motor de búsqueda de un amigo y sus redes sociales, para ver cómo cada persona recibe anuncios y noticias que se adaptan a ella. Los adolescentes pueden limitar el riesgo de terminar en una cámara de eco buscando información que desafíe su ideología, lo que puede fortalecerla, ya que tendrá que trabajar más para defenderla.

PARA LOS ADOLESCENTES

Uso eficaz de los motores de búsqueda

Saber cómo encontrar los resultados más relevantes al buscar información en internet te ayudará a estar seguro de orientarte hacia una amplia gama de contenido confiable. Al buscar información online:

- Prueba más de un motor de búsqueda: los resultados pueden ser diferentes.
- Busca en sitios web cuyo dominio acabe en .com, .es u .org.
- No confíes en los primeros resultados, desplázate hacia abajo para ver más opciones.
- Ignora los resultados que incluyan las palabras «patrocinado», «anuncio» o «promocionado». Alguien ha pagado para que sean los primeros de la lista.
- Sé preciso, usa al menos dos palabras clave al buscar.
- Escribe correctamente las palabras clave.

Presión online de los compañeros

Como en la vida real, los adolescentes pueden ser presionados online para comportarse de manera que los haga sentir incómodos. Las amenazas y los desafíos online se dan, por ejemplo, cuando alguien comparte una foto o un vídeo de sí mismo haciendo algo irregular y reta a otro a hacer lo mismo. No pasa nada si la acción persigue recaudar dinero para una causa o divertirse. Esto no humilla ni daña a nadie, pero en otros casos se genera malestar o situaciones peligrosas.

▷ **No te dejes presionar**
Tener criterio no consiste solo en averiguar qué es verdad y qué no. También implica tomar decisiones sobre cómo es correcto actuar.

Hábitos digitales

El mundo digital permite a los adolescentes mantenerse en contacto con sus amigos más allá del contacto cara a cara. Amplía su relación fuera del mundo real, lo que les permite socializar y hacer actividades con sus amigos aun estando lejos de ellos.

VER TAMBIÉN

❰ **76–77** Sueño

❰ **130–131** Redes sociales

❰ **134–135** Tener criterio

Seguridad online **140–141** ❱

Respeto digital

La identidad virtual de una persona es una extensión de su ser real. Igual que muchos adolescentes decoran su habitación para reflejar sus intereses y su personalidad, adornan sus perfiles en las redes sociales. El comportamiento de una persona en el mundo real es un reflejo de sus valores. Uno sería mostrar respeto a los demás y esperar igual trato. Lo mismo sucede en el mundo digital. Se aplican las mismas reglas: pensar antes de hablar, por tanto, pensar antes de publicar.

▷ **Piensa antes de publicar**
Que publicar online sea fácil no significa que no tengas que ser cuidadoso y pensarlo bien.

PARA LOS PADRES

Sé un ejemplo de conducta

- Los adolescentes aprenden de quienes les rodean, por ello procura ser un buen ejemplo: deja el teléfono cuando estés hablando con alguien o durante las comidas, por ejemplo.

- Comenta con tu hijo su perfil digital, tal como haces con su vida cotidiana, pero respeta su deseo de autonomía.

- Habla con él sobre qué contenido es apropiado y cuál inapropiado.

- Apaga el teléfono antes de acostarte.

Etiqueta en la red

La etiqueta resume los buenos modales y formas de respeto y la etiqueta de internet se refiere a lo mismo. Es importante conocer y seguir este código de conducta para hacer el mundo digital más seguro y menos hostil. Desafortunadamente, algunas personas abusan de internet, tienen malas actitudes o utilizan la comunidad online para beneficio propio.

△ **Correo no deseado**
La publicidad o los mensajes no deseados (spam), son una molestia y se utilizan a veces para el fraude (phishing) o la difusión de software malicioso.

△ **Descargas ilegales**
El intercambio de archivos y el streaming permiten acceder a material protegido por los derechos de autor sin su consentimiento. Esto es ilegal.

△ **Lenguaje insultante**
El anonimato que proporciona internet permite actuar de manera insultante y agresiva, puesto que no hay un cara a cara. Algunas formas de lenguaje insultante son ilegales.

Ayudando a otros a conectarse

Internet puede conectar a la gente, pero parece dominio exclusivo de los jóvenes y no un recurso para todas las generaciones, a pesar de que podría ser muy útil para las personas mayores, que pueden sentirse desconectadas de sus amigos y familiares y tienen menos movilidad. Las comunidades online específicas para ellos, las videollamadas y las tiendas de comestibles online son solo algunos de los muchos beneficios de los que pueden disfrutar.

△ **Compartir conocimientos**
Los adolescentes pueden ayudar a sus mayores, enseñándoles a utilizar los diversos recursos digitales a su alcance.

Mantenerse sano

Sentarse en una posición cómoda reduce los riesgos de desarrollar dolores musculares asociados con la tecnología. Si el dolor es persistente, lo mejor es consultar con un médico.

La pantalla debe estar al nivel de los ojos.

Los pies deben estar planos en el suelo.

La espalda debe mantenerse recta, y el teclado y el ratón al alcance de la mano.

△ **Sentarse bien**
Sentarse bien y colocar correctamente la pantalla puede ayudar a reducir los riesgos asociados con el uso prolongado de la tecnología.

Buenos hábitos

La forma en que un adolescente utiliza los medios digitales es más importante que la cantidad de tiempo que les dedica. Hoy en día, el mundo digital forma parte tanto de la educación de un adolescente como de su vida social. Mientras que mirar la televisión pasivamente o escuchar música permiten relajarse y evadirse, los medios digitales permiten mucho más: interactuar, comunicarse y crear contenido. Estos son los aspectos valiosos del mundo digital, pero también es importante asegurarse de que no se prioriza la vida digital a estar con los amigos y la familia.

CONVIENE SABER

Dormir

La luz azul que emite un smartphone puede engañar al cerebro y hacerle creer que es de día, lo que puede provocar que una persona esté desvelada cuando tiene que dormir. Para evitar esto, los expertos recomiendan no usar dispositivos antes de ir a dormir o que reduzcan la luz azul que emiten. Algunos smartphones tienen esta función incorporada. Otros disponen de aplicaciones.

▷ **Desaparecer**
Un adolescente puede sentir que se está perdiendo algo si no está conectado y, en cambio, puede estar perdiéndose experiencias reales que suceden a su alrededor.

Ciberacoso

La comunicación digital y los perfiles online son formas fáciles y rápidas de compartir información con mucha gente, pero también pueden usarse para molestar y hacer daño.

¿Qué es el ciberacoso?

Amenazar o avergonzar a alguien sirviéndose de la tecnología es una forma de acoso. La mayoría de las personas utiliza dispositivos electrónicos conectados permanentemente, por lo que el ciberacoso puede darse en cualquier momento, no importa dónde estén el acosador y el acosado. Esto dificulta mucho que una víctima pueda librarse de él una vez que se ha convertido en su objetivo.

La facilidad con la que la información se comparte en internet hace que el acoso pueda difundirse muy rápidamente. Una vez que algo se ha publicado en la red, eliminarlo por completo es muy difícil, si no imposible, causando dolor al acosado mucho después de que el acoso se produjera por primera vez.

▷ **Intimidación electrónica**
Es muy fácil compartir con el mundo mensajes vergonzosos o crueles, lo que convierte el ciberacoso en algo muy nocivo y peligroso.

Tipos de ciberacoso

El acoso cibernético es invasivo, cruel y difícil de solucionar. Dado que los acosadores suelen quedar en el anonimato, rastrearles y detener el acoso puede ser muy difícil. Hay muchos tipos de acoso cibernético y todos se pueden llevar a cabo a través de correo electrónico, mensajes de texto o redes sociales.

> Pueden enviarse mensajes hirientes, intimidantes y amenazadores.

> Dedicar una atención no deseada puede convertirse en acoso sexual o persecución.

> Pueden publicarse o compartirse fotos vergonzosas o mensajes dañinos para humillar a una persona.

> Puede robarse el perfil de alguien en las redes sociales pirateando sus cuentas online.

> Una persona puede hacerse pasar por otra usando perfiles falsos.

> Se puede publicar o compartir información personal o difamatoria sobre una persona.

PARA LOS PADRES

Señales de ciberacoso

Muchas son similares a las del acoso normal, pero pueden intensificarse por el uso de dispositivos electrónicos.

- La manera en que un adolescente usa sus dispositivos cambia. De repente deja de usarlos, lo hace a escondidas o está conectado de forma obsesiva.

- Su actitud puede cambiar. Puede estar triste, retraído, agresivo o reacio a hacer cosas que normalmente le gustan.

- Puede haber algunos síntomas físicos inexplicables, como dolores de cabeza, trastornos del estómago o disminución del apetito.

- Puede negarse a hablar de lo que está haciendo online o con quién chatea.

Prevención

El acoso cibernético es bastante común entre niños y adolescentes, pero hay maneras de reducir el riesgo y limitar su impacto. Mantener las contraseñas y la información personal a buen recaudo es una buena práctica, así como ser cuidadoso con lo que se publica, tanto imágenes como texto. Hay que comprobar siempre las opciones de seguridad y la configuración de privacidad de cualquier red social.

△ **Actuar**
Hay muchas fuentes de información y consejos para ayudar a los adolescentes y los padres a prevenir y enfrentar el acoso cibernético si les sucede a ellos o a alguien que conocen.

PARA LOS ADOLESCENTES

Entrar en acción

Hay cosas que puedes hacer si eres víctima de acoso cibernético o lo es algún conocido.

- Habla con un adulto de tu confianza.
- Mantén un diario de lo que te pasa, fechas, descripciones o capturas de pantalla como prueba.
- No tomes represalias. Los acosadores buscan atención y es probable que pierdan el interés si no obtienen respuesta.
- Ponte en contacto con los proveedores de servicios denunciando el acoso procedente de su red. Algunos tienen formularios específicamente dedicados al ciberacoso.
- Bloquea a cualquier persona que te haga sentir incómodo.

Reconocer el ciberacoso

Una persona puede ser acosadora sin ser bien consciente de ello. Puede compartir un comentario o una imagen «haciendo broma», o simplemente para obtener muchos «me gusta», pero es importante que considere su post cuidadosamente desde todos los ángulos, para asegurarse de que no es ofensivo para nadie. Aunque sea inconsciente y no mal intencionado, incluso si es una reacción a otro ciberacoso, publicar o enviar comentarios o mensajes acosadores a otras personas es también una acción de ciberacoso.

△ **No participes**
El ciberacoso es intolerable. Muchos países han aprobado leyes que lo clasifican como delito.

Odio online

Desafortunadamente, hay muchas formas de odio: la misoginia (odio o prejuicio contra las mujeres), el racismo, la homofobia, etc. Y muchas maneras de mostrar ese odio, como la humillación corporal y el insulto. Gran parte de este odio puede abrirse camino en internet. Tanto si se expresa explícitamente o se insinúa, marginando a ciertas personas, el odio online es un problema mundial que puede filtrarse fácilmente en la navegación online de un individuo y siempre debe ser denunciado al proveedor de servicios correspondiente.

CONVIENE SABER

Trolear

Una delgada línea separa al ciberacosador del trol. El ciberacoso se dirige reiterativamente a una víctima concreta para intimidarla, mientras que la intención del trol es provocar reacciones. Trolear es tan horrible como sugiere su nombre, y por lo general se presenta en forma de comentarios incendiarios y ofensivos. Aunque puede vivirse como un ataque personal por la o las personas a las que afecta, el trolling busca molestar a tantas personas como sea posible y conseguir que respondan y expresen su malestar. La mejor manera de lidiar con el troleo es negarle la atención que busca.

Seguridad online

Los niños, los adolescentes y los adultos deben proteger sus perfiles, datos personales e imágenes online. Aunque los filtros web pueden ayudar, la mejor manera es ir todos a una.

Estar preparado

La seguridad online tiene reglas parecidas a la seguridad en el mundo real. Hay que conocer los peligros potenciales, hablar de ellos antes de que se concreten y tener un plan de acción para que los adolescentes lo sigan si tienen problemas.

△ **Ir todos a una**
Uno de los pasos más importantes para garantizar la seguridad online es discutir las medidas de seguridad juntos.

PARA LOS PADRES

Comunicarse abiertamente

Los adolescentes necesitan conocimientos digitales sólidos que los capaciten para tomar decisiones sobre seguridad online por su cuenta. Comunicándose eficazmente con él, los padres pueden preparar a su hijo para hacer frente a cualquier problema.

- Consigue que tu hijo se abra respecto a sus actividades digitales. Intenta averiguar sus sitios web favoritos, si alguien le ha ayudado online y a quién le gusta seguir.

- Habla sobre los peligros potenciales y trabaja con él para investigar y poner en marcha estrategias que reduzcan los riesgos. La conversación debe adaptarse a medida que los adolescentes van madurando.

- Es fácil ser complaciente, pero no dejes de hablar sobre seguridad online. Es relevante a cualquier edad.

- Si crees necesario bloquear contenido inapropiado con filtros web, lo mejor es hablarlo con tu hijo primero y no usarlos en secreto. Es importante saber que los filtros web no son completamente fiables.

Ser cuidadoso

No todos los contenidos son apropiados para ser compartidos, aunque otros usuarios lo pidan. Los adolescentes deben seguir dos reglas básicas:

No compartir datos personales

Nunca des online información personal a desconocidos (nombre completo, datos de contacto, dirección particular, nombre de tu escuela, datos bancarios, etc.).

Cuidado con las fotos

Hay que vigilar con las fotografías y los vídeos. Si te piden fotos o vídeos tuyos, debes decir «no», alejarte y preguntar a un adulto de confianza.

Cámaras web

Las cámaras web son fantásticas para hacer videollamadas con amigos y familiares, pero también comportan riesgos. Un hacker puede tener acceso a un ordenador de muchas maneras diferentes. Puede obtener información del propietario o instalar malware que le dé acceso sin contraseña. Una vez hecho esto, puede controlar la cámara web y sacar fotos cuando lo desee, sin que el propietario lo sepa. Y no son solo los hackers lo que los adolescentes deben vigilar. Cualquiera puede grabar un chat de vídeo privado y luego puede compartirlo online.

▷ **Reducir el riesgo**
Es crucial instalar cortafuegos y antivirus para proteger las cámaras de la piratería informática.

Sexting

Se produce cuando una persona envía a otra una foto suya desnuda, semidesnuda o en una pose sexualmente explícita. Comporta muchos riesgos, incluso si el remitente y el destinatario mantienen una relación sana. Si la relación termina o el teléfono cae en manos equivocadas, las fotos se pueden compartir rápidamente con una amplia red de personas. Además, es ilegal si la persona fotografiada o la que recibe la foto tiene menos de 18 años.

△ **Siempre se corre riesgo**
Una vez enviado, el remitente ya no puede controlar quién puede verlo.

El desconocido peligroso

Dado que las redes sociales reflejan elementos de la vida real de una persona, los peligros potenciales de compartir información con un desconocido pueden afectar esa vida real, incluso con un solo intercambio online. Es importante que los adolescentes sean cautelosos revelando información a cualquier desconocido que pueda contactarles y después buscarlos en persona.

▽ **Ser conscientes**
Los preadolescentes y los adolescentes no deben compartir nunca fotos o vídeos online sin que lo sepan sus padres.

¡ATENCIÓN!
Grooming

En el grooming una persona busca ganarse la confianza de un niño o de un adolescente, con la intención de explotarlo sexualmente o chantajearlo una vez que se hayan obtenido fotografías o vídeos comprometedores. Al producirse online permite que el groomer tenga acceso a ganarse confianza, sin ser una persona del entorno.

Si un adolescente está siendo víctima de grooming, su actitud puede cambiar. Algunas señales pueden ser:

• Mantiene en secreto lo que está haciendo online y con quién está hablando.

• Quiere pasar más tiempo conectado.

• Tiene objetos nuevos y caros cuya procedencia no puede explicar.

• Tiene un novio o novia mayor. Muchos adolescentes no se dan cuenta de que han sido víctimas del grooming y creen que el groomer es un verdadero novio o novia.

Para reducir el riesgo de grooming, los adolescentes deben bloquear siempre a los desconocidos que los contactan online y negarse a compartir información o fotos. Si sospechan algo, lo mejor es hablar de ello, guardar cualquier cosa que sirva como prueba y denunciarlo a la policía.

Privacidad

La gente introduce, almacena y accede cada vez más a su información personal sirviéndose de dispositivos digitales y de internet. Por ello es crucial cuidar la privacidad de estos datos. Violar esta privacidad puede comportar fraude y robo de identidad.

Privacidad

La privacidad online de una persona se relaciona con el nivel de control que tiene sobre sus datos personales (qué información tiene disponible online, dónde la almacena y cómo accede a ella). Con la configuración de privacidad del navegador de internet se puede controlar quién ve la información personal y qué ve.

△ **Tomar precauciones**
Aumentar la seguridad ayuda a minimizar el riesgo de perder privacidad cuando se hacen gestiones personales online.

Contraseñas

Las contraseñas son la clave en muchas situaciones. Deben ser complejas, difíciles de adivinar y nunca deben apuntarse. La contraseña perfecta tiene ocho o más caracteres, combina letras mayúsculas y minúsculas, números y símbolos. No debe usarse la misma contraseña en varios sitios web. No hay que compartirlas nunca, ni siquiera con amigos.

△ **Reglas**
Una contraseña debe ser exclusiva y hay que cambiarla cada seis meses.

Marcas de confianza

Las marcas de confianza indican que es seguro introducir datos personales en un sitio web. Son logotipos reconocidos que sugieren cierto nivel de calidad e indican que un sitio es de confianza. Estas imágenes o logotipos se muestran normalmente en las webs de compras online para señalar que cumplen los requisitos de seguridad y privacidad.

◁ **Uso seguro**
Las marcas de confianza difieren de un país a otro, pero suelen aparecer en la barra de búsqueda de un navegador.

Estafas online

Desde hacer pagar a alguien por algo que nunca recibirá hasta el robo de identidad, hay tres tipos principales de estafa online:

Phishing

En el phishing el estafador simula ser una institución financiera con el fin de conseguir los datos bancarios de alguien.

Pago por adelantado

Los estafadores ofrecen por mail grandes sumas de dinero a cambio de usar los datos bancarios de la víctima.

Hacerse pasar por alguien de confianza

Estas personas hacen que alguien les dé dinero fingiendo ser una persona conocida.

Hackers y malware

Los hackers buscan puntos débiles en la seguridad de un dispositivo para acceder a la información digital de otras personas y usarla en beneficio propio. Para ello, usan malware, abreviatura inglesa de programas maliciosos. Son programas informáticos que dañan un dispositivo u obtienen acceso a información confidencial. Se suelen llamar virus, y están diseñados para propagarse por los dispositivos, infectándolos y recopilando o destruyendo datos.

CONVIENE SABER

Tipos de malware

Conocer los diferentes tipos de hackeo puede ayudar a prevenirlos.

- Un troyano es un archivo de aspecto inofensivo que ejecuta un programa que se apodera de un ordenador y potencialmente de sus redes.
- El keylogger es un programa que registra las contraseñas y los datos de seguridad que se teclean en un ordenador.
- Una puerta trasera (backdoor) da acceso a un ordenador eludiendo sus medidas de seguridad.
- Un sniffer es una herramienta de rastreo que monitorea los datos que circulan por la red para obtener contraseñas y datos de seguridad.

Protección contra el malware

Hay programas que protegen contra el malware, pero para que sean eficaces deben mantenerse actualizados. Los cortafuegos son programas que detienen el acceso no autorizado de usuarios desconocidos, mientras que el software antivirus detecta malware o correos electrónicos, anuncios y mensajes que lo contengan y los bloquea para mantener el ordenador y su información seguros.

△ **Estar alerta**
Para reducir el riesgo de daños o de hackeo del dispositivo, los adolescentes nunca deben hacer clic en enlaces sospechosos ni visitar webs desconocidas o abrir archivos adjuntos de extraños.

Contenido inquietante

Debido a que internet, en gran medida, no está regulado, puede ser fácil acceder a contenido inquietante. Algunos adolescentes pueden buscarlo por curiosidad, mientras que otros tropiezan con él involuntariamente. A algunos les afecta más que a otros. A los padres les puede ser difícil explicar a sus hijos las cosas desagradables, tristes e ilegales que ocurren y que la gente se ofende y se explota mutuamente en todas las áreas de la vida, pero haciéndolo les ayudan a poner este contenido confuso y perturbador en su contexto.

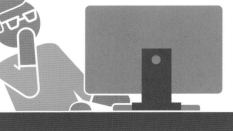

▷ **Distintas reacciones**
Cada uno reacciona a su manera ante contenidos inquietantes. Hablar de ello puede ayudar.

¡ATENCIÓN!

Contenido ilegal

Es contenido que incumple las leyes de un país. Se trata de un material extremadamente recusable que se cuelga online. Puede tratarse de sitios que fomentan la violencia, los comportamientos criminales o peligrosos (fabricar armas, tomar o producir drogas, realizar actos fraudulentos o terroristas, etc.). También puede ser contenido muy gráfico sobre actos sexuales que podría ofender incluso a un adulto. O material de abuso infantil.

Se puede encontrar mucho contenido prohibido e ilegal online, por lo que a veces es difícil esquivarlo y se puede ver por accidente. No hay que buscar contenido ilegal online, aunque se tenga la intención de informar y eliminarlo.

Videojuegos

Aunque son causa de controversia, los videojuegos pueden ayudar a desarrollar ciertas habilidades clave, como la colaboración y la resolución de problemas. Si hay un equilibrio entre el tiempo de juego y el resto de las actividades, jugar puede ser divertido y beneficioso.

VER TAMBIÉN	
❮ **74–75** Ejercicio	
❮ **130–131** Redes sociales	
❮ **134–135** Tener criterio	
Amistad	**188–189** ❯

Tipos de juegos

Cada año se lanzan decenas de miles de videojuegos. Ya sean para el teléfono, el ordenador o la consola, los videojuegos pueden clasificarse en seis géneros básicos: deportes, acción, enigmas, juegos de rol, simulación y estrategia. Está demostrado que cada tipo de juego puede ayudar a desarrollar y mejorar diferentes áreas del pensamiento cognitivo y habilidades que pueden ser útiles en el mundo real. Los padres pueden desmitificar los peligros del juego compartiéndolo con sus hijos, lo que les permitirá ver por sí mismos lo que obtienen de él.

> «El objetivo obvio de los videojuegos es entretener a la gente sorprendiéndola con nuevas experiencias.»
> **Shigeru Miyamoto, creador de la serie «Super Mario»**

Deportes
Los videojuegos de deportes reproducen las reglas, los equipos y el número y tipo de jugadores. Son ideales para jugar en grupo y pueden fomentar la participación en el deporte en el mundo real.

Acción
Con batallas gigantescas y enérgicas, los juegos de acción ponen a prueba la coordinación mano-ojo, la conciencia espacial y el tiempo de reacción, mejorando la velocidad y la habilidad de una persona para aprender debido a la rapidez de la acción.

Juegos de rol
Los juegos de rol permiten encarnar un personaje y vivir su historia, mejorando su capacidad de resolver problemas a medida que enfrentan desafíos. Muchos son juegos de «mundo abierto», donde los jugadores pueden vagar libremente en lugar de seguir una historia lineal estricta.

Enigmas
Especialmente adecuado para jugadores esporádicos que juegan en su smartphone, los juegos de enigmas ejercitan la resolución de problemas, el reconocimiento de patrones, el vocabulario, a menudo con tiempo u opciones limitadas.

Lograr el equilibrio

Cuando una persona está absorta en un videojuego, pueden pasar las horas muy fácilmente. Pero pasar períodos prolongados mirando una pantalla no es saludable para el cuerpo y la mente, ya que pueden descuidarse otros aspectos de la vida, como ver a los amigos, hacer deberes, hacer ejercicio o dormir. No importa a qué juegues, el juego es un pasatiempo sedentario y a menudo solitario. Para mantenerte sano, es mejor equilibrarlo con el tiempo dedicado al ejercicio físico e intentar jugar en familia a los videojuegos para socializarlos.

△ **Enganchado a la pantalla**
El exceso de tiempo ante la pantalla se relaciona con la obesidad.

PARA LOS PADRES

Clasificación por edades

La mayoría de los juegos llevan recomendación de uso a un grupo de edad basada en su contenido. Cada país usa un sistema de regulación, pero los más utilizados son los de la Entertainment Software Rating Board (ESRB) en Estados Unidos, y los de la Pan-European Game Information (PEGI). Vale la pena tenerlos en cuenta, por si tu hijo quiere jugar a un juego que no es para su edad. Si es necesario, usa la configuración para limitar el acceso a los juegos que muchas consolas incorporan.

Juegos de simulación

Basados en experiencias de la vida real, los juegos de simulación permiten a los jugadores probar cosas que normalmente no podrían, como construir una ciudad o interactuar con animales peligrosos. Desarrollan habilidades creativas.

Juegos de estrategia

Al requerir que los jugadores planeen sus movimientos y tácticas con habilidad para lograr sus objetivos, los juegos de estrategia mejoran el pensamiento lógico para resolver problemas e implican la habilidad de un jugador para administrar sus recursos mejor que sus oponentes.

Jugar online

Muchos juegos están online, lo que permite jugar y comunicarse con gente de todo el mundo. Para los adolescentes puede ser una manera divertida de socializar con los amigos, pero también puede ponerles en contacto con extraños. Tomar precauciones básicas de seguridad (servirse de un avatar, no usar o dar detalles personales como nombre, dirección, fotos, etc.) evitará los riesgos de jugar online. Si algún jugador actúa de forma abusiva o inapropiada, es posible denunciarlo y bloquearlo.

CONVIENE SABER

Microtransacciones

Las microtransacciones, o compras desde una aplicación, son micropagos de componentes de un juego, como niveles o habilidades adicionales. Muchos juegos los ofrecen, especialmente los diseñados para smartphones. Estos pequeños pagos pueden fácilmente acabar en grandes facturas de tarjetas de crédito, por lo que es esencial mantenerlos bajo control. También puedes desactivarlos desde el menú de configuración de la mayoría de los smartphones.

Ampliar horizontes

Calles más seguras

La seguridad de todos en las calles depende en gran medida del civismo y el sentido común. Para vivir en una comunidad segura debemos ser sociables y respetuosos. Tener consideración por los demás hace que el entorno sea más seguro y agradable.

Hacer las calles más seguras

Las calles, al igual que los parques, son espacios públicos que dan forma a la comunidad. La gente las usa para pasear, ir a la escuela, salir a correr, ir de compras o moverse en transporte público. Las calles pertenecen a la comunidad en su conjunto, y por ello debemos mantenerlas limpias y seguras. Aquí te ofrecemos algunos consejos para estar seguro cuando salgas.

PARA LOS PADRES

Establecer límites

Cuando un adolescente salga solo, establece límites en relación con adónde puede o no puede ir, y sobre la hora a la que debe estar de vuelta en casa. Explícale por qué fijas estas normas y trata de ser flexible en ocasiones.

▽ **Consejos importantes**
A la hora de salir a la calle, hay que prestar atención a numerosos detalles.

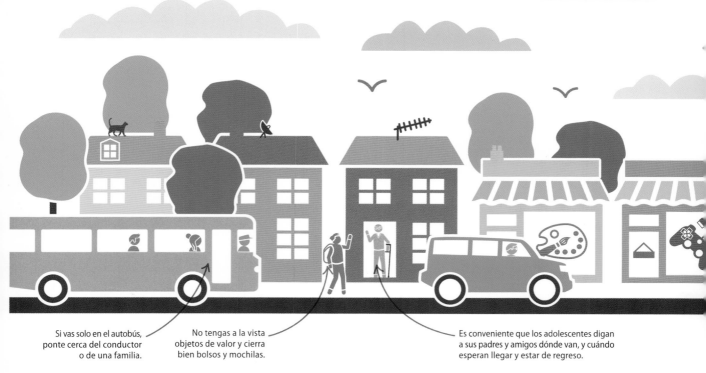

Si vas solo en el autobús, ponte cerca del conductor o de una familia.

No tengas a la vista objetos de valor y cierra bien bolsos y mochilas.

Es conveniente que los adolescentes digan a sus padres y amigos dónde van, y cuándo esperan llegar y estar de regreso.

La tecnología en las calles

La tecnología es muy útil para que adolescentes y padres estén en contacto, pero hay que seguir algunos consejos útiles para usarla en la calle.

Quítate los auriculares y no mires ningún dispositivo al cruzar la calle.

En lo posible, mantén los objetos de valor fuera de la vista de los demás. Procura poner el teléfono en modo vibración y evita así llamar la atención.

Si te encuentras con que alguien intenta robarte algo, no forcejees ni luches. Tu seguridad es lo primero.

Conducta antisocial

En sociedad, es muy importante ser respetuoso con los demás. Si algún amigo no se comporta bien, llámale la atención sobre su mala conducta. Con tu buena influencia harás las calles más seguras para todos.

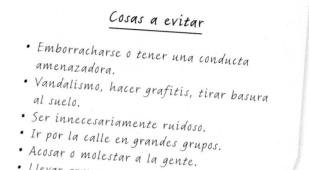

Cosas a evitar

- Emborracharse o tener una conducta amenazadora.
- Vandalismo, hacer grafitis, tirar basura al suelo.
- Ser innecesariamente ruidoso.
- Ir por la calle en grandes grupos.
- Acosar o molestar a la gente.
- Llevar armas.

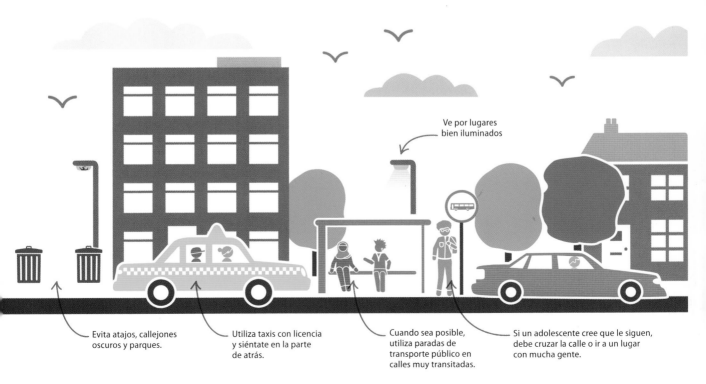

Ve por lugares bien iluminados

Evita atajos, callejones oscuros y parques.

Utiliza taxis con licencia y siéntate en la parte de atrás.

Cuando sea posible, utiliza paradas de transporte público en calles muy transitadas.

Si un adolescente cree que le siguen, debe cruzar la calle o ir a un lugar con mucha gente.

Acoso

Un acosador es alguien que se comporta de forma agresiva con otras personas. El acoso tiene como finalidad herir emocional o físicamente al otro. Aunque sea muy frecuente, es inadmisible. Nadie debe tolerar ningún tipo de acoso.

VER TAMBIÉN

❰ 90–91 Resiliencia
❰ 94–95 Ansiedad y depresión
❰ 138–139 Ciberacoso
Afrontar los conflictos   178–179 ❱

Tipos de acoso

El acoso puede producirse en cualquier lugar, ya sea camino del colegio, en casa o en las redes sociales. Con independencia de cuando y donde suceda, los acosadores se comportan así para afianzar su propio sentido de importancia, seguridad o popularidad. Utilizan distintas tácticas para dominar a otras personas e intimidarlas.

FALSOS MITOS

Sin límites de edad

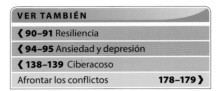

El acoso no solo afecta a niños y adolescentes. Por desgracia todo el mundo está expuesto a él, ya que también puede afectar a los adultos.

▽ **Tipos de acoso**
Algunos tipos de acoso se detectan fácilmente. Otros pueden estar ocultos, ser más difíciles de identificar o estar disfrazados de otra cosa.

△ **Exclusión**
Dejar a otros al margen de ciertas actividades y hacer que se sientan solos.

△ **Participación**
No hay que aceptar la invitación a participar en actos de acoso.

△ **Intimidación verbal**
Insultos, burlas y amenazas verbales.

△ **Acoso por el físico**
Utilizar palabras ofensivas y humillantes sobre el aspecto físico de las personas.

△ **Intimidación física**
Perjudicar a una persona usando la violencia, la fuerza, malos gestos o groserías.

△ **Acoso sexual**
Hacer bromas, gestos o comentarios de tipo sexual y difundir rumores acerca de alguien.

△ **Ciberacoso**
Acosar o trolear a alguien a través de las redes mediante textos o mensajes.

△ **Quedarse al margen**
Ver a alguien que está siendo acosado y no decir nada al momento.

Detectar el acoso

Puede parecer difícil resolver una situación de acoso, pero es muy importante actuar cuanto antes, ya que todo el mundo sufrirá si no se corta de raíz.

Si te están acosando

- Procura no reaccionar frente al acosador como este espera ni enfadarte, pues así puede perder interés en ti.
- Bloquea a los acosadores en las redes o teléfonos y conserva cualquier mensaje agresivo como prueba.
- Informa a un adulto de confianza sobre qué está sucediendo o ponte en contacto con un grupo de apoyo si te parece que no puedes hablar con tus padres o profesores.

Si estás intentando ayudar a alguien que está siendo acosado

- No observes o participes en actos de acoso, ya que esto podría envalentonar a los acosadores.
- Apoya a la persona acosada siempre y cuando sientas que es seguro hacerlo.
- Aconseja a la persona acosada que cuente, o ayúdale a contar, la situación a un adulto de confianza.

Si eres el acosador

- Pide disculpas a las personas que has acosado y trata de hacer las paces.
- Pide a un adulto de confianza que te ayude a resolver los sentimientos encontrados o las situaciones difíciles que se te planteen.
- Perdónate, aprende de tu comportamiento y sigue adelante.

Si eres el padre de un acosador

- Los acosadores suelen recurrir a la intimidación porque se sienten inseguros, temerosos o incapaces de salir adelante. A veces ellos también están siendo acosados. Trata de averiguar por qué se comporta de esta manera.
- Anima a tu hijo a pedir disculpas y a que trate de cambiar.
- Ayuda a tu hijo adolescente a comprender que su comportamiento no es el que se espera de una persona.

El impacto del acoso

Ser acosado puede afectar todos los aspectos de la vida de una persona, puede alterar su capacidad de dormir, de disfrutar de actividades o de estudiar y tener un impacto en su salud física. Puede incidir en su salud mental, pues el acoso conduce a una baja autoestima, ansiedad, ira, agresividad y depresión.

PARA LOS PADRES

Detectar los signos

Puede ser difícil saber si tu hijo adolescente está siendo intimidado, ya que es posible que no quiera hablar de ello. Los siguientes signos pueden indicar un problema:

- repentina reticencia ante actividades que antes le gustaban
- cambios inexplicables en el comportamiento, como tener una actitud retraída o de preocupación
- volver a casa con moretones o sin ciertas pertenencias
- ansiedad a la hora de ir a la escuela o que diga que no se encuentra bien para ir a clase cuando en realidad no le ocurre nada.

Pedir ayuda

Es muy posible que a un adolescente le resulte difícil admitir que está siendo acosado, pero reconocer el problema es el primer paso hacia su solución. Es importante que recurra a sus amigos para que le ayuden emocionalmente y que hable con un adulto de confianza para que este tome medidas.

△ **Abrirse**
Si un joven se siente en peligro físico o si la situación está fuera de control, convendría avisar a la escuela e incluso a la policía.

Discriminación

A veces las personas hacen suposiciones sobre otros en función de quiénes son, en su aspecto o en cómo actúan. Estas suposiciones, en general falsas, se conocen como prejuicios. Cuando alguien trata a alguien de manera injusta por un prejuicio, está cometiendo discriminación.

¿Qué es la discriminación?

La discriminación consiste en insultar a una persona, intimidarla, negarle oportunidades o favorecer a otros ante las oportunidades. A veces es fácil detectar la discriminación, como cuando alguien es excluido de un grupo de amistad, una marginación que a menudo se disfraza con algún otro pretexto.

La discriminación no siempre es deliberada, pero es dolorosa si hace que alguien se sienta marginado o juzgado.

CONVIENE SABER

Si te sucede a ti

- ¿Existe algo en ti, o en alguien de tu entorno, que sea la causa del maltrato que recibes?

- Habla con tus padres o maestros, pues la discriminación debe tomarse muy en serio.

- Siéntete positivo acerca de tu identidad y no dejes que la discriminación te desanime y evite que alcances tu máximo potencial.

Tipos de discriminación

Existen distintos tipos de discriminación, dirigida mayormente a personas de ciertos grupos o con determinado origen o estilos de vida. Algunas personas pueden ser víctimas de más de un tipo de discriminación.

Los **discapacitados** son discriminados cuando no son bien aceptados por la sociedad.

La **discriminación por edad** se produce cuando hay prejuicios en relación con la edad. Funciona en ambas direcciones, jóvenes y ancianos.

La **discriminación de clase** ocurre cuando alguien es tratado injustamente por su procedencia social, o por ser rico o pobre.

El heterosexismo es la suposición de que todo el mundo es heterosexual.

La **discriminación LGBTI** limita las oportunidades de las personas por su sexualidad o género.

El **racismo** es el trato injusto de una persona o grupo social por el color de la piel, la nacionalidad, la ciudadanía o etnia.

La **discriminación religiosa** se produce cuando alguien recibe maltrato debido a sus creencias o religión.

El **sexismo** es el trato injusto de otra persona debido a su sexo; suele dirigirse a las mujeres.

Estereotipos

Los estereotipos son ideas excesivamente rígidas que suelen aplicarse a una persona o grupo de personas. Impiden ver la realidad individual y pueden ser muy perjudiciales. A veces, las personas no ven los estereotipos predominantes en la sociedad, en especial en los medios de comunicación, incluso cuando ellas mismas forman parte del grupo que está estereotipado.

Los estereotipos reducen la personalidad de la gente a un solo aspecto.

Los estereotipos refuerzan las desigualdades existentes y potencian los prejuicios.

¡ATENCIÓN!

Sé consciente de ti mismo

- Reconoce tus propios prejuicios, incluso si no los aplicas.
- No juzgues a los demás y respeta siempre cómo son y cómo viven.
- Piensa en cómo te sentirías si fueras víctima de discriminación.
- Cuestiona los estereotipos cuando seas testigo de ellos.
- Haz que las personas sepan que las apoyas cuando veas que están siendo discriminadas.

◁ **Combatir los estereotipos**
Es fácil hacer juicios simplistas sobre una persona cuando no la conoces.

Romper el círculo

Aprender unos de otros y potenciar las cosas que tenemos en común, así como buscar perspectivas distintas sobre una situación determinada, contribuirán a prevenir la discriminación.

▽ **Soluciones positivas**
Personas y organizaciones suelen excluir o desfavorecer inconscientemente a personas discapacitadas. Habla de sus necesidades para que la sociedad sea más inclusiva.

CONVIENE SABER

Privilegio y prejuicio

Es posible que alguien experimente prejuicios por su homosexualidad o por pertenecer a una minoría étnica, y sin embargo tener privilegios por ser una persona adinerada o por su buena condición física. Cualquiera que sea el tipo de discriminación que sufra, sus privilegios no le permitirán sobrellevarla mejor.

Igualdad

La igualdad es el principio que reconoce que todas las personas tienen los mismos derechos y oportunidades. Esto significa que ninguna persona o grupo debe ser tratado de forma discriminatoria.

VER TAMBIÉN	
❮ 18–19 Pensamiento autónomo	
❮ 152–153 Discriminación	
Ciudadanía	158–159 ❯
Interacciones	190–191 ❯

Igualdad de derechos

La igualdad se logra garantizando los derechos humanos a todas las personas. Para alcanzar la igualdad es importante que las personas sean tratadas con igual respeto. Mientras las personas reciban un trato desfavorable a causa de estereotipos, prejuicios o discriminación, la igualdad seguirá siendo un problema no resuelto.

▽ **En definitiva**
Todos somos diferentes, y esto es algo digno de celebrarse.

Igualdad, equidad, liberación

La igualdad es solo el primer paso para eliminar las barreras a las oportunidades que puedan tenerse. Para disfrutar de la igualdad, deben reconocerse las diferencias entre las personas.

Igualdad
No todos pueden llegar a la estantería, incluso si son tratados de la misma forma.

Equidad
Ayudar a quien más lo necesita permite a todos alcanzar la estantería.

Liberación
El simple acto de bajar la estantería significa que todos pueden participar por igual sin ningún apoyo adicional.

Igualdad de género

La igualdad de género se da cuando hombres y mujeres tienen los mismos derechos y oportunidades, lo que significa que todos los individuos, con independencia de su género, son libres para desarrollar todo su potencial.

La idea de que determinados juguetes, roles y actividades son propios solo de niños o de niñas limita las oportunidades de las personas e impide que los jóvenes alcancen sus metas y ambiciones. Por desgracia, el hecho de que estas ideas estén tan extendidas hace que sean aceptadas e incluso fomentadas por la gente sin que se pregunte el porqué. Afortunadamente, la situación está cambiando, pues cada vez más personas admiten que el género de una persona no debe dictar sus intereses o sus sueños.

PARA LOS PADRES

Igualdad de género en casa

- Los adolescentes de ambos sexos deben tener la libertad de expresarse y mostrar sus emociones abiertamente.

- Asegúrate de que las reglas se basan en la madurez y no en el género.

- Ambos sexos deben participar por igual en casa, lo que implica compartir las tareas del hogar.

◁ **En casa**
La igualdad de roles en el hogar les permite a todos adquirir habilidades esenciales en la vida.

△ **Igualdad de género en el juego**
Se fomenta la igualdad de género desde una edad temprana dejando que niños y niñas desempeñen cualquier tipo de rol y jueguen con todo tipo de juguetes, lejos de los estereotipos de género.

Abordar la desigualdad

La desigualdad puede parecer un problema demasiado grande para abordarlo de manera individual, pero hay cosas que cualquier persona puede hacer para que el mundo sea un lugar más justo.

CONVIENE SABER

Qué es un privilegio

Los privilegios son ventajas logradas de una manera inmerecida por un grupo de personas frente a otros. Estas prerrogativas pueden basarse en la capacidad, la edad, la educación, los ingresos familiares, la raza o el sexo. Puedes tener unos privilegios y no otros, como por ejemplo el hecho de haber nacido en el seno de una familia estable y adinerada pero tener una discapacidad física. Hablar de tus privilegios te resultará incómodo, lo que te permitirá ser más consciente de las desigualdades que sufren otras personas y hacer algo al respecto.

Responsabilízate cada día de tus palabras y acciones.	No olvides que no suele haber una única solución a un problema.	Habla con personas de procedencias y contextos distintos para estar seguro de que sus necesidades están cubiertas.
Defiende el derecho de las personas a vivir sin barreras, siempre que sea seguro.	Denuncia ante tus padres, profesores o la policía cualquier comentario o comportamiento abusivo.	Ponte en contacto con políticos para sugerirles posibles cambios en sus políticas.

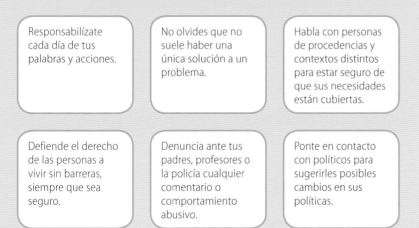

Religión

A medida que los adolescentes comienzan a formarse opiniones propias, pensar con autonomía y desarrollar su propio código moral, pueden comenzar a explorar ideas, creencias y valores religiosos.

VER TAMBIÉN
❬ **16–17** Identidad
❬ **18–19** Pensamiento autónomo
❬ **22–23** Expresión personal
❬ **152–153** Discriminación

Los jóvenes y la religión

Aunque una persona haya sido educada en la práctica de una religión o no, es normal que, llegada la adolescencia, cuestione sus creencias a medida que explora quién es y cómo encaja en el mundo. Algunos adolescentes pueden investigar diferentes maneras de practicar la religión o aproximarse a ella de modo distinto al de sus mayores. Algunos pueden considerar nuevos aspectos de la espiritualidad o perder su fe.

▷ **Preguntas y respuestas**
Es natural que los adolescentes exploren y se ilustren sobre las diferentes creencias practicadas en todo el mundo.

Diferentes credos

Hay miles de confesiones religiosas basadas en la fe. Algunas están organizadas, otras tienen muchos seguidores mientras que algunas son comparativamente pequeñas.

Budismo

Esta religión de 2500 años de antigüedad se originó en Asia. Se diferencia de la mayoría de las religiones en que no se basa en la veneración de un dios o dioses. En cambio, sus 500 millones de seguidores aspiran a alcanzar la «iluminación» (sabiduría sobre el significado de la vida) con la enseñanza de Buda, su fundador.

Hinduismo

Los 1000 millones de seguidores de este credo de 4000 años de antigüedad adoran a diferentes deidades que representan distintos atributos del espíritu supremo, Brahma. Los hindúes creen que el alma de una persona se reencarna y es dominada por el karma. Así, las acciones de la vida influyen en las futuras existencias.

Cristianismo

Esta religión monoteísta (creencia en un solo dios) tiene unos 2000 años de antigüedad y unos 2200 millones de seguidores. El cristianismo se basa en la creencia de que Jesucristo, hijo de Dios, fue enviado a la Tierra para salvar a la humanidad de sus pecados. Los cristianos creen en la resurrección de Jesús y en las enseñanzas de la Biblia.

Islam

Los 1600 millones de musulmanes que profesan el Islam creen en un solo dios, Alá, que reveló sus enseñanzas al profeta Mahoma cerca de La Meca hace 1400 años. Estas revelaciones forman el Corán, su texto sagrado. Los musulmanes creen en los cinco «pilares del islam»: la oración, la limosna, la profesión de fe, el ayuno y la peregrinación a La Meca.

Tensión familiar

La religión y las creencias son cosas muy personales y una parte importante del sentido del yo de un individuo. Es natural que surjan tensiones durante las discusiones religiosas, sobre todo si un adolescente está experimentando con diferentes confesiones. Lo importante es que los padres respeten su individualidad, que proporcionen a sus hijos un entorno seguro y tengan una mentalidad abierta en la cual un adolescente pueda explorar su identidad y opiniones.

PARA LOS ADOLESCENTES

Conflictos con los padres

Tanto los padres como los adolescentes pueden sentirse frustrados cuando sus opiniones difieren. La comprensión y el respeto mutuo son la clave. Pregunta a tus padres acerca de sus opiniones y creencias y cómo llegaron a esas conclusiones. Al mismo tiempo, estate dispuesto a responder a cualquier pregunta que te hagan. Puedes estar o no de acuerdo, pero es importante mostrar respeto por los valores y las creencias de los demás.

¡ATENCIÓN!

Radicalismo

Un persona radical es alguien que tiene una posición política o religiosa extremista y que suele apoyar acciones ilegales o violentas en defensa de su causa. Los radicales explotan la confusión interna de una persona centrándose exclusivamente en un aspecto de su identidad, como su religión, y haciendo de ella algo negativo. Las personas vulnerables, como los adolescentes en su propio proceso de autodescubrimiento, son particularmente susceptibles de ser influenciadas por puntos de vista extremistas a través de propaganda radical.

Otros credos

Por larga que sea la existencia de las religiones, siempre ha habido personas con diferentes visiones del mundo.

Judaísmo

Originado hace 3500 años, sus enseñanzas, compiladas en el texto sagrado judío, la Torá, forman la base del cristianismo y del islam. Los 14 millones de judíos del mundo creen que comparten un vínculo especial, un pacto, con Dios, transmitido por el profeta Abraham.

Agnosticismo

Los agnósticos cuestionan las creencias y las verdades absolutas. Son escépticos tanto en cuanto a las creencias religiosas como al ateísmo. No niegan la existencia de un dios o de dioses, ni de ningún ser sobrenatural, pero no creen que alguien pueda saber con seguridad si tales entidades existen o no.

Sijismo

Fundado a finales del siglo XV por Gurú Nanak en la región del Punjab indio, el sijismo combina elementos del hinduismo y del islamismo. Sus 24 millones de seguidores creen en un solo dios y siguen tres reglas básicas: rezar, trabajar y dar. Para ellos estar cerca de Dios se basa tanto en las acciones de la persona como en sus creencias.

Ateísmo

Hay aproximadamente 1000 millones de personas en el mundo que no son religiosas, y alrededor de la mitad se declaran ateas. Ateísmo significa «sin dios». Los ateos creen que el universo puede explicarse sin dios, y que los códigos morales justos tienen siempre un origen social.

Ciudadanía

Un ciudadano es el habitante del país en el que nació o en el que vive. Cada país tiene sus propias leyes y normas sobre el papel de los ciudadanos y sobre qué significa ser un buen ciudadano. Es importante que los adolescentes exploren su papel en la sociedad.

VER TAMBIÉN	
❬ **148–149** Calles más seguras	
❬ **154–155** Igualdad	
Entender las noticias	**160–161** ❭
Interacciones	**190–191** ❭

Entender la ciudadanía

Cada persona es miembro de un país, generalmente el país donde vive o ha nacido. Los ciudadanos gozan de una serie de libertades y privilegios específicos de la legislación de cada país, como el acceso a la educación y a la asistencia sanitaria. A cambio, todo ciudadano tiene unas obligaciones con su país, incluyendo el pago de impuestos y el respeto a las leyes. Un ciudadano forma parte de una comunidad y debe participar activamente en la sociedad y el país.

▷ **Dar y recibir**
El hecho de ser ciudadano da derechos y conlleva compromisos y obligaciones.

Valores de la ciudadanía

Un buen ciudadano respeta las leyes, conoce las normas de su comunidad y respalda los valores de una buena ciudadanía:

Responsabilidad

Los ciudadanos tienen responsabilidades públicas y privadas. Para cumplir con ellas, lo primero que deben hacer es conocerlas para poder actuar de forma informada y educada.

Respeto

Ante todo, un buen ciudadano debe tener respeto por sí mismo y por las otras personas, y acatar las leyes del país, además de respetar el entorno.

Tolerancia

Mostrar respeto, conciencia y aprecio por las diferencias, así como las similitudes entre individuos y grupos de personas, forma parte de la ciudadanía.

Honestidad

La honestidad es la piedra angular de la buena ciudadanía, ya que facilita el comportamiento moral. Los buenos ciudadanos son honestos tanto con sí mismos como con los demás.

Compasión

El sentido de compasión alienta a los ciudadanos a preocuparse por el bienestar de los demás, y los motiva a actuar en contra del sufrimiento y la injusticia.

Valentía

Un buen ciudadano muestra su fortaleza mental ante la adversidad, sabe distinguir lo que está bien o mal y luchará por ello.

Acciones ciudadanas

Los ciudadanos activos aprecian sus libertades y se toman en serio sus responsabilidades. Muchos aspectos de la ciudadanía producen orgullo y sentido de pertenencia. Así, por ejemplo, cantar el himno nacional en público inspira un sentido de unidad entre los ciudadanos. Celebrar las fiestas nacionales es también una forma de honrar a las personas y los acontecimientos que modelaron el país.

◁ **Votar**
Votar a partir de una determinada edad es a la vez un derecho y una responsabilidad en las sociedades democráticas. La votación se basa en el principio de «una persona, un voto», y el gobierno resultante representa las opiniones de la mayoría de los votantes.

Derechos de los ciudadanos

La legislación de un país es el conjunto de leyes que rigen en un Estado, entre ellos derechos civiles tales como votar y practicar libremente la religión, tener un juicio justo y libertad de expresión. Estos derechos y libertades rigen para todos los ciudadanos, pero pueden anularse si una persona incumple su parte del trato con la ciudadanía, como cometer un delito.

Derecho a un juicio justo

Derecho a la libertad de expresión

Derecho a la libertad religiosa

Derecho a votar

CONVIENE SABER

Derechos humanos

En 1948, las Naciones Unidas (ONU) adoptaron la Declaración Universal de los Derechos Humanos, que tiene por objetivo defender los derechos y libertades básicos de la ciudadanía de todo el mundo, entre ellos el derecho a la vida, a la libertad y a la seguridad. A pesar del respaldo internacional recibido por la declaración, muchos países ignoran y no respetan los derechos humanos.

Las leyes de un país

La mayoría de las leyes se basan en la regla básica de «hacer lo correcto», y todos los ciudadanos deben respetarlas y acatarlas. En algunos países rigen también leyes religiosas.

Todos los ciudadanos de un país deben comportarse de manera respetuosa para que la sociedad funcione. Las leyes especifican qué comportamientos son aceptables. Algunas leyes son iguales en todos los países. Así, por ejemplo, el asesinato es considerado un delito en todo el mundo. La mayoría de los países revisan con frecuencia su legislación para asegurarse de que sea justa y válida para el conjunto de los ciudadanos.

▽ **Ámbito de aplicación de la ley**
Las leyes se esfuerzan en garantizar la equidad y el orden en todos los aspectos de la sociedad. En muchos países, tirar basura al suelo es una infracción.

Entender las noticias

A medida que los adolescentes comienzan a interesarse por el mundo que les rodea, aprenden a encontrar noticias y a interpretarlas. La búsqueda de distintos puntos de vista sobre una noticia ayuda a obtener una comprensión equilibrada sobre varios temas.

VER TAMBIÉN
- **18–19** Pensamiento autónomo
- **82–83** Mente sana y positiva
- **134–135** Tener criterio
- **158–159** Ciudadanía

Medios de comunicación

Algunas fuentes de noticias son más fiables que otras. Las noticias deben proceder de medios transparentes y responsables, ser examinadas críticamente, sin ningún sesgo y su proveedor debe responder de sus informaciones. Los hechos deben ser verificados y las personas a las que se refieren los detalles deben ser dignas de confianza. Es importante averiguar de dónde procede la noticia antes de asumir su contenido.

△ **Prensa**
Medio tradicional de noticias, la prensa sigue un estricto código ético para promover la transparencia.

△ **Sitios web y aplicaciones**
Los sitios web y las aplicaciones permiten obtener noticias a demanda. Algunos son fiables, pero la falta de regulación favorece la difusión de informaciones falsas.

△ **Redes sociales**
La falta de regulación de las redes sociales hace que las novedades publicadas sean a menudo engañosas, poco fiables y sin responsables.

△ **Televisión**
Fuente tradicional de noticias, la televisión suele tener directrices estrictas para verificar la procedencia de las noticias.

Análisis crítico

Es importante ser crítico sobre las noticias y no aceptarlo todo como un hecho probado. Algunos medios se centran sobre todo en noticias negativas, en historias y acontecimientos sensacionalistas, para atraer la atención. Otros pueden inclinarse por ideologías concretas o ser de propiedad particular con una línea predeterminada. El propietario de una empresa puede apoyar a un partido político concreto, por ejemplo, e influir en los votantes en unas elecciones. Todo esto puede conducir a estereotipos y a la estrechez de miras a la hora de valorar los acontecimientos.

▷ **Consultar**
Preguntar a un medio de comunicación sobre sus patrocinadores y accionistas, sus líneas informativas y su transparencia garantiza su responsabilidad sobre el contenido que transmite.

Hazte preguntas
- ¿Quién dio esta noticia y por qué?
- ¿Qué línea de información tiene el autor de la noticia?
- ¿Se trata de una noticia patrocinada o procede de una fuente de información independiente?
- ¿Tienen las opiniones un enfoque equilibrado, con evidencias fiables sobre las noticias?
- ¿Cuestionan los hechos y los analizan con detalle o hacen generalizaciones?

Efecto burbuja en las redes sociales

Las redes sociales están diseñadas para identificar los intereses de una persona y adaptar el contenido a sus «gustos». Esto puede ser muy útil para filtrar las cosas que no interesan, pero también significa que las noticias que aparecen en tus redes sociales solo ofrecen un punto de vista limitado. Cuando la gente simplemente absorbe una noticia sin buscar otras perspectivas, no le llega la historia completa. Esto crea un efecto «burbuja» que impide conocer puntos de vista distintos de los propios.

PARA LOS ADOLESCENTES

Mantén la mente abierta

Trata de buscar noticias y opiniones en distintas fuentes y con diferentes enfoques, incluyendo las que no te gustan o no compartes. Ser un consumidor activo de noticias te ayudará a formarte tus propias ideas y opiniones sobre los asuntos importantes.

Evitar la sobreexposición

A veces puede parecer que no hay manera de eludir una noticia, especialmente cuando se trata de acontecimientos alarmantes. Es natural sentirse agobiado, triste o ansioso. Tomar distancia de los medios puede ayudar a los adolescentes a asimilar las noticias y entender adecuadamente sus reacciones.

▽ **Relajarse**
Salir a pasear, jugar con tu mascota o hablar con amigos te ayudará a relajarte.

PARA LOS PADRES

Noticias alarmantes

Es emocionante ver cómo los adolescentes se interesan por temas de la actualidad, pero también es importante ayudarles a digerir las noticias que consumen. Pregunta sus opiniones sobre diferentes puntos de vista, incluyendo temas difíciles. Cuando las noticias son especialmente alarmantes, recuérdale que se puede estar informado sin conocer todos los detalles.

Conciencia social

Muchas personas quieren participar en una causa en particular que han visto en las noticias. Involucrarse puede permitir a un adolescente contactar con personas de ideas afines. Esto puede ser un estímulo porque podrá hablar con personas que tienen otros puntos de vista.

Alcohol

El alcohol es una droga legal socialmente aceptada. Para muchas personas, beber alcohol es una experiencia agradable, que suele compartirse con amigos y familiares. Como todas las drogas, comporta riesgos, y hay que beber de manera responsable.

VER TAMBIÉN	
❮ **18–19** Pensamiento autónomo	
❮ **148–149** Calles más seguras	
Fomentar la confianza	**176–177** ❯
Presión social	**192–193** ❯

¿Qué es el alcohol?

El alcohol se produce mediante un proceso químico llamado fermentación, que rompe los azúcares que se encuentran en frutas, verduras o cereales. Entre las bebidas alcohólicas se incluyen cerveza, vino y licores. En cantidades moderadas, el alcohol reduce la ansiedad y la inhibición social, y hace que la gente se sienta más relajada.

La mayoría de los países tienen restricciones sobre la edad de consumo de alcohol, debido a que sus efectos pueden ser más perjudiciales para niños y adolescentes que para adultos, ya que su cerebro todavía está en fase de desarrollo.

PARA LOS ADOLESCENTES

La decisión de beber

No te sientas nunca presionado para beber alcohol porque lo hagan tus amigos o porque parezca que todo el mundo en la televisión o en las redes sociales lo hace.

Si estás ansioso o preocupado, el alcohol no es nunca la solución.

◁ **Celebraciones**
Algunas personas disfrutan tomando una copa cuando celebran algún evento especial.

Intoxicación

En dosis bajas, el alcohol fomenta sentimientos de sociabilidad y de locuacidad. Sin embargo, su consumo excesivo (beber una gran cantidad en un corto período de tiempo) puede conducir a la intoxicación o embriaguez. Esta se produce cuando el hígado es incapaz de eliminar del cuerpo el alcohol y sus toxinas con suficiente rapidez, haciendo que el nivel de alcohol en la sangre aumente rápidamente.

Por lo general, es posible saber si una persona está borracha por su habla balbuceante, su falta de equilibrio, su torpeza física y el tono rojizo de su piel. El alcohol también afecta la capacidad de la persona para recordar cosas y para tomar decisiones, haciendo que sea más propensa a asumir riesgos o adoptar comportamientos que pueden ser peligrosos.

◁ **Emborracharse**
Algunas personas se emborrachan más fácilmente que otras. El consumo de alcohol puede comprometer la capacidad de tomar decisiones, es importante estar en un entorno seguro con personas de confianza.

CONVIENE SABER

Resaca

Después de un rato consumiendo alcohol, es probable que se experimenten algunos efectos secundarios desagradables, conocidos popularmente como resaca. Los científicos no están seguros de sus causas. Contribuyen a ella factores como las toxinas que el alcohol deja en el torrente sanguíneo y que disminuyen los niveles de vitaminas y minerales del cuerpo, y la deshidratación. La resaca no se cura, pero beber mucha agua y tomar analgésicos pueden aliviar sus síntomas. Incluso si sigues estos pasos, una resaca puede durar hasta 24 horas y presentar distintos síntomas, incluyendo:

• jaqueca y dolores musculares

• sequedad de la boca y sensación de sed

• náuseas, vómitos y dolor de estómago

• bajo estado de ánimo y ansiedad

• sensibilidad a la luz y el sonido

Consumo responsable

El consumo responsable de alcohol ayuda a adolescentes y adultos a evitar problemas.

> Vigila la cantidad que bebes y sé consciente de tus límites.

> Si vas a salir con amigos, ayudaos mutuamente para evitar problemas.

> Come antes. El estómago lleno retrasa el paso del alcohol al torrente sanguíneo.

> Bebe refrescos o agua entre bebidas alcohólicas.

> No aceptes bebidas de extraños. Quizá hayan añadido alcohol o drogas.

> No conduzcas si has bebido. El alcohol afecta la coordinación y la capacidad de concentración de las personas.

> Vigila tu bebida en todo momento para evitar que alguien pudiera alterarla.

> Di «no» si sientes que has bebido bastante. Cada uno tiene sus límites, así que no intentes seguir el ritmo de tus amigos.

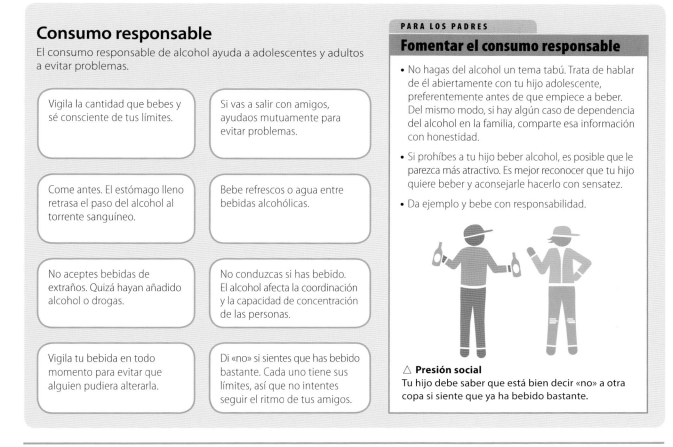

PARA LOS PADRES

Fomentar el consumo responsable

- No hagas del alcohol un tema tabú. Trata de hablar de él abiertamente con tu hijo adolescente, preferentemente antes de que empiece a beber. Del mismo modo, si hay algún caso de dependencia del alcohol en la familia, comparte esa información con honestidad.

- Si prohíbes a tu hijo beber alcohol, es posible que le parezca más atractivo. Es mejor reconocer que tu hijo quiere beber y aconsejarle hacerlo con sensatez.

- Da ejemplo y bebe con responsabilidad.

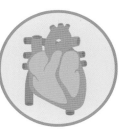

△ **Presión social**
Tu hijo debe saber que está bien decir «no» a otra copa si siente que ya ha bebido bastante.

Efectos a largo plazo de beber en exceso

Beber demasiado puede tener a largo plazo un impacto negativo en la salud mental y física de una persona, por lo que es importante beber con moderación.

△ **En el cerebro**
El alcohol puede causar ansiedad, depresión, decaimiento e insomnio.

△ **En la boca**
Los efectos del alcohol van desde el mal aliento al cáncer de boca.

△ **En el corazón**
El alcohol aumenta la presión arterial, la frecuencia cardíaca y el riesgo de sufrir un derrame cerebral.

△ **En el hígado**
Los grandes bebedores pueden sufrir cirrosis hepática.

△ **En el estómago**
Beber regularmente grandes cantidades puede causar diarrea y ardor de estómago.

Tabaco

Fumar cigarrillos libera nicotina en el torrente sanguíneo, que altera la química del cerebro, causando relajación, pero es muy adictivo a largo plazo. El tabaco desprende otras sustancias perjudiciales que afectan a determinados órganos y a la salud en general.

Fumadores adolescentes

Algunos adolescentes comienzan a fumar porque se sienten presionados por sus amigos, y otros para sentirse independientes, a pesar de conocer los riesgos. Las condiciones físicas de los fumadores son peores que las de los no fumadores, pues los residuos del tabaco, o «alquitrán», reducen la función cardíaca y pulmonar, causan caries y dañan las encías. Los fumadores corren mayor riesgo de cáncer y de desarrollar diabetes de tipo 2. Una de cada dos personas que fuman morirá de una enfermedad relacionada con el tabaco.

FALSOS MITOS

La verdad sobre fumar

No es tan guay. Hace que tengas mal aliento, que te apeste el pelo y que pierdas el sentido del gusto.

No te ayudará a integrarte. Nunca sientas que tienes que hacer algo peligroso para quedar bien con tus amigos.

No conseguirás limitarte a uno o dos cigarrillos. Las investigaciones sugieren que los cerebros de los jóvenes son más vulnerables a la adicción a la nicotina que los de los adultos, por lo que incluso apenas uno o dos cigarrillos son suficientes para desarrollar una adicción al tabaco.

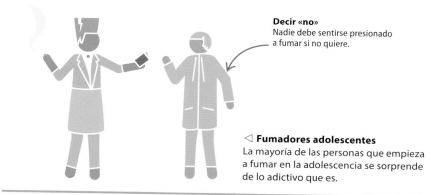

Decir «no»
Nadie debe sentirse presionado a fumar si no quiere.

◁ **Fumadores adolescentes**
La mayoría de las personas que empieza a fumar en la adolescencia se sorprende de lo adictivo que es.

Adicción a la nicotina

Es difícil para los fumadores dejar de fumar, incluso si quieren hacerlo, porque los cigarrillos contienen nicotina, una sustancia química adictiva. La nicotina altera el equilibrio de dos hormonas del cerebro, la dopamina y la noradrenalina. Estas hormonas producen sensación de placer y reducen la ansiedad y el estrés. Cuando un fumador abandona el tabaco, las ansias de nicotina pueden causar estrés, depresión e irritabilidad.

▽ **Cigarrillos**
La nicotina causa adicción, pero no es lo más dañino de los cigarrillos. El humo de un solo cigarrillo contiene más de 4000 sustancias perjudiciales, incluyendo el monóxido de carbono y el alquitrán.

CONVIENE SABER

Cigarrillos electrónicos

Los cigarrillos electrónicos han sido ideados para personas que quieren dejar de fumar. Contienen nicotina, pero son menos nocivos porque no tienen alquitrán ni desprenden humo. Sin embargo, no son totalmente inocuos y son tan adictivos como los cigarrillos normales.

Fumadores pasivos

Los fumadores pasivos son aquellas personas que inhalan el humo presente en el aire emitido por un cigarrillo encendido o exhalado. La exposición prolongada de los no fumadores al humo de segunda mano aumenta el riesgo de cáncer, de enfermedades cardíacas y pulmonares, de problemas respiratorios y de muerte prematura.

▷ **Humo en el ambiente**
No se conoce el nivel seguro de exposición al humo del tabaco y es especialmente perjudicial para los niños pequeños.

Dejar de fumar

Después de fumar un cigarrillo, en los siguientes veinte minutos, el cuerpo inicia el proceso de recuperación de los efectos nocivos. Si un adolescente quiere dejar de fumar, existe una variedad de métodos, desde parches y chicles de nicotina a la hipnosis.

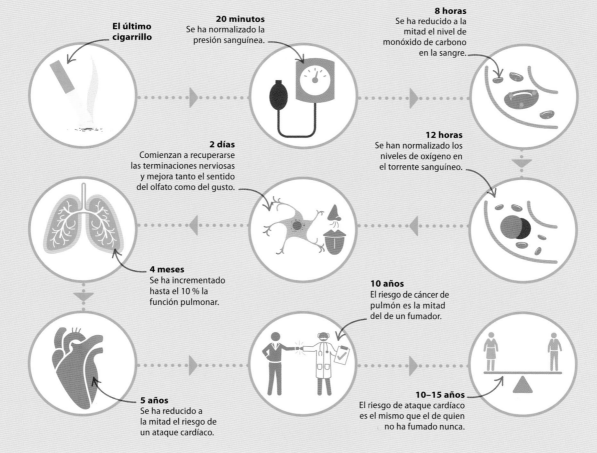

El último cigarrillo

20 minutos
Se ha normalizado la presión sanguínea.

8 horas
Se ha reducido a la mitad el nivel de monóxido de carbono en la sangre.

2 días
Comienzan a recuperarse las terminaciones nerviosas y mejora tanto el sentido del olfato como del gusto.

12 horas
Se han normalizado los niveles de oxígeno en el torrente sanguíneo.

4 meses
Se ha incrementado hasta el 10 % la función pulmonar.

10 años
El riesgo de cáncer de pulmón es la mitad del de un fumador.

5 años
Se ha reducido a la mitad el riesgo de un ataque cardíaco.

10–15 años
El riesgo de ataque cardíaco es el mismo que el de quien no ha fumado nunca.

Uso y abuso de drogas

Las drogas son sustancias químicas que algunas personas toman por diversas razones. Afectan al cuerpo y al cerebro, y pueden tener un impacto mental y físico a corto o largo plazo.

VER TAMBIÉN	
❮ **18–19** Pensamiento autónomo	
❮ **94–95** Ansiedad y depresión	
Tipos de drogas	**168–169** ❯
Presión social	**192–193** ❯

¿Por qué hay personas que consumen drogas?

Las personas han experimentado con drogas para usos medicinales, espirituales o con fines recreativos desde hace miles de años. Los consumidores de drogas recreativas tienden a utilizarlas como una forma de escapismo, o porque les hacen sentir bien; pero es muy fácil perder el control y depender de ellas.

La mayoría de los países tienen leyes sobre la fabricación, venta y uso indebido de drogas. Si los adolescentes son pillados con drogas o vendiéndolas pueden terminar con antecedentes penales y complicarse otros aspectos de su vida.

PARA LOS ADOLESCENTES

Tomar la decisión

Algunas personas prueban las drogas por primera vez porque sienten curiosidad acerca de sus efectos, otros las consumen porque se sienten presionados por sus amigos o les preocupa ser juzgados por los demás si no se unen a ellos.

Si piensas experimentar con las drogas, antes debes informarte de los riesgos y basar tu decisión exclusivamente en lo que crees que es mejor para ti, no en lo que tus compañeros consideran que debes hacer.

◁ **Presión social**
Un adolescente no debe tomar drogas solo porque lo hacen sus amigos. Debe ser una elección personal.

Riesgos y peligros

Las drogas provocan sentimientos placenteros a corto plazo, pero pueden tener efectos nocivos, tanto en el momento de ser consumidas, como a largo plazo.

▽ **En peligro**
El consumo de drogas comporta muchos riesgos. Estos son solo algunos de ellos.

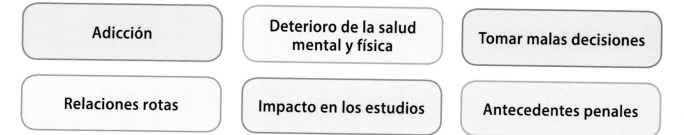

Adicción	**Deterioro de la salud mental y física**	**Tomar malas decisiones**
Relaciones rotas	**Impacto en los estudios**	**Antecedentes penales**

Detectar las señales

El consumo de drogas se convierte en un problema cuando un adolescente comienza a necesitar la droga para sentirse «normal». Existe adicción cuando las ansias de la droga llegan a ser tan intensas que una persona siente que no puede pasar ni un día sin consumirlas. Las siguientes señales pueden indicar que el adolescente está desarrollando una dependencia de las drogas.

Bajo rendimiento escolar

Tomar drogas solo

Aumento del consumo

Mentir sobre la cantidad consumida

Robar dinero

PARA LOS PADRES

Hablar de las drogas

Puede ser preocupante saber o sospechar que tu hijo adolescente está pensando en tomar, o ya tomando, drogas. Es importante hablar sobre ellas, tanto si tu hijo solo siente curiosidad sobre ellas, como si ya las ha probado ocasionalmente, o si sospechas que está generando una adicción.

- Trata de entender por qué tu hijo está consumiendo drogas o quiere hacerlo y reflexiona con él sobre sus motivos.

- Haz que sepa que le quieres incondicionalmente.

- Escucha a tu hijo y háblale de manera tranquila y sin prejuicios.

- Averigua dónde puedes encontrar apoyo adicional si consideras que el problema es demasiado grave.

- Infórmate sobre las drogas para evitar dar información falsa o engañosa a tu hijo.

Obtener ayuda

Hay que tener valor para reconocer y admitir la dependencia de drogas, pero el primer paso para la recuperación es aceptar que hay un problema.

Existen varios tratamientos disponibles para desengancharse de las drogas. Un médico puede derivar al consumidor al especialista adecuado para ayudarle a hacer más fácil, factible y duradera la transición hacia una vida libre de drogas. Los grupos de apoyo proporcionan espacios seguros entre otros usuarios, en los que una persona puede discutir y reflexionar sobre su relación con las drogas.

CONVIENE SABER

Síndrome de abstinencia

El síndrome de abstinencia describe los síntomas, tanto emocionales como físicos, que experimenta quien ha tomado drogas durante un período prolongado de tiempo y deja de tomarlas de forma abrupta. Lo causa la disminución de los niveles de droga en la sangre o los tejidos del cuerpo. Cada droga tiene un plazo específico para que desaparezcan estos síntomas. El síndrome de abstinencia puede causar la muerte, por lo que cuando se detiene el consumo es esencial la supervisión por profesionales.

▷ **Ayuda profesional**
Dejar las drogas puede resultar difícil, pero existe orientación y apoyo para quien lo necesite.

Tipos de drogas

Existen tantos tipos de drogas como denominaciones asociadas a cada una de ellas. Todo consumo de drogas conlleva riesgos, y antes de tomar la decisión acerca de si tomar o no drogas, los adolescentes deben ser conscientes de sus efectos y riesgos.

VER TAMBIÉN

❮ **18–19** Pensamiento autónomo

❮ **94–95** Ansiedad y depresión

❮ **166–167** Uso y abuso de drogas

Presión social   **192–193** ❯

Categorías

Algunas drogas tienen efectos alucinógenos que llevan a ver cosas que no son reales, mientras que otras afectan el estado de ánimo y el comportamiento. Otros tipos tienen un efecto depresor, lo que significa que ralentizan las funciones del cuerpo. Los estimulantes son drogas que tienen el efecto contrario ya que aceleran el cuerpo, dando al consumidor más energía y un estado de alerta. Las hay que combinan algunas o todas estas características.

Droga	Presentación	Uso	Efectos	Riesgos
Cannabis	Hierba seca o pasta blanda marrón	Bebido, comido, fumado	Puede actuar como depresor, estimulante o alucinógeno y provocar relajación, risa boba, locuacidad y pérdida del sentido del tiempo.	Ansiedad, paranoia, falta de concentración y problemas de salud mental.
Cocaína/crack	Polvo blanco (cocaína, pasta o «rocas» [crack])	Aspirada por la nariz, inyectada, fumada	Altamente adictiva, produce estados de alerta, confianza y, a menudo, agresividad.	Problemas respiratorios, dolores de pecho, insuficiencia cardíaca, problemas de salud mental, sobredosis, convulsiones e infecciones por la inyección.
Cristal	Cristales, polvo, pastillas	Inyectado, fumado, inhalado, tragado	Este estimulante es muy adictivo, induce sentimientos de euforia y estado de alerta.	Infecciones, como consecuencia de la inyección y daño cerebral. La sobredosis deteriora los órganos y puede causar inconsciencia o incluso la muerte.
Disolventes	Aerosoles, gases, pegamento	Inhalado, esnifado	Pueden ser depresores y alucinógenos. Producen sensación de ebriedad, reacciones lentas y alucinaciones.	Puede conllevar confusión, desorientación, inconsciencia, cambios de humor, confusión mental o vómitos, e incluso la muerte.
Esteroides anabolizantes	Líquido, pastillas	Tragado	Este estimulante incrementa la masa muscular y la capacidad de completar y recuperarse de ejercicios agotadores.	Acné, alopecia, falta de desarrollo, hipertensión, ataque cardíaco, hepático y cerebral, problemas menstruales, cambios de humor, paranoia...

Droga	Presentación	Uso	Efectos	Riesgos
Heroína	Polvo marronoso, polvo blanco	Inyectada, fumada	Depresor muy adictivo, causa sensación de bienestar y produce relajación.	Mareos, vómitos, infecciones por la inyección, sobredosis, coma o la muerte.
Ketamina	Líquido, pastillas, polvo blanco	Inyectada esnifada, tragada	Este depresor es un anestésico que causa sensación de desconexión y relajación, alucinaciones y parálisis.	Dolor abdominal, problemas de vejiga, aumento de la frecuencia cardíaca, daño hepático e infección por inyección. El uso frecuente está vinculado a depresión.
LSD (Ácido)	Cuadraditos de papel secante conocidos como «tabletas», líquido	Tragado	Un potente alucinógeno. Provoca un «viaje»: período en el que se altera la percepción del sonido, el color, los objetos, el tiempo y el movimiento.	Un «mal viaje» causa alucinaciones aterradoras. No debe tomarse en caso de mal humor, ansiedad o depresión. Causa problemas mentales. Pasadas semanas, o años puede dar *flashbacks*.
MDMA/Éxtasis	Polvo blanco (MDMA), pastillas (éxtasis). La MDMA es el ingrediente activo de las pastillas de éxtasis	El polvo se frota en las encías; las pastillas de éxtasis se tragan	La MDMA es un estimulante que hace que el consumidor se sienta hablador, motivado, eufórico y cariñoso. Los usuarios ven los colores y oyen los sonidos más intensamente y tienen sentimientos más fuertes.	Deshidratación y fiebre, o excesivo consumo de agua, también peligroso. Puede causar confusión, ansiedad y pánico. A menudo las pastillas llevan otras drogas desconocidas, que pueden causar reacciones inesperadas. Se ha vinculado la MDMA o éxtasis con problemas renales, hepáticos y cardíacos, y a la muerte.
Poppers	Líquido	Inhalados, esnifados	Los poppers pueden ser tanto un estimulante como un depresor. Provocan mareos, sensación de desmayo y náuseas o poca inhibición sexual.	Pueden causar desorientación, mareo, pérdida del conocimiento e hipotensión y pueden llevar a participar en actividades sexuales de riesgo. El líquido quema la piel.
Setas mágicas	Setas secas de distintos colores	En infusion, comidas	Este alucinógeno altera la percepción de los colores, los sonidos, los objetos y el tiempo, y provoca relajación o miedo.	Se pueden tomar setas venenosas por equivocación. Hay personas que luego se sienten enfermas, confusas y aterrorizadas o tienen *flashbacks*.
Tranquilizantes	Inyecciones, pastillas	Inyectados, tragados	Pueden ser depresores y alucinógenos. Ralentizan las reacciones. Pueden causar alucinaciones y sensación de serenidad y relajación. Son muy adictivos.	Pueden causar ansiedad, depresión, dolor de cabeza, pérdida de memoria, convulsiones y vómitos.

Familias

Diferentes familias

Cada familia es distinta, única, con independencia de cómo sea. Tanto si es una familia monoparental o biparental, numerosa o con un hijo único, todos los miembros desempeñan un papel importante en la unidad familiar.

Únicos

En la sociedad moderna, existe un amplio abanico de estructuras familiares, algunas de las cuales se muestran a continuación. Cada familia tiene sus peculiaridades, que incluyen de qué manera cada uno de sus miembros muestra su amor y cariño hacia los demás, cuáles son sus valores y cómo establecen límites para que la familia funcione. Todos estos elementos ayudan a la cohesión familiar.

PARA LOS ADOLESCENTES

Estructura familiar

A veces la estructura de una familia puede cambiar debido a una muerte, una separación, un divorcio o un nuevo matrimonio. Quizá te resulte difícil integrarte en la nueva estructura familiar, si se ha alterado inesperadamente tu entorno «normal». Pero el cambio te puede ofrecer la oportunidad de establecer nuevas relaciones. Los nuevos integrantes nunca sustituirán a los miembros de tu antigua familia; esfuérzate en integrarte en la nueva estructura familiar.

▷ **Familias de acogida**
A veces, por problemas en su propia familia, los niños tienen que separarse de sus padres biológicos e integrarse temporalmente en una familia de acogida.

▷ **Familias pequeñas**
Aquellas que están formadas por los padres y un solo hijo.

△ **Familias reconstituidas**
Cuando el padre o la madre encuentran una nueva pareja, el recién incorporado se convierte en el padrastro o la madrastra, y sus hijos, en hermanastros. El adulto asume el rol de padre o madre, aunque no esté biológicamente relacionado con el hijo.

△ ▷ **Familias con padres LGBTI**
Las familias con madres lesbianas o padres homosexuales forman un grupo muy amplio y variado. También pueden llamarse «familias homoparentales».

▷ **Familias extensas**
Cuando en una familia conviven abuelos, tíos y otros miembros consanguíneos, el cuidado de los hijos puede compartirse, lo que refuerza los lazos familiares.

▽ Jóvenes cuidadores

Algunos chicos cuidan en el hogar a otro miembro de la familia: un enfermo, un discapacitado o un hermano menor.

◁ Familias de padre solo

Hay muchas razones por las que una familia puede tener solo el padre, entre ellas una separación, un divorcio o la muerte de la madre.

▽ Donación y subrogación

En una donación, los donantes ceden sus óvulos o su esperma para ayudar a otras personas a concebir. En una subrogación, la mujer se implanta en su útero el embrión de una pareja estéril.

▽ Familias de padres adoptivos

Diversas circunstancias hacen que un niño tenga que vivir en el seno de una familia en la que no estén presentes sus padres biológicos.

CONVIENE SABER

Diferentes orígenes

Las familias pueden estar formadas por personas de distintos países, culturas y religiones. A veces estas diferencias son la causa de conflictos, pero una familia basada en relaciones sólidas puede aprender a superar y respetar estas diferencias.

△ Familias de madre sola

Por diversas razones, una familia puede tener solo la madre, entre ellas una separación, un divorcio o la muerte del padre.

△ Familias sin hijos

Las parejas que no tienen hijos son simplemente una familia compuesta de dos adultos, que pueden haber decidido no tener hijos o que no pueden tenerlos.

△ Familias de padres adolescentes

Los padres adolescentes están más cerca de la edad de sus hijos que los padres de otras unidades familiares. Estas familias suelen beneficiarse de la ayuda de otros miembros del entorno familiar.

▷ Familias nucleares

Esta es la estructura familiar más tradicional en la mayoría de las sociedades. Tienden a incluir de dos a tres hijos.

Padres y adolescentes

La dinámica familiar cambia a medida que el adolescente crece, lo que pone a prueba la relación entre padres e hijos. Cuando surgen conflictos, la relación puede resultar difícil de manejar.

Relaciones cambiantes

En la pubertad, el adolescente experimenta nuevas emociones y es el momento para que toda la familia se reajuste. Los padres tienen un gran peso sobre los valores e intereses de su hijo, y a menudo les resulta difícil separarse del adolescente, que quiere construir su propia identidad y desea tener nuevas libertades. Esto puede conllevar situaciones conflictivas, puesto que tanto padres como adolescentes necesitan tiempo para adaptar la relación.

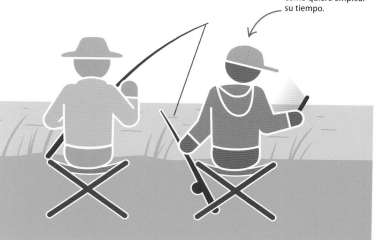

Un adolescente tiene sus propias ideas sobre cómo quiere emplear su tiempo.

▷ **Intereses diferentes**
Es probable que tanto padres como adolescentes se sientan confundidos sobre su relación. Encontrar una nueva dinámica cuesta tiempo y cada una de las partes puede sentirse frustrada.

Rutina y expectativas

Es importante que los adolescentes asuman responsabilidades a medida que crezcan. Hay que definir las aportaciones de cada miembro de la familia en el hogar para que aprendan qué implica ser adulto. Tener reglas claras sobre la rutina y la vida doméstica enseña a los adolescentes a saber qué se espera de ellos, incluso si protestan o se resisten. De todas formas, existen expectativas por ambos lados y por tanto la comunicación y algo de flexibilidad, cuando sean necesarias, evitarán el conflicto.

PARA LOS PADRES

Crear una estructura

- Asegúrate de que tus hijos adolescentes saben cuánto se valora su colaboración en las tareas domésticas. Animarles es siempre más efectivo que criticar.

- Habla con regularidad sobre qué esperas que hagan y en cuánto tiempo, y qué ofreces a cambio.

- Explica con claridad qué exiges para que sepa qué esperas. Más precisión conlleva menos discusiones.

△ **Tareas domésticas**
Dale las gracias a tu hijo adolescente cuando haga algo bien y en especial sin que nadie se lo haya pedido.

Fomentar la relación

Es importante para padres y adolescentes disfrutar de tiempo juntos, lejos de las distracciones diarias. Mantener una relación cercana con un hijo adolescente, preprogramado para alejarse de los padres, puede resultar difícil, pero estar presente y predispuesto facilita la tarea. Hablar de los aspectos positivos ayuda tanto como hacerlo sobre los temas conflictivos.

◁ **Sé ingenioso**
Charlar en el coche al volver a casa cuenta como tiempo de calidad.

PARA LOS PADRES

Construir una relación fuerte

- Busca tiempo libre para realizar juntos algo que os guste a ambos. Deja de lado los asuntos conflictivos para poder disfrutar de la compañía mutua.

- Preguntando y mostrando interés por tu hijo adolescente mejorarás su autoestima y harás que se sienta valorado. Cuando hable, préstale toda tu atención.

- Déjale claro que puede acudir a ti con cualquier problema. Muéstrate abierto, dispuesto a escuchar y no seas sentencioso. Si no es el momento adecuado para hablar, díselo y buscad otro mejor.

- Hablar con tus amigos sobre sus hijos adolescentes te ayudará a mantener la perspectiva y a tener claro lo que estás dispuesto a aceptar.

Afrontar los problemas

A veces, las relaciones entre padres y adolescentes son conflictivas, pero existen unos pasos que ambas partes pueden seguir.

▽ **Resolver problemas en las relaciones**
Si padres o adolescentes creen que no pueden manejar un conflicto por sí solos, es recomendable buscar ayuda fuera de la familia.

	Situación	Consejo
Para los adolescentes	No te sientes apoyado cuando tus padres no están de acuerdo con una decisión que has tomado.	Dales tiempo para que la asuman. Explícales el tiempo que has dedicado a razonarla. Puede que no estén de acuerdo con todas tus decisiones, pero te siguen queriendo.
	Tienes miedo de abrirte a ellos y contarles un tema personal.	Escoge un buen momento para hablar con tus padres cuando no tengan otras ocupaciones y ten pensado qué decirles. Pide su ayuda para posibles soluciones, pero diles que te dejen acabar de hablar antes de dar su opinión.
	Te preocupa no haber cumplido con sus expectativas.	Tus padres quieren lo mejor para ti y puede que no se den cuenta de cómo te afectan sus comentarios y expectativas. Explícales cómo te hacen sentir.
Para los padres	Te preocupa que tu hijo se esté rebelando.	Recuerda: todos los adolescentes se rebelan. Muéstrale comprensión. Habla con él si el temor o la angustia son la causa de su cambio de comportamiento.
	Te molesta que tu hijo compare la manera que tienes de educarle con la de los padres de sus amigos.	Admite que las familias tienen distintas maneras de educar. Explícale por qué la vuestra tiene ciertas reglas y expectativas.
	Te sientes alejado y distante de tu hijo.	No te alteres. Mantén el interés en sus actividades y muéstrate disponible para cuando quiera hablar.

Fomentar la confianza

La confianza se construye y alimenta con el tiempo. Los padres que confían en su hijo adolescente le darán más independencia y privacidad.

Ventajas de ser digno de confianza

La confiabilidad es una gran cualidad en la vida. En el futuro, una persona fiable y honesta es más fácil que tenga más oportunidades de trabajo. Los amigos también serán más propensos a apoyar a alguien en quien confíen.

La confianza mutua en el seno de la familia es también muy importante. Si los padres confían y creen en las capacidades de su hijo, este podrá tener más libertad.

△ **Relaciones sanas**
La confianza es un factor importante en la construcción de relaciones que resistan las dificultades.

Confianza

Se tiene confianza en otra persona en función de cómo actúe. Los adolescentes fomentan la confianza de los padres cuando muestran que son capaces de comportarse con sensatez, cuidar de sí mismos, seguir las reglas y contribuir a las tareas familiares. De igual modo, los padres ganan la confianza de su hijo cuando le apoyan.

Una conversación sincera sobre problemas o malentendidos ayuda a establecer unas relaciones familiares positivas. Las malas decisiones pueden causar la pérdida de confianza. Todos cometemos errores, pero lo que importa es la manera en que cada persona los gestiona. El mejor modo de recomponer una relación cuando se pierde la confianza de alguien es una disculpa sincera.

▽ **Cuando las cosas van mal**
Admitir errores y no dar excusas demuestra que se es capaz de asumir responsabilidades.

PARA LOS ADOLESCENTES

Asumir la responsabilidad

- Tus padres desean tu seguridad. Sé sincero con ellos, cuéntales con quién estás, adónde vas, la manera de contactarte... Y avísales si cambias de plan.

- Sé fiable y mantén tus promesas. Los pequeños detalles, como ser puntual, son importantes.

- Demuestra tu responsabilidad respetando las reglas de la familia. Si quieres establecer una nueva rutina, háblalo con tus padres.

- Si se establece un tiempo para la familia, como por ejemplo las comidas, no olvides acudir, de manera que cuando quieras estar solo, también se te respete.

△ **Esfuerzo extra**
Ayudar en tareas domésticas contribuye a fomentar la confianza de tus padres en ti.

PARA LOS PADRES

Fomentar la independencia

- Establece para tu hijo adolescente objetivos alcanzables y recompénsalo cada vez que los logre, dándole un poco más de independencia.

- Entender las metas de tu hijo puede ayudarte a fomentar su independencia.

- Si las cosas van bien, reconóceselo, y dialoga con él si no es así. Cuando te equivoques, acéptalo.

- Los adolescentes pueden querer intervenir en las decisiones familiares. Muéstrate interesado por su opinión.

- A medida que tu hijo se haga mayor, déjale tomar sus propias decisiones, pero si las cosas van mal, debe aprender a afrontar las consecuencias.

Independencia

Todos los adolescentes luchan por su independencia. Si perciben que son responsables de su propia vida y son capaces de tomar decisiones, serán menos propensos a forzar los límites y se sentirán menos oprimidos. Naturalmente, muchos padres se preocupan, pero es importante que tengan sus oportunidades y se recompensen sus éxitos.

Se puede guiar gradualmente a los adolescentes hacia su independencia con pequeños pasos hacia un objetivo acordado. Los retrocesos son inevitables, pero hablar sobre cómo mejorar la próxima vez hará que las expectativas sean más realistas.

▽ **Requiere tiempo**
Los adolescentes ganan independencia a medida que crecen; quizá a ello contribuya un trabajo a tiempo parcial o aprender a conducir.

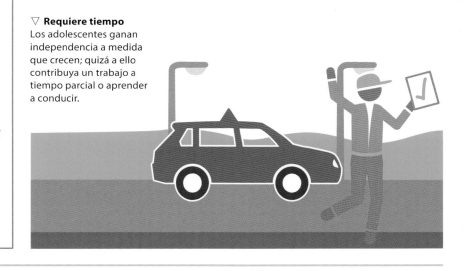

Intimidad

Todo el mundo necesita cierto nivel de privacidad. Querer intimidad forma parte del crecimiento de los adolescentes. Para ellos, la privacidad puede suponer poder cerrar la puerta de su dormitorio o disponer diariamente de tiempo al margen de la vida familiar. Cada adolescente y cada familia tienen sus propios límites, pero si las reglas están claras, el espacio personal ayudará a evitar problemas innecesarios.

Si los padres están preocupados por el bienestar de su hijo, pueden sentir la necesidad de invadir su privacidad (por ejemplo, leer sus mensajes de texto). Sin embargo, esto no se debería hacer sin permiso, ya que invadir la privacidad de alguien puede violar su confianza y dañar la relación.

CONVIENE SABER

Privacidad y secretos

El deseo de un adolescente de privacidad no significa que tenga algo que ocultar o que esté evitando a la familia. Necesita tener tiempo solo para desarrollar su identidad y averiguar quién es.

▷ **La habitación del adolescente**
Un dormitorio desordenado puede ser irritante para los padres, pero reconocer que es su espacio personal les permite sentir que su privacidad es respetada.

Afrontar los conflictos

Comprender los propios límites y los de los demás es vital para el crecimiento, pero puede generar conflictos en la familia. Es natural que las personas cercanas discutan, pero tanto los adolescentes como sus padres pueden aprender técnicas para evitarlo.

Conflictos

Los conflictos ocurren cuando uno siente que ha sido malinterpretado, o que no se le escucha. A menudo, la gente se enzarza en acaloradas discusiones por algo trivial, pero con una cuestión subyacente difícil de plantear. Mientras los adolescentes exploran y experimentan con ideas y valores distintos a los de sus padres, también están generalmente menos dispuestos a aceptar la opinión de los progenitores como la definitiva.

PARA LOS PADRES

Evitar la escalada

- Decide si el motivo de la discusión merece la pena. A menudo, el adolescente solo quiere descargar su malestar, y la mejor respuesta es escuchar y mostrar comprensión por su frustración. Además, permitiendo algunas cosas, tu hijo se dará cuenta de que cuando te posicionas sobre algo, lo haces en serio.

- Evita discutir en el calor del momento. Deja que tu hijo sepa que valoras su opinión, pero que necesitáis estar más tranquilos y disponer de más tiempo para reflexionar sobre el tema.

- Trata de no levantar la voz. El grito puede ser interpretado como una pérdida de control, y tu hijo te responderá gritando o se cerrará en banda.

▽ **Puntos conflictivos**
Durante la adolescencia, padres e hijos pueden discrepar sobre todo tipo de cuestiones.

aspecto

amigos

tareas

respeto

malos hábitos

política

normas

deberes

Resolver conflictos

Escuchar es clave para resolver conflictos. Todo el mundo necesita exponer sus puntos de vista y tener espacio para reflexionar sobre qué le han dicho los demás y cuáles son sus objetivos. Esto se logra a través de la empatía, la negociación y el compromiso. Si a pesar de esto la controversia continúa, hay que aceptar que las opiniones de los demás deben ser respetadas incluso si uno no está de acuerdo con ellas.

1. Empatizar

Escuchar es clave para resolver conflictos. Todo el mundo necesita exponer sus puntos de vista y tener espacio para reflexionar sobre qué le han dicho los demás y cuáles son sus objetivos. Esto se logra a través de la empatía, la negociación y el compromiso. Si a pesar de esto la controversia continúa, hay que aceptar que las opiniones de los demás deben ser respetadas incluso si uno no está de acuerdo con ellas.

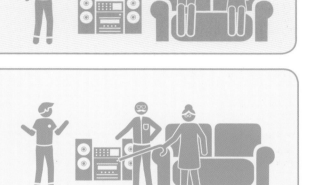

2. Negociar

Deja claro lo que quieres lograr, pero escucha siempre al otro y permite que termine de hablar. El contacto visual mostrará a la otra persona que estás interesado en lo que te está diciendo. Aclara cualquier cosa que no entiendas y establece como objetivo tratar de poneros de acuerdo en uno o dos puntos.

3. Compromiso

Para alcanzar un compromiso, ambas partes deben ceder, de forma que todos logren algo. Es importante saber escuchar y estar abierto a cambios. Así mejorarán las relaciones incluso cuando se planteen cuestiones difíciles de resolver.

«Aferrarse a la ira es como agarrar una **brasa** con la intención de lanzársela a otra persona: tú eres el que se **quema**.»
Buda

Disculparse

La mejor manera de seguir adelante después de una discusión es que todos los involucrados en la disputa pidan disculpas. También es importante decir «lo siento» si en el calor del momento se ha dicho algo hiriente. Puede ser difícil asumir que uno es la causa de una discusión, pero disculparse muestra la capacidad de admitir un error y ayuda al otro a sentirse valorado. También te ayudará a valorar si es más importante la relación o el resentimiento causado.

Situaciones difíciles

Toda familia pasa por situaciones y retos difíciles. Estos duros momentos afectan a todos sus miembros. Puede costar aceptar las nuevas situaciones y adaptarse a ellas.

Compartir noticias importantes

Es difícil compartir noticias importantes y quizá angustiosas. Es natural estar inseguro a la hora de comunicar tanto noticias tristes, por ejemplo la muerte de un familiar, como positivas, como un nuevo trabajo. Compartir estas noticias en el seno de la familia ayuda a que todos sus miembros, tanto adolescentes como adultos, se sientan incluidos, importantes y reconocidos.

▽ **Temas delicados**
Algunas noticias pueden ser angustiosas especialmente para los adolescentes que ya están haciendo frente a los cambios propios de la pubertad.

PARA LOS PADRES

Compartir grandes noticias

- Decide de antemano qué vas a decir y transmite un mensaje tan claro como sea posible.
- Deja claro que está bien alterarse.
- Permite preguntas y da respuestas sinceras.
- Asegúrate del impacto que estas noticias tendrán en la familia.

PARA LOS ADOLESCENTES

Comunicar algo a los padres

- Decide de antemano cuánto quieres contar a tus padres, pero sé tan sincero como puedas.
- Elige el lugar y el momento adecuados.
- Quizá no obtengas la reacción que esperabas, así que trata de ver tus noticias desde su perspectiva.
- Si es necesario, piensa en qué acciones tomar después de comunicar la noticia.

Mudarse de casa

Una mudanza puede parecer una aventura, pero también sentirse como una pérdida de objetos y personas que un adolescente conoce y aprecia. Los padres pueden preparar a los adolescentes para ello explicándoles por qué es necesaria, sus ventajas y los cambios que comportará, como ir a una nueva escuela. Discutir los planes ayudará a hacer la transición lo más suave posible. Haz que comprenda que podrá mantener las amistades actuales. Si te ayuda a buscar casa y escuela en la nueva zona y participa en el embalaje de los objetos sentirá que forma parte de las grandes decisiones.

▽ **Nuevas aventuras**
Hacer una mudanza puede resultar agobiante tanto para los padres como para los adolescentes. Ser consciente de los sentimientos del otro puede contribuir a disipar la incertidumbre.

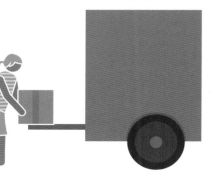

Separación y divorcio

La mayoría de las parejas empiezan su relación llenos de esperanza por un largo futuro juntos y un deseo compartido de construir una familia sólida. Con el tiempo las relaciones pueden cambiar, lo que puede significar que los padres sientan que su única solución es separarse. Cada adolescente se enfrenta a esta situación de distinta manera, aunque muchos se aferran al deseo de que los padres sigan juntos e intenten resolver sus problemas.

▷ **Visitar a los padres**
Visitar al otro progenitor durante el fin de semana mantiene la familia unida.

PARA LOS PADRES

Ayudar al adolescente

- Dile que no forma parte ni es el motivo de la ruptura, y que su relación continuará con cada progenitor.

- Abstente de compartir con tu hijo demasiada información sobre tu relación, y no esperes que la maneje adecuadamente.

- Es normal que los adolescentes se sientan confundidos y enojados cuando los padres se separan. Dales tiempo a comprender y adaptarse.

- Evita discusiones con tu ex pareja y no esperes que tu hijo tome partido. Respeta el hecho de que necesita mantener una relación positiva con el otro progenitor.

- Cuenta con que tu hijo cambiará de comportamiento. Habla con su escuela para que te informen de cualquier alteración.

- Trata de pasar tiempo con tu hijo y también con la familia extensa. Al mismo tiempo, no olvides la disciplina y mantén las rutinas.

Enfermedad familiar y duelo

Los sentimientos que una persona tiene cuando alguien está enfermo o ha muerto a menudo son difíciles de entender y de tratar. Ya sea a causa de la vejez, una larga enfermedad o una muerte repentina, la pérdida de un ser querido siempre resulta desoladora y nadie está realmente preparado. El sentimiento de la pena es único en cada individuo, con diferentes sensaciones y maneras de abordarlo. Es importante que todos tengan un espacio para hablar (o no hablar) sobre lo que están sintiendo, sin presiones ni prejuicios.

PARA LOS ADOLESCENTES

Superar el duelo

- Compartir tus sentimientos puede ayudarte a organizar tus pensamientos y asimilar plenamente la situación.

- Admite tus sentimientos. Podrás sentirte bloqueado, incrédulo, frustrado, enfadado, solo, deprimido, ansioso y hacerte reproches. Es normal pasar por toda una serie de emociones.

- La pena puede resultar muy estresante y debes cuidarte.

- Continúa con los pasatiempos y tradiciones que te recuerden a la persona.

- Escribir sobre tus sentimientos te ayudará a expresar qué representaba esta persona para ti.

◁ **Compartir recuerdos**
Algunas personas necesitan estar con otras cuando están de duelo. Otras prefieren quedarse solas.

Hermanos

Las relaciones entre padres e hijos adolescentes van cambiando a lo largo de la pubertad, y lo mismo sucede entre los adolescentes y sus hermanos y hermanas, aunque de distinto modo.

VER TAMBIÉN	
❮ **174–175**	Padres y adolescentes
❮ **176–177**	Fomentar la confianza
❮ **178–179**	Afrontar los conflictos
❮ **180–181**	Situaciones difíciles

Tener hermanos

Los hermanos desempeñan distintos roles en la vida del otro (pasan de amigos a enemigos en un segundo). Ejercer uno u otro papel permite a los adolescentes marcar los límites de su relación. A través de las discusiones aprenden a resolver conflictos, en tanto que las broncas acaloradas les enseñan a debatir, a transigir y a respetar distintas opiniones, incluso si no las comparten. Cuando llegan a confiar el uno en el otro, aprenden el valor de la amistad y de la confianza mutua.

△ **Pasar el rato juntos**
Las relaciones entre hermanos son la base de futuros vínculos y del desarrollo de capacidades sociales.

Orden de nacimiento

Hermanos y hermanas comparten una familia, pero pueden tener un comportamiento y una personalidad muy distintos. El orden de nacimiento influye en la personalidad y modela el carácter.

El hermano mayor

El primogénito es el que marca el camino. Aunque en los primeros años de vida ser el mayor supone cierta presión, permite explorar la propia personalidad al no poder establecer comparaciones con otros hermanos.

El hermano mediano

Suele ser flexible ante las necesidades de los demás. Tiende a pacificar y a tener un amplio círculo social.

El hermano menor

El pequeño de la casa tiene que pelear para hacerse oír, aunque en general tiene más libertad y menos responsabilidades que sus hermanos mayores.

Resolver conflictos

Cuando surgen diferencias, es raro que los hermanos no se encaren, pero a la larga les será muy útil para aprender a resolver situaciones difíciles.

Los padres suelen implicarse en las peleas de los adolescentes, pero hay que dejarles tiempo y espacio para que resuelvan sus desavenencias por sí mismos. Así desarrollarán su capacidad de relacionarse. Los padres no deben tomar partido por uno u otro sino valorar los esfuerzos de concordia. Sin embargo, si las cosas se ponen violentas, tienen que intervenir para separar a los hermanos hasta que se tranquilicen.

PARA LOS ADOLESCENTES

Mantener la paz

- No olvides que la controversia que estás manteniendo nada tiene que ver con la persona con la que estás discutiendo. Podrás así valorar la opinión de tu hermano.

- Puedes discrepar con alguien sin ser desagradable. Respira hondo, tranquilízate y piensa antes de hablar.

- Mantén la distancia si las cosas empeoran e intenta reconciliarte cuando se calmen.

- Si notas que la situación te está superando y te sientes emocional o físicamente agobiado, reclama la intervención de tus padres.

Conflictos entre hermanos

Los enfrentamientos suelen surgir cuando alguien se siente frustrado o ignorado. Cada familia tiene su propia dinámica. A continuación se describen las situaciones más frecuentes.

Rivalidad

Compartir padres con los hermanos es a veces duro para un adolescente. Puede sentir que se presta más atención a los otros y que tiene que competir con ellos. Los padres deben evitar comparaciones.

Favoritismo

A veces un adolescente se siente discriminado ante sus hermanos. El favoritismo puede ser real sin que los padres se den cuenta. Para enderezar esta situación, los padres deben evitar que ninguno de sus hijos se sienta excluido.

Problemas de comportamiento

Establecer unas normas claras para todos ayudará a padres e hijos a fijar los límites. Cuando un adolescente rompe las reglas, los padres deben intentar averiguar los motivos de ello.

Interferencias

Llegado el momento en que un adolescente necesita privacidad, la intromisión en su espacio personal o en sus pertenencias puede crear conflictos. Los padres pueden ayudar fijando normas claras sobre espacio y privacidad.

Familias reconstituidas

Una familia reconstituida es aquella en que dos adultos aportan los hijos de uniones anteriores a una convivencia en común. La vivienda puede verse abocada a un caos absoluto a la hora de reasignar espacios a los nuevos inquilinos y de determinar su lugar en la dinámica familiar.

La convivencia en una familia formada por padrastros, padres biológicos, hermanastros o medio hermanos puede resultar difícil. Ir poco a poco y conceder tiempo a todos es la clave de una buena armonía doméstica.

▷ **Ser amigos, también**
Considerar amigos a tus hermanastros puede resolver conflictos. Disfrutar de esta amistad resulta gratificante.

PARA LOS PADRES
Familias extensas

- Trata de hacer cosas con los miembros de la nueva familia, dando la oportunidad de elegir actividades que gusten a todos.

- En una familia reconstituida, dedica tiempo a tus hijos biológicos. Es importante mantener fuerte este vínculo para que tus hijos acepten los cambios, pues pueden sentir la pérdida enorme de un padre o una madre al cambiar de forma radical la dinámica de las relaciones familiares.

- En una familia reconstituida, sé claro acerca de quién establece las normas de disciplina y a quién van dirigidas. Demasiados cambios pueden causar confusión y posiblemente también enfrentamientos.

Relaciones

Saber comunicar

Las personas se comunican de diferentes maneras. La comunicación verbal implica hablar y la no verbal se sirve del lenguaje corporal. La comunicación depende de muchos factores: el tono, el volumen de voz, el vocabulario, la expresión o el movimiento.

VER TAMBIÉN

❮ **22–23** Expresión personal

❮ **84–85** Emociones

❮ **124–125** Expresarse

Interacciones   **190–191** ❯

La importancia de la comunicación

Es importante aprender a comunicarse, pues ello ayudará en muchos aspectos de la vida, como para hacer amistades o en entrevistas de trabajo. También puede contribuir a sentirse más integrado, algo importante para la felicidad y el bienestar. La gente se comunica para compartir información y socializar, por lo que la capacidad para comunicarse a menudo recibe el nombre de habilidades sociales.

▷ **Gestos útiles**
Expresiones faciales, gesticulaciones y postura corporal dan pistas sutiles sobre qué piensan y dicen las personas.

Comunicación verbal

El habla es una manera directa de comunicarse, mientras que los métodos no verbales son mensajes más sutiles que se suman a lo que una persona está diciendo. La elección del vocabulario y el tono de la voz afectan la comunicación verbal y cómo es recibida, y percibida, por el oyente. Es importante adaptar al destinatario lo que se dice y el modo en que se dice, ya se trate de un colega, una autoridad o un amigo.

«Las buenas palabras valen mucho y cuestan poco.»
George Herbert, poeta

Buenos modales

Los buenos modales, como decir «por favor» y «gracias», son muestra de respeto y consideración hacia la otra persona.

Cumplidos

Mostrar una admiración genuina o elogiar a alguien, ya sea por su aspecto, sus logros o sus cualidades, refuerza la conexión entre dos personas. Los cumplidos sugieren aprobación, algo que la mayoría de la gente busca en sus relaciones sociales.

Disculparse

Es importante decir «lo siento» sinceramente. Aunque es difícil admitir errores, hay que tener capacidad para resolver conflictos y la mala conciencia. A menudo puede conducir a que la otra persona también se disculpe por su participación en el conflicto.

Prestar atención

Una buena comunicación requiere tanto saber escuchar como hablar bien. Escuchar es pensar en lo que la otra persona está diciendo, mostrar atención asintiendo con la cabeza y haciendo preguntas sobre lo dicho. Esto puede ser especialmente difícil si una persona está nerviosa y pensando en lo que va a decir a continuación en lugar de escuchar realmente.

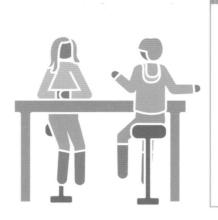

▷ **Escucha activa**
Estar quieto, sentado cara a cara y mostrar un lenguaje corporal positivo demuestran que una persona está plenamente implicada y escuchando realmente con atención.

PARA LOS ADOLESCENTES

Comunicación efectiva

Se puede aprender y desarrollar una buena comunicación.

- Mantener el contacto visual muestra interés en lo que la otra persona está diciendo y confianza en uno mismo.

- Pedir la opinión de la otra persona demuestra que se ha prestado atención a la conversación e induce a la otra persona a seguir hablando.

- Reproducir el lenguaje corporal y el tono de la otra persona sugiere conexión y refuerza la relación.

Comunicación no verbal

A veces, una persona ni siquiera necesita hablar para transmitir un mensaje alto y claro. En otras ocasiones, las cosas que escribimos (como en mensajes de texto o en las redes sociales) no son entendidas en el sentido que pretendíamos. Esto se debe a que las expresiones faciales y el tono de voz, que serían explícitos cara a cara, no forman parte del mensaje. La postura del cuerpo, las expresiones faciales, el movimiento de las manos se suman a lo que se está diciendo, al tiempo que dan pistas sobre sentimientos que una persona podría preferir mantener para sí.

▽ **Leer el lenguaje corporal**
Prestar atención al lenguaje corporal dará pistas silenciosas sobre cómo se siente una persona en un momento dado.

Una persona interesada permanece frente a la que habla y puede reaccionar con expresiones faciales mientras escucha.

Cuando una persona siente atracción por otra, la mira fijamente, se acerca y trata de atraer su atención en silencio.

Reír, sonreír y chocar las manos son signos de lenguaje corporal amistoso.

Una persona enojada puede cambiar la expresión de la cara y a veces incluso darse golpes en la cabeza.

Una persona aburrida puede apartar la mirada, dirigirla a lo lejos o moverse de manera nerviosa.

Una persona enfadada mira hacia otro lado para evitar el contacto visual de quien le produce el enojo.

Una persona vergonzosa puede sonreír levemente, hacer muecas o moverse nerviosa.

Amistad

La amistad enseña a la gente a apreciar las ideas, los sentimientos y el bienestar mutuos. También contribuye a sentirse integrado y a tener un sentido de pertenencia.

VER TAMBIÉN

❰ **88–89** Introversión y extraversión

❰ **130–131** Redes sociales

| Presión social | 192–193 ❱ |
| Relaciones sanas | 198–199 ❱ |

Hacer amigos

Los individuos pueden tener amistades que comienzan de muchas maneras diferentes. Un adolescente puede hacerse amigo de alguien porque comparten pupitre o porque tienen los mismos intereses o sentido del humor. Ciertas relaciones pueden tardar en evolucionar hacia una amistad, especialmente si a alguien le cuesta confiar en los demás. Al margen de cómo se inicie, la amistad debe contribuir al bienestar del adolescente.

▽ **Recuerdos**
Una amistad puede durar un verano o una vida entera. Dure mucho o poco, una buena amistad siempre aporta algo positivo a un adolescente.

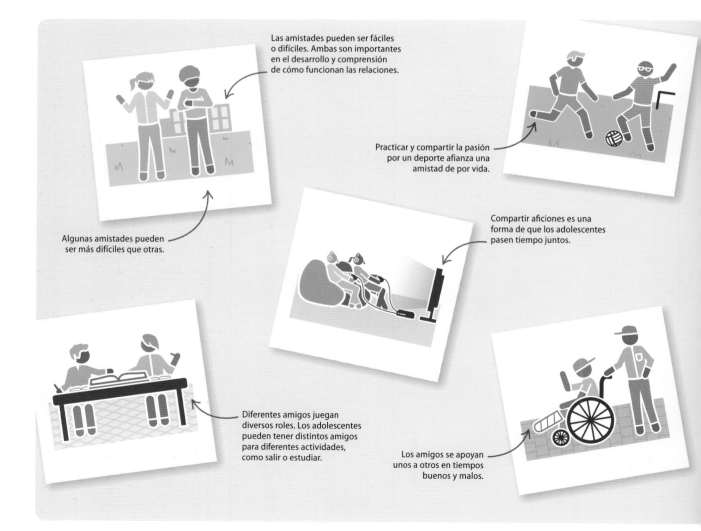

Las amistades pueden ser fáciles o difíciles. Ambas son importantes en el desarrollo y comprensión de cómo funcionan las relaciones.

Practicar y compartir la pasión por un deporte afianza una amistad de por vida.

Algunas amistades pueden ser más difíciles que otras.

Compartir aficiones es una forma de que los adolescentes pasen tiempo juntos.

Diferentes amigos juegan diversos roles. Los adolescentes pueden tener distintos amigos para diferentes actividades, como salir o estudiar.

Los amigos se apoyan unos a otros en tiempos buenos y malos.

PARA LOS PADRES

Sentirse marginado

Los padres pueden sentirse excluidos cuando las amistades de un adolescente empiezan a adquirir mayor importancia. Animar a un adolescente a traer amigos a casa puede ayudar a los padres a conocerlos y sentirse involucrados. Mantenerse en contacto telefónico cuando los adolescentes salen con amigos puede ayudar a mitigar preocupaciones.

Reírse juntos puede crear una nueva amistad o fortalecer la ya existente.

Descubrir nuevos lugares con un amigo da emoción a la amistad.

Un amigo puede animar a una persona a probar cosas nuevas y estimularlo para desarrollar nuevas actividades.

Enfrentarse a las dificultades

Cuando surgen discusiones u otros problemas entre amigos, puede parecer el fin del mundo. Sin embargo, parte del desarrollo de un adolescente es aprender a manejar las amistades cuando se vuelven difíciles.

Celos

Muchas cosas pueden hacer que una persona sienta celos, como cuando un amigo saca mejores notas en la escuela o establece una nueva amistad con otra persona. Los celos pueden crear antipatía. A veces hablar sobre estos sentimientos puede resultar de gran ayuda.

Aislamiento y marginación

Si la amistad empieza a naufragar, un adolescente puede sentirse marginado y no comprender qué está sucediendo. La amistad a menudo puede recuperarse haciendo que el otro sepa que su comportamiento es hiriente. Si continúa su actitud negativa, sería mejor buscar amistades más receptivas.

Compartir en exceso

Revelar detalles íntimos sobre experiencias de la vida y compartir secretos puede crear fuertes lazos. Alguien que parece ser un amigo puede explotar esta confianza y utilizar la información para difundir rumores. Si un adolescente conoce a una persona propensa a chismorrear, esta no es digna de confianza.

Relaciones tóxicas

Algunos jóvenes se dan cuenta de que son amigos de alguien que no les gusta o que es un rival. Pueden sentir que necesitan mantener a esta persona cerca, pero cortar los lazos de amistad puede librarles de una relación tóxica, especialmente si causa daño emocional o psicológico.

Interacciones

Tanto en casa como en la escuela, los adolescentes interactúan con muchas personas diferentes. Todas estas interacciones son importantes para su propio desarrollo social.

Diferentes personas, diferentes roles

Además de familiares y amigos, los adolescentes tratan con muchas otras personas. Desde el médico al conductor del autobús, desde el hermano de un amigo al cajero de la tienda, las relaciones con estas personas pueden ser elementos importantes en la vida de la gente. A través de estos contactos los adolescentes aprenden a relacionarse con gente diferente. Por ejemplo, la forma en que una persona se comunica con amigos íntimos es muy diferente de la información que comparte y la forma en que habla con un profesor; ambos tipos de relación son esenciales.

△ **Conexión online**
Las plataformas sociales permiten interactuar con amigos del mundo real y también mantener contactos online.

Conocidos

Los conocidos pueden ser tan importantes en la vida de una persona como los amigos, ya que en su día a día interviene mucha gente. Esto crea un sentido de pertenencia a una comunidad y ayuda a mantener una sociedad unida.

◁ **Amigos**
La amistad proporciona apoyo y estrechos vínculos emocionales.

▽ **Transporte público**
En el transporte público la gente invade el espacio personal de otros. Ser educado con otros puede ayudar a aliviar la tensión. Los adolescentes deben pedir ayuda si alguien les hace sentir incómodos.

△ **Trabajo de voluntariado**
El trabajo social da la oportunidad de conocer gente nueva y difundir diferentes ideas.

▷ **Practicar deportes**
El deporte atrae a gente de todas procedencias y enseña a comunicarse.

Ser receptivo

Mantener la mente abierta ante diferentes personas permite desarrollar habilidades de relación y crecer. Es bastante normal que una persona se incline más por quienes piensan de manera similar y comparten los mismos valores y puntos de vista. Sin embargo, mezclarse con personas con valores y opiniones opuestos puede abrir la mente de una persona a nuevas formas de pensar, un elemento clave para un pensamiento independiente.

△ **Joven y anciano**
El contacto entre diferentes generaciones permite a jóvenes y ancianos ver el mundo desde la perspectiva del otro.

△ **Familia**
Algunos miembros de la familia viven cerca, mientras que otros pueden vivir más lejos.

△ **Estar en contacto**
Las redes sociales han facilitado la comunicación con gente con intereses similares.

△ **En el trabajo**
Ser educado y mantener el contacto visual con otras personas en el puesto de trabajo hace que sea un lugar agradable.

◁ **Vecinos**
Un encuentro fortuito con los vecinos puede hacer la convivencia doméstica más agradable.

▷ **En la biblioteca**
Respetar las indicaciones en los espacios públicos los hace más agradables.

△ **Visitar al médico**
Confiar abiertamente en el médico es la mejor manera de conseguir una buena atención.

CONVIENE SABER

Relaciones por internet

Internet permite a las personas interactuar fuera de su círculo de amigos y conocidos. Sitios web con el único propósito de poner en contacto a personas con intereses similares facilitan la posibilidad de formar nuevos círculos de conocidos a través del envío de mensajes y la participación en foros. Además de hacer amigos, estos contactos permiten abrirse a nuevas ideas e informaciones.

Presión social

Los amigos desempeñan un papel muy importante en la vida de los adolescentes. Pueden influirles y motivarles, como en la edad adulta. Lo contrario también es cierto: en situaciones emocionales, la presión social puede hacer que algunos adolescentes se sientan incómodos.

VER TAMBIÉN

❮ **14–15** El cerebro adolescente

❮ **86–87** Confianza y autoestima

❮ **188–189** Amistad

Relaciones insanas **200–201** ❯

Comprender la presión social

La presión social se produce cuando una persona se siente influenciada por sus amigos o su entorno social para que se comporte de una manera determinada y adopte hábitos, vestimenta o actitudes particulares para encajar en el entorno. Sentirse aceptado es un estímulo para personas de todas las edades, así que aprender a soslayar la presión social, tanto positiva como negativa, es una habilidad vital importante.

△ **Uno entre un millón**
Tanto adultos como adolescentes encuentran estresante opinar o actuar de manera diferente a la mayoría de la gente.

Presión social negativa

La presión de los compañeros suele percibirse como algo negativo, como cuando alguien se siente conminado a hacer algo que no quiere. Los años de la adolescencia son propicios para experimentar y forzar los límites, a veces para impresionar a los amigos.

▽ **Bajo la presión**
Algunos adolescentes pueden presionar a otros para que corran conjuntamente algún riesgo y ridiculizar a cualquiera que los desafíe. Existen diferentes situaciones en las que esto puede ocurrir.

Buscar la individualidad

Una persona se siente bien cuando piensa que tiene buen aspecto. Las opiniones de los demás pueden reforzar o destruir este sentimiento. Edificar autoconfianza ayuda a los adolescentes a sentir seguridad en sí mismos, en su individualidad y en su aspecto, y a no preocuparse tanto por lo que piensan los demás, en especial cuando sus compañeros tienen opiniones negativas.

Presumir en redes sociales

Las redes sociales ofrecen a los adolescentes una serie de foros para compartir pensamientos y vivencias con mucha gente. Resulta fácil presumir para generar comentarios y atraer el interés de los demás, pero cabe recordar que pueden surgir reacciones inesperadas. Los adolescentes deben tener cuidado con lo que transmiten online, ya que algunas reacciones pueden generar negatividad y una espiral de descontrol.

Arriesgarse

Si bien asumir riesgos forma parte del proceso de crecimiento, los adolescentes deben tomar conciencia a nivel individual sobre el peligro, ya que serán los que sufran las consecuencias. Es tentador aprovechar la oportunidad de quedar bien, pero tener confianza para decir «no», les responsabiliza de sus acciones y pone de manifiesto su fortaleza interior.

Presión social positiva

Mientras que la presión social negativa hace que una persona se sienta desgraciada, contrariada o incómoda, la presión positiva del entorno aumenta las sensaciones de bienestar y felicidad. Cuando los individuos coinciden con personas positivas, el ambiente generado puede conducir a opciones sensatas. Así, por ejemplo, la incorporación a un club o equipo deportivo, o el trabajo duro para conseguir buenas notas pueden influir en todo el grupo.

La presión del entorno es constante, pero la decisión de actuar o no depende, en última instancia, de cada persona.

Puntos de presión

Los adolescentes y los adultos ceden a la presión social por razones complejas, pero la mayoría de las personas comparten su deseo de agradar y quedar bien. También les preocupa ser motivo de burlas si no participan o no se interesan por lo que los otros están haciendo.

▽ **Unirse**
Hacer lo que todo el mundo hace ayuda a sentirse integrado, pero no vale la pena si la actividad es peligrosa.

CONVIENE SABER
La ciencia de la presión social

Los adolescentes pueden tener dificultades para controlar comportamientos de riesgo, especialmente cuando están entre amigos o en situaciones emotivas. Esto se debe a que el cerebro adolescente todavía está madurando y aprendiendo habilidades para controlar el comportamiento impulsivo, para pensar en el futuro y para resistir la presión de los demás.

Los adolescentes son capaces de valorar correctamente los riesgos cuando se les da tiempo y espacio, pero la euforia del momento les empuja a prestar más atención a las recompensas inmediatas y factores externos como la presión social que a los posibles riesgos.

Combatir la presión social

Mientras que formar piña con los amigos proporciona un sentido de pertenencia, resistir el impulso de integrarse puede ser indicio de fortaleza de carácter.

Tener amigos ayuda a confiar en uno mismo, pero es importante que esta confianza tenga sus propios límites para poder resistir la presión social negativa.

No te disculpes por ser tu mismo y por resistir la presión del entorno. Sé claro, puesto que la indecisión puede aumentar la presión.

Sé asertivo pero breve y ve al grano. Di «no» con convicción. Dado el caso, márchate para reafirmar tu negativa.

Si te sientes inseguro, pensar en las consecuencias si cedes te ayudará a sopesar tus posibles reacciones.

Escucha las razones de las otras personas antes de actuar. Considera las diferentes opciones antes de ceder sin más.

Citas

Una cita amorosa es el encuentro entre dos personas que se sienten romántica o sexualmente atraídas. Algunas personas están listas para acudir a un encuentro amoroso en diferentes momentos de su vida, mientras que otras nunca quieren citarse con nadie.

Por qué la gente se cita

La gente acude a citas por muchas razones, como por ejemplo por atracción hacia la otra persona, para disfrutar de su conversación o simplemente por diversión. También puede querer tener una relación a largo plazo y las citas ayudan a descubrir más acerca de la otra persona y averiguar si son compatibles.

Algunas personas acuden a las citas porque es lo que toca y no por deseo. Otras porque se sienten solas o porque se lo pide alguien popular. Todas estas situaciones son negativas e injustas para la otra persona.

PARA LOS ADOLESCENTES

Presión social

Las personas se sienten preparadas para acudir a una cita amorosa en diferentes momentos de su vida. A veces, los adolescentes son presionados para formalizar una cita, incluso cuando realmente no quieren o piensan que no es buena idea. Una cita amorosa es importante solo cuando te sientas preparado y cuando el encuentro sea con alguien que realmente te interese.

Tipos de citas

Las personas pueden citarse de diferentes maneras. No hay un modo correcto o incorrecto para citarse, siempre y cuando todos sean honestos y disfruten del encuentro.

Citas en pareja

Cuando dos personas están romántica o sexualmente interesadas la una en la otra suelen pasar tiempo juntas a solas. En estas citas, ambos saben que son más que amigos. Los encuentros son momentos en los que conversar y tener contactos íntimos si así lo desean.

Citas en grupo

Para muchos adolescentes las citas en grupo son una manera entretenida de pasar tiempo con su pareja sin la presión del tú a tú. En las citas en grupo, dos personas pueden estar romántica o sexualmente interesadas y disfrutar pasando tiempo juntos entre amigos.

Citas multiculturales

Los individuos que mantienen relaciones interculturales o interreligiosas deben tener la mente abierta y ser tolerantes. Algunos experimentan la presión de sus familias para que rompan debido a las renuncias que deberían hacer para conciliar las ideas y creencias de la pareja.

PARA LOS PADRES

Involucrarse

A muchos padres les preocupa la idea de que sus hijos tengan una cita amorosa, pero es perfectamente normal que a medida que crecen deseen mantener encuentros. Es difícil medir en qué medida deben implicarse los padres, lo que depende de la edad y del nivel de madurez del adolescente.

- Los adolescentes no saben nada sobre citas románticas. Habla con tu hijo sobre los valores personales y el respeto mutuo, y cómo se aplican a las citas amorosas.

- Orienta a tu hijo antes de que empiece a salir y sigue dispuesto a ofrecerle ayuda y asesoramiento sobre la relación.

- Establece algunas reglas desde el principio, por ejemplo sobre dónde puede ir, y luego confía en su capacidad para actuar y aplicar estas normas.

- Respeta su privacidad.

Relaciones estables

Las citas románticas son un proceso para conocer mejor a otra persona y, si ambos quieren, para establecer una relación a largo plazo. Si bien una persona puede querer pasar cada segundo con la otra, es importante encontrar un equilibrio para asegurar que cada uno tiene su propio tiempo, además de tiempo de calidad, con su pareja. Esto ayuda a sentar las bases de una relación estable.

◁ **Cuidar a la pareja**
Las personas que están saliendo juntas suelen apoyarse la una a la otra en momentos difíciles. La forma en que los individuos responden a estas dificultades determinará la estabilidad de la relación.

Diferencias de edad
Las personas mayores tienen más experiencias vitales que los jóvenes, incluyendo las relaciones sexuales. Una cita amorosa entre dos personas de diferentes edades puede dar lugar a que la persona mayor imponga sus criterios y surjan expectativas discordantes.

Citas por internet
Las aplicaciones de citas son una forma de hacer nuevas amistades con ideas afines. Algunas están pensadas para identidades específicas, como la religión y el sexo. Si alguien quiere conocer en persona a un ligue de internet, es importante reunirse en un lugar público y solo compartir los datos personales una vez se conoce bien a la otra persona.

Citas a larga distancia
Ya sea por elección o por casualidad, algunas parejas viven en diferentes partes del mundo. Para mantener una relación a larga distancia, es importante tener el nivel de comunicación adecuado: demasiado puede resultar rutinario y muy poco puede interpretarse como una falta de interés.

Rechazo

Todo el mundo pasa por un rechazo en algún momento de su vida, ya sea de una amistad, de una pareja o en el trabajo. El rechazo duele y puede suscitar varias emociones y sentimientos que durarán en función del modo en que una persona maneje la experiencia.

VER TAMBIÉN

❮ **186–187** Saber comunicar

❮ **194–195** Citas

Relaciones insanas   **200–201** ❯

Rupturas   **202–203** ❯

Interés no correspondido

Una persona puede sentirse dolida cuando se interesa por alguien que no siente lo mismo, y puede llevarle a pensar que no es lo bastante buena cuando, en realidad, estas dos personas simplemente son incompatibles. Los escáneres cerebrales demuestran que rechazo y dolor físico afectan las mismas áreas del cerebro, lo que explicaría por qué el rechazo puede resultar tan doloroso.

△ **Enfrentarse al rechazo**
Es difícil, pero los sentimientos de dolor y rechazo pasan con el tiempo.

CONVIENE SABER

Cómo se siente

El rechazo afecta a las personas de diferentes formas. Se puede sentir moderada o profundamente y doler emocional o físicamente, todo depende de la intensidad de los sentimientos hacia el rechazador. Incluso si estos sentimientos no son muy fuertes, el rechazo puede ser doloroso si afecta la confianza de una persona.

Evitar la negatividad

Las personas reaccionan al rechazo de varias maneras. Algunas se vuelven autocríticas, lo que puede conducir a una baja autoestima y a otras emociones negativas. Reconocer y experimentar estos sentimientos forma parte del proceso de superación. Si los sentimientos negativos persisten, la persona tendría que fijarse objetivos y actuar para seguir adelante.

PARA LOS PADRES

Cómo ayudar

Si tu hijo está sufriendo por un rechazo, tienes que seguirle la cuerda. Aunque quieras mejorar la situación, tu excesiva atención puede hacer que se sienta peor. Asegúrate de que sepa que estás a su lado, pero no le abrumes con demasiadas muestras de simpatía y consejos. Invítale a hacer algunas de sus actividades favoritas contigo, pero no te sientas dolido si te rechaza.

No te obsesiones

Pensar en la persona que te rechazó te hará sentir peor y no te ayudará a superar esa situación. Mantén la mente y el cuerpo ocupados con música o deporte.

Controla el tiempo solo

Aislarte puede hacer que pierdas perspectiva y alimentes sentimientos negativos. Sal con la familia y con los amigos que te quieren y se preocupan de ti, y, no lo olvides, quieren pasar tiempo contigo.

Redirige la ira

Si bien es natural que te enfades si eres rechazado, no debes actuar con ira gritando o pegando a otros: te ayudará hacer alguna actividad física, como el ejercicio o el baile.

Pasar página

Los sentimientos de rechazo son desagradables pero pasajeros. Una persona puede tomar medidas para superar el rechazo y mantenerse activo. Si un adolescente que lucha contra el rechazo toma la decisión de hacer cosas que le permitan seguir adelante, controlará mejor la situación y sus sentimientos.

Cuidarse

Los sentimientos de rechazo pueden hacer que una persona se sienta agotada, tanto emocional como físicamente. Comer alimentos saludables, dormir bien y estar físicamente activo mantendrán tu cuerpo en forma y ayudarán a tu mente a recuperarse.

Comunicarse

Hablar de un problema con otros ayuda a reflexionar sobre qué salió mal y ganar perspectiva cuando uno se siente abrumado. A algunas personas les resulta útil asesorarse y otras prefieren confiar en alguien que no conocen.

Actividad física

Mantenerse activo es una buena manera de alejar pensamientos y sentimientos negativos motivados por un rechazo. Puede ir bien fijarse objetivos. La actividad también hace que el cuerpo libere endorfinas, que hacen subir los ánimos.

Conocer gente

Las personas tienen el deseo natural de gustar y tienden a resaltar sus cualidades positivas al conocer gente nueva. Asistir a un evento o participar en una actividad permiten conocer a otros y verse a uno mismo bajo una nueva luz.

Aprender algo nuevo

Buscar un nuevo hobby o aprender una nueva habilidad animan a dejar de obsesionarse por el rechazo. Además, transforman sentimientos negativos en experiencias positivas que harán recordar nuestros valores y habilidades.

Hacer planes

Tener una agenda llena de planes ayuda a recuperar las ganas de divertirse. No importa participar en actividades con otros o por cuenta propia. Es positivo centrarse en ocupaciones que te gusten, ya sean encuentros con amigos, deportes o estudios.

Relaciones sanas

Los adolescentes establecen relaciones con diferentes personas, desde amigos y profesores a familiares y relaciones de pareja. Cada relación es diferente, pero todas deben basarse en algunas cualidades básicas para que valgan la pena y sean positivas.

¿Qué es una relación sana?

Puede ser difícil de establecer la diferencia entre una relación sana e insana. Una relación sana se basa en el respeto, la igualdad, la confianza y la seguridad. Todos estos elementos son imprescindibles y deben estar presentes en ambos lados.

Más fuertes juntos

En una relación sana, estas cualidades existen sin condiciones, excepciones o presiones. Una persona debe responder o actuar con sinceridad y mostrarle a la otra cada una de ellas a través de lo que dice y hace, de la amabilidad y del afecto mutuos.

▷ **Cualidades positivas**
Conjuntamente, estas cualidades hacen que una relación sea fuerte y duradera. Individualmente, son importantes para mantener una relación sana.

¿En qué se basa una relación sana?

Se aplican los mismos principios de respeto, igualdad, confianza y seguridad tanto si una persona va al cine con un amigo como si comparte unas palomitas en una cita romántica.

1. Apoyo mutuo

En unas relaciones sanas, las personas sienten el respaldo unas de otras. Este apoyo puede ser emocional, social, psicológico, académico, creativo o profesional. Algunas relaciones ofrecen uno u otro de estos rasgos, mientras que otras, como las relaciones amorosas, presentan una mezcla. Cuando ambas personas dan lo mejor de sí mismas, la relación prospera y se consolida.

2. Pasar tiempo juntos

Pasar tiempo juntos forma parte importante de una relación sana. Tanto si se pasa online o en persona, en la escuela o en el trabajo, con otros o simplemente solos, el tiempo pasado juntos demuestra que el interés del uno por el otro es recíproco y debe resultarles placentero a ambos ya sea si sostienen una relación romántica o son amigos platónicos.

3. Mantener límites sanos

Todo el mundo tiene derecho a la privacidad y establecer límites es una forma de mantener una relación sana. Los límites pueden referirse a preferencias sobre el espacio personal o a cuánto tiempo pasar juntos. Fijar límites ayuda a saber lo que ambos quieren y esperan de la relación, sobre todo cuando las dos personas están involucradas románticamente. Los límites deben ser establecidos por ambas personas.

4. Comunicación abierta

La comunicación en una relación sana se basa en el respeto, la igualdad, la seguridad y la confianza. Se traducen en el lenguaje, incluyendo la elección de vocabulario, el tono de voz, el lenguaje corporal y la escucha. En una relación fuerte, ambas personas se sienten capaces de hablar de cualquier preocupación y frustración. La franqueza ayuda a mostrar respeto por los sentimientos y opiniones de ambos, la posibilidad de hablar en igualdad de condiciones, confianza en la otra persona para escuchar y seguridad para expresar cualquier preocupación.

Relaciones insanas

Si alguien no muestra respeto, igualdad, seguridad y confianza hacia la otra persona de la pareja, algo va mal en la relación. A veces, solo uno de sus miembros tiene un comportamiento insano. En otras ocasiones, ambas personas se comportan mal.

VER TAMBIÉN

❰ **86–87** Confianza y autoestima

❰ **94–95** Ansiedad y depresión

❰ **198–199** Relaciones sanas

Rupturas   **202–203** ❱

¿Qué es una relación insana?

Las relaciones insanas son las que no incluyen los elementos cruciales de respeto, igualdad, confianza y seguridad que fortalecen una relación. Sencillamente, estos elementos no están ahí o son falsos. Una relación también puede ser malsana si estas cosas vienen con condiciones, excepciones o presiones. Estos comportamientos y actitudes hacen que la relación sea dañina y acaben por afectar a la otra persona involucrada.

CONVIENE SABER

Controlar la comunicación

Si un amigo o novio quiere controlar tus mensajes de texto, correos electrónicos o redes sociales, la relación tiene un problema, ya que en ella no están presentes los elementos cruciales de respeto, igualdad, confianza y seguridad. Nadie tiene el derecho de controlar cómo te comunicas, o limitar las personas con quien lo haces.

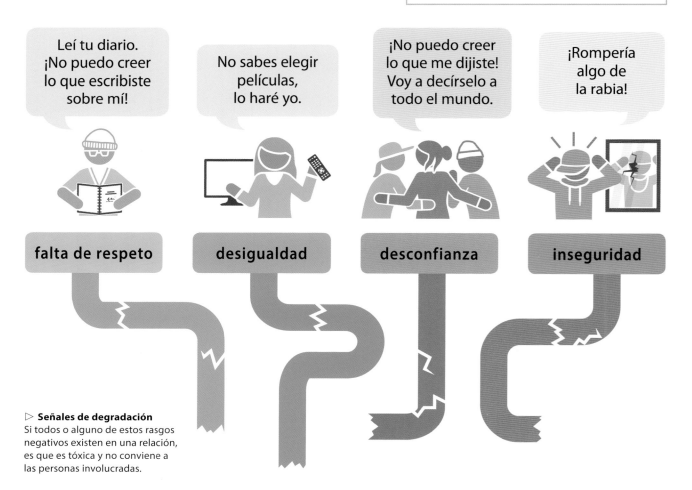

> **Señales de degradación**
> Si todos o alguno de estos rasgos negativos existen en una relación, es que es tóxica y no conviene a las personas involucradas.

Señales de una relación insana

Una relación insana no suele comenzar de esa manera. A menudo comienza con un pequeño insulto en el área gris de lo poco apropiado, y con el tiempo, se convierte en más abusivo, y a veces violento. Habitualmente, el abuso, ya sea físico o emocional, solo se hace evidente cuando ambas personas ya están involucradas en la relación. Presta atención a las primeras señales de advertencia.

Aislamiento de los seres queridos

Disuadir a una persona de ver a sus seres queridos es una forma de control aislándole de su red de apoyo.

Presión emocional

Necesitar mucho cariño y atención constante puede ser un abuso emocional y le niega a la otra persona su propio tiempo.

Culpas

Un abusador hace que la otra persona sienta que ha hecho algo mal para justificar su abuso y tener una excusa para castigar a la persona.

Ira

La ira puede ser emocionalmente manipuladora, en especial cuando el abusador culpa a la otra persona de ser el causante de su ira. En ocasiones incluso se convierte en abuso físico.

Por qué la gente sigue

Es muy fácil decir: «Nunca permitiría que me tratases de esa manera», pero hay muchas razones para que a una persona le resulte difícil dejar una mala relación. A veces, simplemente no reconocen que no son saludables, aunque parezca obvio desde fuera. En otras ocasiones, la gente se queda porque piensa que la relación va a mejorar.

PARA LOS ADOLESCENTES

Apoyar a un amigo

Si un amigo está en una relación insana, puedes notar que con el tiempo va perdiendo el contacto con los demás. Puede mostrar signos de depresión, baja autoestima y temor. Incluso si tu amigo niega que haya un problema, necesita saber que estarás allí para él. Trata de ser comprensivo y busca ayuda si estás preocupado por su seguridad.

Buscar ayuda

Dejar una relación insana o abusiva puede ser increíblemente duro, pero no es imposible. Encontrar una red de apoyo práctico y emocional es fundamental para el proceso.

PARA LOS PADRES

Cómo ayudar

Si tu hijo se encuentra en una relación abusiva, la intervención puede parecer la única opción, pero podría alejarlo de ti, mientras lucha por su autonomía, y acercarle al abusador.

- Asegúrate de que tu hijo sepa que siempre le apoyarás sin juzgarle.
- Busca apoyo en tu comunidad y en la de tu hijo sobre si es conveniente o no intervenir.

Rupturas

Las relaciones terminan por diferentes razones. Es natural culpar a alguien o algo, pero a veces, las cosas sencillamente no funcionan. Poner fin a una relación es difícil tanto para la persona que rompe como para la persona que es dejada.

¿Por qué terminan las relaciones?

El final de una relación romántica o sexual no significa que se trataba de una mala relación. A veces, la gente cambia y se distancia. Otras veces, la relación se tuerce y terminarla es lo mejor. Hay veces en las que una relación termina por decisión mutua, pero, por lo general, es uno de los miembros quien escoge acabar con ella.

▽ **Razones para romper**
Si bien las razones por las que cada relación se rompe son específicas, estas son algunas de las causas más frecuentes.

△ Puede ser que las personas involucradas en la relación no conecten emocional o físicamente.

△ Si un miembro de la pareja va a vivir a otro lugar, puede ser difícil mantener la relación a distancia.

△ Una persona puede conocer a otra que le interese más o puede engañar a su pareja.

△ Si nadie en la pareja toma la relación o a su compañero en serio.

Romper con alguien

La amabilidad y la honestidad son importantes durante una relación, pero también en el momento de terminarla. Si en una pareja una de las partes ha perdido el interés por la otra, lo mejor es decirlo. Romper en persona, cara a cara, es lo más correcto. Si la distancia o la imposibilidad de trasladarse lo hacen imposible, lo mejor es hacerlo por teléfono o videollamada.

Fingir interés es deshonesto e injusto para todos los involucrados y solo dará lugar a más dolor. También es mejor decirle a alguien de forma directa que la relación se ha acabado en vez de esperar a que reciba el mensaje a base de hablar cada vez menos.

△ **Separarse**
Alejarse de la relación puede ser difícil para ambas personas de la pareja.

¡ATENCIÓN!

Seguridad

Si piensas que tu pareja te puede hacer daño emocional o físicamente, más que en ser amable preocúpate por tu seguridad. Acude a tus amigos y familia como sistema de apoyo para estar a salvo. Finalizar una relación insana o abusiva por mensaje de texto es la mejor opción. También es una buena idea bloquear a la persona de tus contactos, no por maldad, sino para que te puedas recuperar y seguir adelante.

Hacer frente a una ruptura

Con independencia de si eres o no la persona que ha tomado la decisión de poner fin a la relación, es normal que tras la ruptura sientas todo tipo de emociones, desde confusión y tristeza a ira, negación e incredulidad. Los adolescentes pueden tomar medidas activas para hacer frente a las emociones causadas por una ruptura. Estos pasos no se toman necesariamente de forma natural, por lo que a veces necesitan que se les empuje a realizarlos.

PARA LOS PADRES
¿Cómo ayudar?

Si tu hijo está pasando por una ruptura, es natural que se sienta triste, con independencia de que quiera o no que se termine. Puede querer acercarse a ti y a la familia, o distanciarse y necesitar pasar un tiempo solo. Estate pendiente y hazle saber que estás ahí por si desea hablar.

Reconocimiento
Una persona debe reconocer y aceptar sus sentimientos antes de seguir adelante.

Distracción
Ver a los amigos y estar ocupado ayuda a aceptar las emociones de la ruptura.

Aceptación
Con el tiempo, la persona acabará por aceptar que la relación ha terminado.

Pasar página
La persona que supera la ruptura, es capaz de seguir adelante y mirar al futuro.

Aprender de una ruptura

No se puede cambiar el pasado, pero sí aprender de él. Ayuda pensar en las cosas positivas y negativas de la relación.

Piensa en lo bueno y lo malo de tu última relación. ¿Qué puedes aportar a una nueva relación de lo que has aprendido de esta?

¿Qué te gustó de ti cuando estabas en la relación? Construye el futuro sobre lo positivo; los individuos fuertes forman parejas fuertes.

Si pensar en la relación te trae recuerdos dolorosos, reconócelos, y luego piensa en maneras de evitar volver a cometer los mismos errores en el futuro.

Mantener la amistad

Puede ser extremadamente difícil seguir siendo amigo de la expareja tras la ruptura, sobre todo si uno de los miembros no quería terminar la relación. La persona que no la finalizó puede considerar que es malo continuar apoyándose en la otra, y por lo tanto la mayoría de la gente corta todo contacto con sus ex. Sin embargo, las parejas que continúan siendo amigos a menudo disfrutan de fuertes lazos de amistad para toda la vida.

△ **Pasar página**
La clave para seguir siendo amigos es asegurar que ambos tengan suficiente tiempo y espacio para recuperarse y seguir adelante.

Sexualidad

Sexualidad

La sexualidad es algo más que tener relaciones sexuales. Es la interacción compleja entre deseos, preferencias, experiencias y creencias a lo largo de la vida.

¿Qué es la sexualidad?

La sexualidad representa una experiencia y un sentimiento diferentes para cada persona. Explorar la sexualidad puede significar pensar en cosas no directamente relacionadas con el sexo, como las normas sociales y culturales que inciden en el comportamiento de las personas. La sexualidad es un indicador de la identidad de una persona, al igual que el género, el color del pelo, ojos y piel, la cultura o la religión.

Comprender la sexualidad

Es difícil saber qué factores influyen en la sexualidad de las personas o por qué se sienten de determinada manera. Algunas no se lo preguntan, ni siquiera piensan en su sexualidad, mientras que en otras la comprensión y su relación con ella evoluciona con el tiempo. Puede resultar algo confuso, particularmente para los adolescentes cada vez más conscientes de su sexualidad. Explorar la sexualidad y las ideas relacionadas con ella ayuda a los adolescentes a entender mejor este aspecto importante de sus vidas.

leyes

expectativas sociales

creencias y valores

medios

cultura

educación

romance

intimidad

relaciones

experiencia sexual

consentimiento

▷ **Influencias**
Los factores que afectan la sexualidad se superponen e interrelacionan. Existen muchos más factores de los que muestra esta imagen.

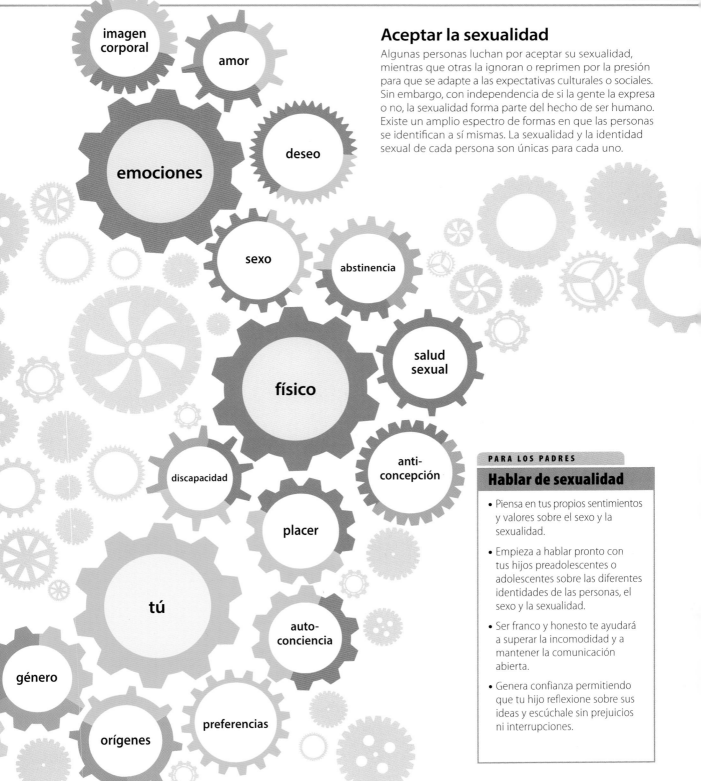

imagen corporal

amor

deseo

emociones

sexo

abstinencia

salud sexual

físico

discapacidad

anti-concepción

placer

tú

auto-conciencia

género

orígenes

preferencias

Aceptar la sexualidad

Algunas personas luchan por aceptar su sexualidad, mientras que otras la ignoran o reprimen por la presión para que se adapte a las expectativas culturales o sociales. Sin embargo, con independencia de si la gente la expresa o no, la sexualidad forma parte del hecho de ser humano. Existe un amplio espectro de formas en que las personas se identifican a sí mismas. La sexualidad y la identidad sexual de cada persona son únicas para cada uno.

PARA LOS PADRES

Hablar de sexualidad

- Piensa en tus propios sentimientos y valores sobre el sexo y la sexualidad.

- Empieza a hablar pronto con tus hijos preadolescentes o adolescentes sobre las diferentes identidades de las personas, el sexo y la sexualidad.

- Ser franco y honesto te ayudará a superar la incomodidad y a mantener la comunicación abierta.

- Genera confianza permitiendo que tu hijo reflexione sobre sus ideas y escúchale sin prejuicios ni interrupciones.

Identidades sexuales

La identidad sexual de alguien describe el género (o los géneros) de las personas con quienes desea mantener relaciones románticas o sexuales. Es solo parte de la persona y no una definición de esta.

Terminología útil

Existen numerosas palabras para definir la identidad sexual. Si una persona no se ve representada en la siguiente lista, es debido a las limitaciones de tales definiciones, no porque un adolescente no pueda ser quien es.

CONVIENE SABER

LGBTI

LGBTI es un término para referirse a identidades sexuales distintas a la heterosexualidad y engloba personas gays, lesbianas, bisexuales, transgénero e intersexuales, pero también el espectro amplio de sexualidades no incluidas en estas siglas.

Heterosexual
Una persona se describe como heterosexual cuando se siente sexualmente inclinada hacia individuos del sexo contrario.

Homosexual
Este término describe a alguien que prefiere mantener relaciones sexuales con personas de su mismo sexo. También reciben el nombre de gays.

Bisexual
Una persona que es bisexual mantiene relaciones sexuales con individuos de su mismo sexo y del sexo contrario.

Asexual
Una persona asexual no está interesada en tener contacto sexual con otras personas. Puede estar o no inclinada a mantener relaciones románticas.

Arromántico
Alguien que no está interesado en relaciones románticas y que puede estarlo o no en el contacto sexual.

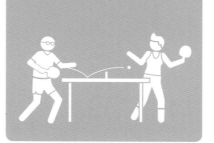

Queer
Este término se utiliza para describir una amplia gama de identidades sexuales distintas a la heterosexualidad.

△ **Elección de una etiqueta**
Las preferencias sexuales pueden variar con el tiempo.
Algunas personas descubren que hay que cambiar
la etiqueta con que definían su sexualidad.

Descubrir la identidad

Un adolescente puede tardar en
descubrir su identidad sexual. Para
algunos es fácil encontrar un término
que se adapte perfectamente a sus
atracciones sexuales. Otros prefieren
esperar o experimentar primero.
La mayoría de las personas descubren
su sexualidad en la adolescencia, aunque
algunos lo hacen en la niñez y otros en
la madurez.

PARA LOS PADRES

Apóyale

Los padres suelen creer que los intereses o valores
de sus hijos adolescentes son «solo pasajeros».
Sin embargo, no conviene tratar una determinada
actitud como si no tuviera importancia. Algunos
adolescentes se sienten rechazados y reaccionan a
la defensiva. Toma en serio a tu hijo, interésate por
los temas que te plantea y escúchalo atentamente.
Infórmate sobre las diferentes identidades sexuales
y disponte a afrontar tus propias expectativas y
tus estereotipos.

◁ **Espacio seguro**
Averigua quién es la persona con
la que sale tu hijo/hija. Invítale a
cenas y eventos familiares.

Heterosexismo

El heterosexismo es la suposición común de que la identidad sexual
de alguien es la heterosexualidad. Para la colectividad LGBTI puede
ser agotador corregir repetidamente este supuesto.

¡ATENCIÓN!

Homofobia

La homofobia significa literalmente miedo
a las personas homosexuales. Los individuos
homofóbicos opinan que ser homosexual
es moralmente y/o éticamente aberrante.
Estas personas pueden ignorar a los
homosexuales de forma deliberada o
tratarlos agresivamente a través de la
intimidación, la discriminación o la falta de
respeto. Las sociedades de todo el mundo
van aceptando poco a poco a las personas
con diferentes identidades sexuales.

△ **Parientes molestos**
Cuando un pariente pregunta a un
adolescente si ya tiene novia, está
asumiendo que quiere una chica.

△ **Médicos difíciles**
Cuando un médico presiona a una adolescente sexualmente
activa para que use anticonceptivos para evitar el embarazo,
asume que mantiene relaciones sexuales con un chico.

Atracción

La atracción es el deseo de querer estar cerca de otra persona. Puede ser emocional, intelectual, platónica o sexual, y evocar sentimientos apasionados que son emocionantes y confusos.

VER TAMBIÉN
❮ **194–195** Citas
❮ **196–197** Rechazo
❮ **198–199** Relaciones sanas
❮ **208–209** Identidades sexuales

Diferentes tipos de atracción

Cuando se habla de atracción, suele referirse a la sexual y romántica, pero hay muchas maneras de sentirse atraídos por otra persona. La atracción intelectual y emocional se basa en el sentimiento de apoyo o en tener cosas en común, y proporciona las bases de la mayoría de las amistades. Las relaciones amorosas entre compañeros se construyen sobre una atracción romántica o platónica, mientras que la atracción sexual implica sentirse físicamente atraído por alguien.

◁ **Atracción**
A veces hay personas incapaces de decir qué tipo de atracción sienten.

Enamoramiento

El enamoramiento se parece al amor romántico que las parejas sienten el uno por el otro. Permite procesar sentimientos de atracción y descubrir qué encuentran atractivo en una persona. Cuando un adolescente comienza a enamorarse de alguien, quizá no sepa qué hacer con sus sentimientos. Los adolescentes pueden obsesionarse con el otro, emocionarse o ponerse nerviosos ante su presencia.

A veces, lo mejor es confesar los sentimientos, aunque puede no ser el momento adecuado. Resulta difícil saber si la otra persona siente lo mismo, y si no es así, es importante respetar sus deseos y tratar de seguir adelante.

◁ **Sentimientos obsesivos**
El enamoramiento puede interferir en la vida de una persona, pero suele durar solo unos meses.

Falta de sentimientos

Algunos adolescentes se preguntan qué ocurre cuando sus amigos empiezan a encapricharse de otra persona y puede serles difícil entender la intensidad del enamoramiento. La atracción romántica o sexual puede producirse a medida que van haciéndose mayores, cuando conocen a la persona adecuada, o tal vez nunca experimenten este sentimiento. Cuándo o cómo un adolescente siente este tipo de atracción no tiene relación alguna con la manera en que se preocupa y ama a otras personas.

△ **Otros intereses**
No pasa nada si alguien no está interesado en una relación amorosa o en el sexo.

PARA LOS ADOLESCENTES

Cuando alguien se enamora de ti

Cuando te das cuenta de que alguien se siente atraído por ti, puedes tener distintas reacciones. Si sientes lo mismo, te emocionarás, pero quizá no sepas cómo reaccionar. No sentir lo mismo puede incomodarte o hacer que te preocupes por cómo evolucionará la amistad. Cualesquiera que sean tus sentimientos, son completamente válidos. El hecho de que le gustes a alguien no significa que esta persona tenga que gustarte a ti o que tengas que actuar de cierta manera. Sé tú mismo y muéstrate sincero sobre tus sentimientos.

△ **Comportamiento inapropiado**
Si le has dicho a una persona que no sientes nada por ella y no te hace caso, su comportamiento es inaceptable. Un adulto de confianza puede ayudarte a decidir qué hacer.

△ **Atracción y amor**
Las personas se sienten atraídas por distintas razones.

Salir del armario

La expresión «salir del armario» se usa cuando alguien comparte con los demás su identidad sexual o de género. Para quien sale del armario, ser honesto y abierto sobre su orientación sexual y sus sentimientos puede ser a la vez desalentador y gratificante.

Todos tenemos algo que compartir

Salir del armario generalmente se entiende como una persona que revela a amigos y familiares su identidad LGBTI. Pero en un sentido más amplio, significa desvelar algo a otra persona. En general, se trata de algo importante sobre la orientación de una persona, por ejemplo sobre sus creencias religiosas o políticas, o un acontecimiento de su pasado. Compartir esta información puede hacer sentir vulnerable y por ello suelen tardar en decidir cuándo y cómo comunicarlo. A las personas LGBTI, salir del armario les permite en última instancia aceptar su identidad sexual.

Maneras de salir del armario

Hay distintas formas de salir del armario. Muchas personas acuden a su entorno menos crítico antes de comunicar su identidad sexual a la familia y amigos. Algunas prefieren decírselo primero a sus padres y amigos más cercanos. Otras optan por confiar en los miembros de su entorno uno a uno, mientras que otras eligen hacerlo ante todos a la vez. Puede que alguien lo diga solo a algunas personas pero no a otras, por ejemplo, en la escuela y no en casa o viceversa.

Puede ser útil averiguar de antemano la opinión de la familia o de los amigos sobre diferentes sexualidades para saber cómo van a reaccionar. Algunos se sorprenderán más que otros o necesitarán tiempo para asimilarlo. Cualquiera que sea su reacción, la primera persona que debe saberlo tiene que ser alguien de confianza que responda con amabilidad y aceptación.

PARA LOS PADRES

Cuando tu hijo adolescente te lo cuenta

- Habla sobre las personas LGBTI de forma abierta y positiva para que sepa que reaccionarás adecuadamente cuando hable contigo.

- Al principio puede chocarte, pero no pierdas la calma y elogia su confianza en ti. Tu hijo sigue siendo el mismo de siempre.

- Tal vez, al principio no sea capaz de expresar claramente sus sentimientos. Sé paciente y dale tiempo para que se explique.

- Existen organizaciones de ayuda tanto para padres de adolescentes LGBTI como para ellos.

▷ **Todos somos diferentes**
A veces la gente sale del armario en conversaciones, cartas, correos electrónicos, mientras que otros optan por una fiesta.

△ **No hay prisa**
Decidir cuándo y con quién alguien sale del armario depende solo de sentirse preparado.

Tomar la decisión

Salir del armario ante los amigos y la familia es un paso enorme y valiente. La mayoría de la gente decide compartir su identidad sexual o de género cuando se siente querida y apoyada. Para la mayoría de las personas LGBTI, suele ser positivo confiar en personas comprensivas, ya que puede conducir a unas relaciones honestas y abiertas y crear una red de apoyo.

Sin embargo, no todos los que se identifican como LGBTI tienen que salir del armario. La decisión de hacerlo es completamente personal. Si alguien prefiere no manifestarse porque se enfrenta a la homofobia en el hogar, en el trabajo o en la escuela, la decisión debe ser respetada.

Una experiencia de por vida

La mayoría de la gente piensa que salir del armario es algo que sucede una sola vez en la vida, es decir, al anunciar a su familia o amigos su condición LGBTI. En realidad, la mayoría de las personas que se identifican como LGBTI siguen saliendo del armario a lo largo de toda su vida, por ejemplo al conocer nuevos amigos o parejas. Hacer pública la identidad LGBTI puede ser intimidante, pero con la práctica resultará más fácil comunicárselo a los demás.

◁ **Es más fácil**
Contar con el apoyo de amigos y familiares facilita salir del armario.

PARA LOS ADOLESCENTES

Situaciones difíciles

Las personas que se identifican como LGBTI es probable que en algún momento se encuentren con individuos impertinentes o que difunden chismes difamatorios. Suelen ser personas ignorantes e inseguras, pero el hecho de saberlo no ayuda. Si tienes que alejarte para garantizar tu seguridad física, hazlo. No merece la pena terminar en un enfrentamiento o hacerse daño.

▷ **Cuídate**
Puede resultar difícil decidir al momento si ignorar un comportamiento agresivo o entablar una discusión.

Apoyar a un amigo o un familiar

Aceptar la identidad sexual o de género de una persona permite fortalecer una amistad o los lazos familiares. Es un momento difícil para el adolescente, que necesitará el cariño y el apoyo de los más cercanos.

▷ **Amor y cariño**
Un adolescente que ha desvelado su identidad sexual o de género puede sentirse muy vulnerable y necesitar la solidaridad de los demás.

CONVIENE SABER

Cómo ayudar

- Presta atención a sus experiencias y muestra interés, pero deja que se exprese a su ritmo.

- Pregunta qué puedes hacer para ayudar y solidarizarte.

- Averigua quién más lo sabe y si prefiere mantenerlo en secreto.

- Ayúdale a encontrar comunidades de apoyo, ya sea en internet o en persona.

- Sé su aliado y defiende a los LGBTI si oyes que alguien habla o se comporta mal con las personas con diversas identidades sexuales y de género.

Masturbación

La masturbación es a menudo la primera experiencia sexual de una persona. Es una forma común de actividad sexual que implica tocarse los genitales. No presenta riesgo de embarazo o de infecciones de transmisión sexual (ITS). Es decisión del adolescente si quiere o no masturbarse: a algunas personas les gusta y a otras no.

VER TAMBIÉN	
❮ **34–35** Genitales femeninos	
❮ **54–55** El pene	
Orgasmos	**226–227** ❯
Pornografía	**242–243** ❯

¿Qué es la masturbación?

Masturbarse es tocarse o frotarse los genitales y otras partes del cuerpo por placer sexual. A menudo, pero no siempre, termina en orgasmo. Un orgasmo es el clímax de la excitación sexual. Produce una sensación agradable y normalmente incluye la liberación de fluido del pene y a veces de la vagina (eyaculación).

La gente comienza a masturbarse a diferentes edades y algunas personas se abstienen toda la vida. Todo depende de las preferencias de cada uno, pues a algunas les gusta y a otras no. Es una manera de aprender sobre el propio cuerpo.

▷ **Sensaciones curiosas**
Muchos adolescentes se masturban por primera vez por curiosidad sobre el sexo y sus sensaciones.

Una actividad normal

La masturbación es una actividad natural de la sexualidad humana. Puede practicarse en solitario o en compañía. Nadie debe sentirse presionado a masturbarse.

Algunas parejas se masturban mutuamente como parte de los juegos sexuales y algún miembro de la pareja puede seguir masturbándose por su cuenta.

La masturbación es beneficiosa porque mejora la imagen corporal y actúa como paliativo del estrés. También produce placer a las personas que deciden no tener relaciones sexuales.

FALSOS MITOS

Mitos sobre la masturbación

No es algo de lo que avergonzarse. La masturbación es normal, natural y corriente. No hay que sentirse mal o culpable.

No perjudica. La masturbación no es emocional, física o mentalmente nociva.

No afecta la capacidad de tener hijos. No tiene impacto sobre la fertilidad de una persona.

◁ **Oportunidad de experimentar**
La masturbación es una forma de experimentar y descubrir qué produce o no placer.

Con frecuencia o nunca

La frecuencia con la que una persona se masturba depende de ella misma. Puede ser tan frecuente como varias veces al día o nunca. No tiene riesgos para la salud. Solo se convierte en un problema cuando interfiere en la vida cotidiana o se práctica en público.

▷ **Equilibrio sano**
Los adolescentes deben encontrar un equilibrio sano y asegurarse de que la masturbación no interfiere en otros aspectos de su vida.

Privacidad

La masturbación es generalmente una actividad privada. Un adolescente no tiene por qué contárselo a alguien si no quiere. Ser pillado o pillar a alguien masturbándose puede resultar embarazoso, pero lo mejor es reírse y no darle mayor importancia.

La masturbación nunca debe practicarse en público. Nadie debe avergonzarse, pero lo mejor es reconocer que es un acto íntimo y no todo el mundo se siente cómodo.

△ **Paz y tranquilidad**
Aunque la masturbación es normal y natural, debe practicarse en privado.

Tener fantasías

A algunas personas les gusta fantasear sobre temas sexuales para ayudarles a excitarse o experimentar un orgasmo. Pueden usar material pornográfico o novelas románticas mientras se masturban. Es normal tener fantasías, ya que pueden ayudar a las personas a explorar qué les gusta y les atrae.

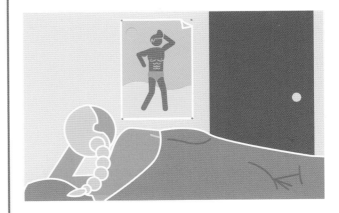

△ **Deseo y sueños**
Algunas personas piensan en alguien que les atrae o imaginan posiciones sexuales cuando se masturban.

Virginidad

Se es virgen si no se han tenido relaciones sexuales. La primera vez que una persona tiene sexo, se dice que ha perdido la virginidad.

VER TAMBIÉN	
Consentimiento	220–221 ❭
El coito	224–225 ❭
Sexo más seguro	230–231 ❭
Anticoncepción	232–233 ❭

¿Qué representa?

La virginidad puede significar cosas diferentes según las personas, porque el sexo también representa algo distinto para cada uno.

- Las personas deciden tener la primera relación sexual en diferentes etapas de su vida y de sus relaciones. Es una decisión personal importante.
- A veces se define perder la virginidad como la primera vez que se tiene sexo vaginal.
- Otras se define como la primera vez que se tiene sexo oral o anal.
- El hecho de ser o no virgen nada tiene que ver con el valor como persona, cualquiera que sea su edad.

△ **Diferente para cada uno**
Con solo mirar a una persona no se puede saber si ya ha tenido relaciones sexuales o es virgen.

Decidir tener relaciones sexuales

Cuando alguien se siente preparado, confiado y a gusto con su pareja, es más probable que la experiencia sea agradable. Una vez ambos deciden tener sexo, deben elegir dónde y cuándo, y tomar medidas anticonceptivas para prevenir infecciones de transmisión sexual (ITS) y el embarazo.

Es importante recordar que en la mayoría de los países existen legislaciones para proteger a los menores de relaciones sexuales demasiado tempranas. Esto no indica que se debería mantener sexo por primera vez a esta edad. Muchas personas esperan a ser mayores y sentirse preparadas.

△ **Tomar la decisión**
Lo más importante al decidir tener sexo es que ninguno de los dos se sienta presionado.

PARA LOS ADOLESCENTES

Hablar con tus padres

- Al hablar con tus padres sobre las relaciones sexuales diles la verdad y pídeles que respeten tu decisión.
- Si te aconsejan que no pierdas la virginidad, pregúntales sus razones. Pueden sugerir algo en lo que no habías pensado.
- Al iniciar una conversación sobre la virginidad, pregunta a tus padres cómo se sentirían si decidieras tener relaciones sexuales.

PARA LOS PADRES

Hablar con tu hijo

- Haz que la conversación sea relajada diciéndole que estás abierto a hablar de sexo.
- Tanto si estás de acuerdo con su decisión como si no presta atención a sus palabras. Explícale que quieres estar seguro de que su elección es informada y libre de presiones.
- Asesórale sobre los aspectos prácticos de un sexo seguro y de la importancia de la anticoncepción para evitar las ITS y el embarazo.

La primera vez

Para muchas personas, tener relaciones sexuales por primera vez es una práctica emocionante, extraña y estresante. La experiencia resultará grata si ambos miembros de la pareja se sienten relajados, emocionalmente preparados y físicamente excitados, pero si uno de ellos quiere parar en cualquier momento, el otro debe respetar esa decisión.

△ **Representación poco realista**
A diferencia de las películas, tener sexo por primera vez es un poco embarazoso e incómodo.

CONVIENE SABER

Qué esperar

- El acto sexual podría sentirse como algo raro o incómodo al principio, pero no debería ser doloroso.

- Si resulta doloroso para una mujer joven, lo más probable es que no esté suficientemente excitada y que la vagina no esté lubricada, lo que puede deberse a los nervios o a preliminares insuficientes.

- El sangrado de una mujer la primera vez que tiene sexo no se debe a la rotura del himen sino a la falta de lubricación vaginal y a desgarros en la pared vaginal.

- Los chicos no deben preocuparse por la duración del sexo ni por el orgasmo de su pareja. Es normal no sentirlo la primera vez que se mantienen relaciones sexuales y los nervios pueden hacer que no se alcance la erección, no se mantenga o dure poco.

- Las prácticas sexuales seguras son esenciales para evitar las infecciones de transmisión sexual (ITS) y el embarazo. Es posible contraer una ITS o quedarse embarazada la primera vez que se practica sexo.

CONVIENE SABER

Virginidad y estigma

Las personas que no han tenido relaciones sexuales son a veces retratadas en los medios como ingenuas o sexualmente reprimidas, mientras que las que sí las han tenido suelen aparecer como promiscuas o propensas a tomar riesgos. Además, persisten ideas y conceptos retrógrados según los cuales las mujeres no están interesadas en el sexo o deben mantenerse vírgenes, en tanto que a los hombres les gusta el sexo y deber ser sexualmente experimentados.

Estas creencias pueden hacer que las mujeres sientan que no deberían querer mantener o disfrutar de las relaciones sexuales y que los hombres se avergüencen de ser vírgenes.

No hay que olvidar que tener deseo sexual y querer practicarlo es algo natural del crecimiento, aunque muchas personas prefieren esperar a sentirse preparadas. Perder la virginidad debe ocurrir cuando la persona se sienta cómoda y sin importar su edad.

Decírselo a los demás

Es natural querer hablar de una decisión tan importante como tener relaciones sexuales por primera vez o querer pedir consejo a alguien antes o después de que suceda. Algunos adolescentes querrán contar a todos sus conocidos que han tenido relaciones sexuales por primera vez. Otros solo desearán explicárselo a alguien muy cercano.

▽ **Confidencias sobre sexo**
Hablar del tema puede aportar consejos y apoyo, pero es importante dejar claro que la conversación es privada.

Consentimiento

El consentimiento es una parte importante de cualquier relación sexual sana. Significa que, en determinado momento, alguien está de acuerdo en participar en un tipo específico de preliminares o relación sexual. Solo lo da quien quiere y puede darlo.

¿Qué significa consentir?

Una persona que consiente debe hacerlo por iniciativa propia y tener la libertad y la capacidad para tomar la decisión. Una pareja puede tardar en sentirse preparada, lo que debe respetarse. El consentimiento de ambos contribuirá a que la actividad sexual sea una experiencia segura, satisfactoria y sana.

▷ **Sin presiones**
El consentimiento es elegir por propia voluntad y sin presión.

PARA LOS ADOLESCENTES

Ser respetuoso

Tanto si estás iniciando una relación sexual con tu pareja como si ya es de larga duración, es importante hablar sobre qué os gusta y satisface a ambos. Es saludable y respetuoso expresar claramente qué esperáis del sexo y qué os resulta gratificante. Nunca hagas que tu pareja se sienta avergonzada. Es irrespetuoso criticar, estigmatizar el cuerpo o acomplejar al otro.

Siempre debes comprobar que la otra persona esté plenamente satisfecha con la relación sexual. Si no quiere tener preliminares o sexo, dile que no pasa nada, que te sigue interesando vuestra relación.

Pedir consentimiento

Es importante que cuando pidas el consentimiento de tu pareja no la presiones para que diga «sí». Aunque haya podido consentir la relación con anterioridad, puede que ahora el momento o la situación la hagan sentir incómoda. Evita que se sienta obligada a hacer algo que no quiera; por ejemplo, no hay que iniciar una actividad sexual sin el consentimiento de la pareja.

La forma más fácil y segura de pedir consentimiento es preguntar en voz alta a la pareja si está contenta y se siente cómoda con lo que están haciendo o van a hacer. Con esto se elimina cualquier incertidumbre, interpretación o presión. También le resulta más fácil a tu pareja decir «no» si así lo desea.

▷ **Ser claro**
Preguntar si la otra persona consiente es lo mejor para que ambos se sientan preparados y predispuestos.

Dar consentimiento

A veces se consiente con palabras y sonidos durante los preliminares. Pero hablar es la mejor manera de consentir. Confiar en el compañero o compañera significa que ambos miembros de la pareja se sienten relajados y seguros acerca de este tipo de conversación.

△ **Confianza y conocimiento mutuo**
Cuando la pareja genera confianza y se conoce mejor aprende qué les gusta y les hace disfrutar.

Cuando no se consiente

Cuando alguien dice «no» a los preliminares o a la relación sexual, significa que «no» es «no», que no se ha consentido. Si una persona quiere parar o hacer otra cosa, debe ser respetada. La falta de consentimiento no significa que se quiera terminar el encuentro sexual o que no haya interés en la otra persona. Se considera una agresión sexual o violación si un miembro de la pareja obliga al otro a hacer algo que no quiere.

Nadie debe pensar que decir «no» es un juego o una manera de «hacerse el interesante».

Si alguien consiente una vez, no significa que acepte otra vez este tipo de preliminares o de relación sexual. Una persona puede no sentirse cómoda en otras circunstancias.

El consentimiento de unos preliminares o de una relación sexual no significa que pueda aplicarse a otros tipos de actividad sexual. Diferentes personas se sienten cómodas con distintas cosas y gozar de una no implica hacerlo también con las demás.

A veces se pueden malinterpretar algunas señales o el lenguaje corporal lo que no implica consentimiento. Es importante aclarar qué significan realmente.

!ATENCIÓN!

Sin consentimiento

Las leyes sobre la edad de consentimiento varían de un país a otro. Una situación a la que nadie puede dar su consentimiento es la violación. Una persona no puede dar su consentimiento si:

- Es menor de cierta edad (en España son los 16 años).

- Está dormida o inconsciente, o si se duerme o se queda inconsciente durante el acto sexual.

- Si se ve amenazada o forzada. Esto puede ocurrir en una relación abusiva o en un ambiente de pandillas.

- Si está borracha o drogada.

- Si está enferma o tiene una discapacidad mental que no le permite comprender a qué debe consentir.

Incluso durante los preliminares o la relación sexual, cualquier miembro de la pareja puede cambiar de opinión y revertir su consentimiento. Si uno de los dos se siente extraño o incómodo y quiere parar, su pareja debe detenerse y no debe sentir ni culpa ni presión.

Es incorrecto asumir el consentimiento, si alguien tiene cualquier tipo de duda debe preguntar a su pareja si lo que quieren hacer está bien.

CONVIENE SABER

Actos no consentidos

La agresión sexual implica cualquier contacto íntimo o de comportamiento no deseado. Incluye un amplio espectro de delitos, desde el toqueteo y el acoso a la violación. No es legal.

El abuso sexual es un delito en el que una persona fuerza a otra a participar en una actividad sexual. Puede incluir presiones para que alguien enseñe sus genitales o dejar que se los toquen. Los abusadores sexuales suelen ocupar puestos de responsabilidad (puede ser un miembro de la familia, un maestro o un cuidador). Esto dificulta que la persona que sufre los abusos se lo diga a alguien de confianza en busca de ayuda, pero decirlo es muy importante para poner fin al abuso.

La violación es cualquier tipo de acto sexual sin consentimiento. Es un acto agresivo y violento que causa dolor físico y trauma emocional a la víctima.

La mutilación genital femenina (MGF) es un delito en el que los genitales femeninos son deliberadamente mutilados o alterados. Se suele llevar a cabo en condiciones insalubres y sin anestesia. Algunas culturas y religiones creen que practicar la MGF les permite controlar la sexualidad de las niñas. De hecho, la MGF es un maltrato que causa graves trastornos psicológicos y físicos (incluyendo infecciones y dolor constante). Las niñas de familias de las comunidades que practican la MGF corren un gran riesgo.

Intimidad

Estar emocional y físicamente cerca de alguien es una experiencia de afecto y pasión. La intimidad es un tipo de cercanía cálida y afectuosa, y forma parte natural de las relaciones románticas. Puede conducir a una relación sexual.

VER TAMBIÉN

❱ **198–199** Relaciones sanas
❱ **206–207** Sexualidad
❱ **220–221** Consentimiento
El coito **224–225** ❱

Besarse

Cuando dos personas se besan, acercan su espacio personal. Además de la sensación de tocar los labios, besar despierta los sentidos del olfato y el gusto de una persona.

◁ **Beso con lengua**
Un beso supone tocar los labios e introducir la lengua en la boca de la pareja.

Acariciarse

Cuando dos personas van intimando, las zonas que acarician y que les gusta que les acaricien se vuelven más personales. Desde tomarse de las manos a tocarse pueden ser actos placenteros e intensos.

▷ **Contacto corporal**
Tocar las partes íntimas puede comenzar por encima o bajo la ropa y luego desnudarse una vez que ambos se sientan preparados.

PARA LOS PADRES

Preocupaciones paternas

Puede ser estresante imaginar a tu hijo intimando con su pareja.

• Los adolescentes que hablan abiertamente con sus padres sobre sexo e intimidad es probable que retrasen la actividad sexual.

• Si tu hijo quiere tener relaciones sexuales, las tendrá por muchos esfuerzos que hagas para disuadirlo. Trata de enfatizar valores tales como el consentimiento y el respeto por la pareja, y aconséjale sobre el uso de anticonceptivos.

Preliminares

Como su nombre indica, los preliminares se producen antes del acto sexual, aunque no siempre. Incluye besarse y acariciarse para estimular la excitación sexual y significa un cierto grado de confianza en la otra persona. Los preliminares pueden ser satisfactorios en sí mismos, sin necesidad de avanzar hasta el acto sexual. Ayudan a la pareja a relajarse y prepararse para el coito.

△ **Tocamientos**
Los preliminares van más allá de besar y acariciar, pero no necesariamente conducen al sexo.

PARA LOS ADOLESCENTES

Hasta dónde

La gente se siente preparada para diferentes tipos y niveles de intimidad en distintos momentos. No ejerzas presión sobre ti mismo ni sobre tu pareja para hacer algo que os incomode. Intenta comprender y respetar lo que es correcto para ti y tu pareja. Asegúrate de que ninguno de vosotros acepta cualquier cosa porque se sienta presionado o torpe.

△ **Abierto y honesto**
Ambas partes deben sentirse completamente cómodas con el nivel de intimidad.

Zonas erógenas

Algunas partes del cuerpo son muy sensibles debido a su elevado número de terminaciones nerviosas. Son las zonas erógenas y pueden ser estimuladas para que una persona se sienta sexualmente excitada. Besar, acariciar y masajear las zonas erógenas produce deseo sexual.

△ Boca
Besar envía una oleada de información sensorial al cerebro y libera sustancias químicas, como la dopamina y la oxitocina, que desencadenan el deseo sexual.

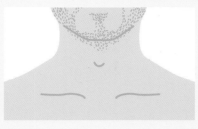

△ Cuello
Acariciar suavemente y besar el cuello puede causar excitación sexual.

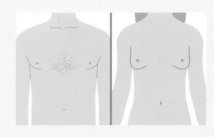

△ Pechos y pezones
La estimulación de los pezones excita sexualmente tanto a mujeres como a hombres. Los pezones responden a la excitación poniéndose duros.

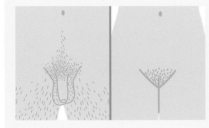

△ Genitales
La estimulación del pene en los hombres y del clítoris en las mujeres aumenta el flujo sanguíneo de estas zonas sensibles.

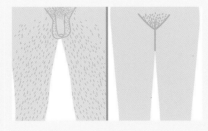

△ Interior de los muslos
Acariciar el interior de los muslos puede ser excitante. Forma parte de los juegos preliminares por su proximidad a los genitales. Estimula el flujo sanguíneo en la zona e incrementa la excitación sexual.

△ Nalgas y ano
Apretar o acariciar las nalgas causa excitación en algunas personas, al igual que la estimulación del ano.

Hablar de placer

La intimidad consiste en compartir algo personal con alguien, y así dar un beso y otras intimidades físicas es una calle de dos direcciones. La franqueza y la comunicación ayudarán a los individuos a comprender y aprender lo que les gusta a ellos y a sus parejas. Desde un cruce de miradas a la relación sexual, todo el mundo es diferente en cómo se excita sexualmente y qué nivel de intimidad quiere compartir.

◁ **La intimidad emocional**
Las intimidades emocional y física están fuertemente unidas: la una puede alimentar a la otra.

El coito

El coito, o relaciones sexuales, significa cosas diferentes para cada persona. Es un acto de intimidad física entre dos personas en el que intervienen los genitales. Puede ser muy placentero y un elemento importante de cualquier relación amorosa.

Sexo y consentimiento

La mayoría de los países tienen leyes sobre las relaciones sexuales que protegen los derechos de los jóvenes y las personas vulnerables. Es contrario a la ley obligar a alguien a mantener relaciones sexuales si no quiere y no consiente. La mayoría de los países fijan una edad legal de consentimiento, la edad a la que una persona puede consentir en tener relaciones sexuales.

CONVIENE SABER

Consentir

Ambos miembros de la pareja deben hablar y escuchar para asegurarse de que ambos están a gusto y desean continuar. Es importante contarse las sensaciones que se experimentan y parar si uno de los dos no se siente bien o está inseguro y prefiere no seguir adelante.

Coito vaginal

Se produce sexo vaginal cuando un hombre introduce el pene erecto en la vagina de una mujer. Una vez que el pene está dentro de la vagina, se retira parcialmente y se vuelve a introducir por completo. La repetición de este movimiento causa placer y puede llevar al orgasmo, a uno o a ambos miembros de la pareja.

Tanto el hombre como la mujer deben estar estimulados antes del coito vaginal, pues de lo contrario, puede ser incómodo. La estimulación hace que el pene esté erecto y duro, y la vagina, lubricada.

Cuando el hombre alcanza el orgasmo, eyacula (liberación de semen) en la vagina, si no se usan barreras protectoras. Algunos espermatozoides del semen pueden llegar al óvulo y producirse un embarazo.

▽ **Coito vaginal**
El coito vaginal entre un hombre y una mujer es la única relación sexual que puede terminar en embarazo.

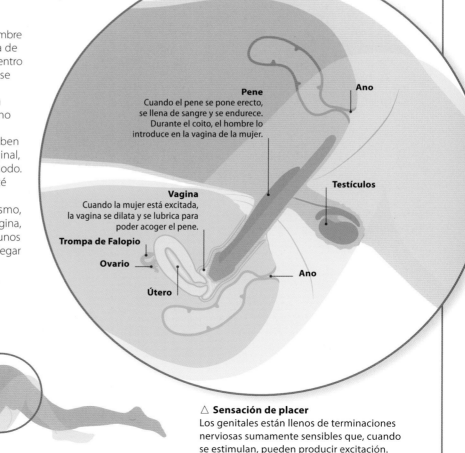

Pene
Cuando el pene se pone erecto, se llena de sangre y se endurece. Durante el coito, el hombre lo introduce en la vagina de la mujer.

Ano

Testículos

Vagina
Cuando la mujer está excitada, la vagina se dilata y se lubrica para poder acoger el pene.

Trompa de Falopio

Ovario

Ano

Útero

△ **Sensación de placer**
Los genitales están llenos de terminaciones nerviosas sumamente sensibles que, cuando se estimulan, pueden producir excitación.

Sexo oral

El acto de estimular los genitales de la pareja con la boca o la lengua se conoce como sexo oral. Este acto puede ser un tipo de relación sexual por sí mismo o formar parte de los preliminares para cualquier tipo de parejas. No todo el mundo encuentra placer en el sexo oral, y hay quien lo rechaza; esto depende de las preferencias de ambos. Algunas personas lo disfrutan y muchas experimentan un orgasmo durante el mismo.

Sexo anal

Cualquier actividad sexual que involucre el ano se conoce como sexo anal. Puede ser un tipo de relación sexual por sí mismo o formar parte de los preliminares para todo tipo de parejas. Es importante acordar qué quiere cada miembro de la pareja. Algunas personas no quieren practicar sexo anal, pero otras lo disfrutan y experimentan un orgasmo durante el mismo. Es importante no tener sexo vaginal después del sexo anal sin lavar el pene o cambiar el condón.

Conversaciones sinceras

Hablar de sexo puede resultar embarazoso para todos, pero es mejor que los adolescentes conozcan este tema a través de sus padres a que obtengan información incorrecta a través de amigos o en internet. Algunos padres creen que hablar de sexo anima a los hijos a mantener relaciones sexuales, pero no hay pruebas de que sea así. De hecho, se ha comprobado que hablar abiertamente de ello reduce la incidencia de las ETS y las tasas de embarazo de adolescentes.

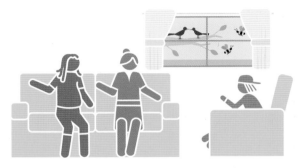

▷ **Conversaciones incómodas**
Hablar de sexo es a menudo embarazoso, y tanto los adolescentes como los padres pueden sentirse incómodos, pero lo mejor es reconocerlo y reírse en lugar de dejar que impida la comunicación.

PARA LOS ADOLESCENTES

Hablar con tus padres sobre el sexo

- Aunque probablemente hables con frecuencia sobre sexo con tus amigos, es recomendable que también lo hagas con tus padres. Ellos pueden verificar que tengas la información correcta.

- Pregúntales primero sobre relaciones.

- Piensa de antemano qué les vas a decir: ¿necesito consejos sobre la anticoncepción? ¿Solo siento curiosidad? ¿Quiero saber algo en concreto?

- Si te preocupa que tus padres reaccionen negativamente o se nieguen a tratar del tema, es quizá mejor que hables con un adulto de confianza, como un profesor.

PARA LOS PADRES

Hablar con tu hijo de sexo

- Es mejor hablar con tu hijo sobre el sexo lo antes posible y sobre todo antes de que sea sexualmente activo. La información que le des variará en función de su grado de madurez, pero cuanto más joven sea, menos probable es que esté a la defensiva o que se sienta incómodo.

- Habla de ello por partes a lo largo del tiempo. Utiliza lo que aparece en la televisión o en las noticias al sacar el tema.

- Si no quieres hablar de ello en persona, dale recursos que contengan información rigurosa para que pueda contrarrestar lo que le llega desde la red o a través de amigos.

Orgasmos

Un orgasmo es la culminación del placer sexual. Tras un período de excitación, la pareja puede alcanzar el orgasmo (por separado o juntos), experimentando un cúmulo de sensaciones de placer. Después, usualmente se siente liberación sexual y relajación.

VER TAMBIÉN

❮ **216–217** Masturbación
❮ **222–223** Intimidad
❮ **224–225** El coito
ITS   **234–237** ❯

Estimulación

Una persona puede sentirse sexualmente estimulada ya sea por estar en una situación erótica con otra persona o por fantasear sobre ella. Qué y quién estimula sexualmente a una persona depende solo de ella. Durante la estimulación sexual, aumenta el flujo sanguíneo hacia los genitales, provocando la erección del pene en el hombre y que el clítoris de la mujer se hinche y vuelva más sensible. Millones de terminaciones nerviosas envían mensajes al hipotálamo que libera más endorfinas, la hormona natural que rige la sensación de bienestar.

△ **Camino al placer**
La excitación sexual puede durar de unos minutos a varias horas.

Orgasmos

Cuando la excitación alcanza el clímax, conocido como orgasmo, una persona experimenta una intensa oleada de placer y liberación, seguida de relajación. Durante el orgasmo, el cerebro se inunda de oxitocina, una hormona que hace que la persona se sienta a gusto intimando con su pareja, y de dopamina, que genera sensaciones de placer. Un orgasmo va casi siempre acompañado de eyaculación (liberación de fluido) en los hombres y de manera ocasional en las mujeres.

△ **Placer intenso**
Un orgasmo puede sentirse como pérdida de control, acompañada de una explosión de placer.

Hablar del tema

Hay cosas que pueden gustar a unas personas y a otras no. Hablar de ello con la pareja sexual no debe ser motivo de vergüenza. Lo que cada persona encuentra erótico y placentero varía mucho y por ello es importante hablar de intimidad y de lo que le gusta a cada uno.

▷ **Abiertos y sinceros**
Los miembros de la pareja deben ser sinceros si algo no les gusta.

CONVIENE SABER

Fingir el orgasmo

Algunas personas fingen orgasmos por temor a no poder alcanzar el clímax o porque les preocupa herir los sentimientos de su pareja. Sin embargo, mentir sobre los orgasmos puede afectar de manera negativa la actividad sexual futura con la pareja. Siempre es mejor ser sincero.

Ciclo de respuesta sexual

El ciclo de respuesta sexual se desarrolla en cuatro fases.

1. Excitación

Con la estimulación sexual, aumenta el flujo sanguíneo a los genitales, se tensa la musculatura y sube el ritmo cardíaco. En los hombres, el pene se pone erecto y los testículos se hinchan. En las mujeres, comienza la lubricación vaginal.

2. Meseta

La musculatura de las nalgas se contrae y la respiración y el ritmo cardíaco siguen siendo rápidos. En el hombre, el glande se hincha y los testículos se retraen. En la mujer, la vagina y el clítoris se contraen rítmicamente. Esta fase lleva al orgasmo.

3. Orgasmo

En esta fase, la oxitocina y la dopamina se liberan en el cerebro, causando placer. En los hombres, y a veces en las mujeres, se produce la eyaculación. Hay personas que experimentan el orgasmo solo en los órganos sexuales y otras en todo el cuerpo.

4. Resolución

Terminado el coito, el cuerpo vuelve a su funcionamiento normal, aunque a veces se produce una sensación de relajación o fatiga.

Orgasmo

Hombres y mujeres experimentan orgasmos de maneras similares, aunque hay diferencias clave en la duración, la eyaculación y la fase de resolución.

El orgasmo masculino

- Músculos de manos y pies empiezan a contraerse.
- Contracciones rítmicas en la base del pene, 4-6 veces por orgasmo, producen la eyaculación del semen desde el pene.
- Aunque la mayoría de los hombres experimentan el orgasmo como resultado del coito, es importante recordar que algunos requieren estimulación adicional.
- Alrededor de la mitad de la erección se pierde inmediatamente después de la eyaculación y desaparece por completo poco después.
- Después de un orgasmo, es difícil que un hombre experimente otra erección hasta pasado un rato.

El orgasmo femenino

- Contracciones musculares en la vagina, suelo pélvico, ano y útero, por lo general 6-10 veces por orgasmo.
- La estimulación sexual puede prolongarse antes de que las mujeres experimenten un orgasmo durante el coito.
- Aunque algunas mujeres alcanzan el orgasmo con el coito vaginal, muchas otras requieren una variedad de formas de estimulación de los genitales, además de, o en lugar de, sexo vaginal.
- Las mujeres pueden tener una sucesión de orgasmos.

Eyaculación

La eyaculación es un acto reflejo que acompaña el orgasmo. Es la liberación de fluido por los genitales.

Eyaculación masculina

Consiste en la liberación de semen por el pene durante el orgasmo. El semen contiene la célula germinal, el esperma, que se produce y almacena en los testículos. Los conductos que almacenan y transportan el semen se contraen para conducir el fluido hacia la base del pene, cuyos músculos se contraen y empujan el semen fuera del pene. En algunos hombres el semen sale en forma de chorro mientras que en otros gotea. Ambos son normales.

Eyaculación femenina

Consiste en la liberación involuntaria de fluido durante o antes del orgasmo. Algunos investigadores creen que el líquido contiene algo de orina; es normal y natural, y no debe preocupar. Tanto si una mujer eyacula como si no, no afecta la intensidad de un orgasmo. La cantidad de fluido también varía en cada persona.

Reproducción sexual

Los cambios que se producen en los jóvenes durante la pubertad preparan su cuerpo para que puedan reproducirse cuando sean mayores.

¿Qué es la reproducción sexual?

Es el resultado de la fusión de dos células germinales, el óvulo femenino y el esperma masculino para producir un embrión. Durante el coito, el esperma es eyaculado por el pene en la vagina y viaja a través del útero. Los hombres producen millones de espermatozoides; uno solo se puede fertilizar el óvulo. La fusión del óvulo y el espermatozoide forma el cigoto que crece y se divide. A los 3-4 días, estas células dejan la trompa de Falopio, entran en el útero y se fijan en su pared, donde se convierten en un embrión.

△ **Esperma**
Célula germinal masculina. Durante el orgasmo, hasta 250 millones de espermatozoides pueden ser eyaculados por el pene en la vagina en un fluido llamado semen.

△ **Óvulo**
Célula germinal femenina. Uno de los dos ovarios libera en promedio un óvulo cada 28 días en un proceso llamado ovulación.

▽ **Fecundación**
La fecundación se produce a través del coito vaginal, sin anticoncepción y cuando la mujer ha liberado un óvulo.

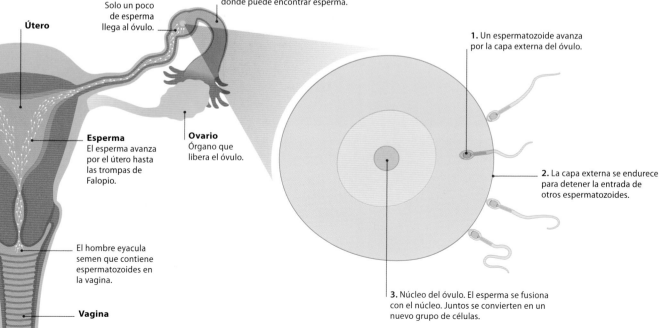

Trompa de Falopio
Un óvulo viaja por la trompa de Falopio, donde puede encontrar esperma.

Útero

Solo un poco de esperma llega al óvulo.

1. Un espermatozoide avanza por la capa externa del óvulo.

Esperma
El esperma avanza por el útero hasta las trompas de Falopio.

Ovario
Órgano que libera el óvulo.

2. La capa externa se endurece para detener la entrada de otros espermatozoides.

El hombre eyacula semen que contiene espermatozoides en la vagina.

Vagina

3. Núcleo del óvulo. El esperma se fusiona con el núcleo. Juntos se convierten en un nuevo grupo de células.

CONVIENE SABER

Fecundación asistida

A algunas parejas que desean tener hijos no les resulta fácil llegar al embarazo. Quedar embarazada se conoce como concepción y no concebir, como infecundidad. Esta puede tener muchas causas y distintos tratamientos. Algunas mujeres no producen óvulos con regularidad, lo que a menudo puede ser tratado mediante estimulación de los ovarios o con fármacos. En otros casos, las trompas de Falopio pueden estar bloqueadas, lo que impide que el esperma y el óvulo se junten. Al igual que otros problemas del útero, puede tratarse con cirugía. Algunos hombres no producen suficientes espermatozoides; existen varias alternativas para resolver esta anomalía.

La fecundación in vitro (FIV) es un método clínico utilizado a menudo para ayudar a las parejas que no pueden concebir de forma natural. Supone la extracción de óvulos de los ovarios para su fecundación con esperma in vitro en una placa de Petri o una probeta. Si se produce la fecundación el embrión se coloca en el útero y se inicia la gestación.

Gestación

De la fecundación al nacimiento, el embarazo dura una media de 40 semanas. Este proceso se conoce como período de gestación.

12 semanas

12 semanas después de la concepción, la placenta, que aporta oxígeno y nutrientes al feto, ya está formada.

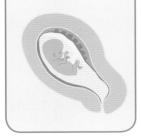

20 semanas

El feto mide unos 25 cm. Puede oír sonidos del mundo exterior y empieza a desarrollar el sentido del movimiento.

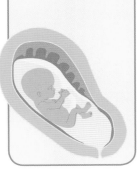

26 semanas

Se desarrollan los pulmones y el cerebro. El feto puede estar dormido y despierto. Se mueve mucho y puede responder a la luz, el tacto y el sonido.

32-42 semanas

El bebé se gira para ponerse cabeza abajo preparado para el nacimiento. Durante el parto, los músculos del útero y la vagina se contraen para empujar el bebé hacia el exterior.

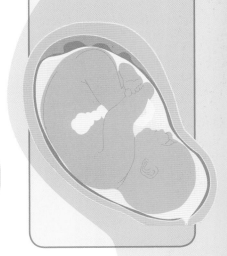

Sexo más seguro

Sexo más seguro significa mantener relaciones sexuales de manera que se reduzca el riesgo de infecciones de transmisión sexual (ITS) y embarazo. Existen numerosas opciones para un sexo más seguro, incluyendo el uso de anticonceptivos de barrera, la elección cuidadosa de pareja sexual y evitar ciertas prácticas sexuales.

¿Qué significa sexo seguro?

Para un sexo más seguro las relaciones sexuales deben reducir al mínimo el riesgo de contraer ITS. Dado que ningún método de protección es cien por cien seguro, se le llama «sexo más seguro», en lugar de «sexo seguro». El sexo más seguro va dirigido sobre todo a limitar la propagación de ITS aunque también reduce el riesgo de embarazo. Las ITS pueden ser bacterianas, parasitarias o virales y se transmiten durante el contacto sexual con una persona que ya sufre la infección. Muchos tipos de ITS no presentan ningún síntoma visible.

CONVIENE SABER

Eficacia

Ningún método de protección tiene garantizada su total seguridad. Sin embargo, pueden ayudar a reducir el riesgo de ITS. La única manera de estar seguro de no contraer ITS o quedar embarazada es no tener relaciones sexuales, o abstinencia.

◁ **Ser consciente**
Como las ITS no suelen presentar síntomas, las personas sexualmente activas deben conocer los riesgos y tomar precauciones para no contagiarse.

Sexo inseguro

Las relaciones sexuales sin una protección adecuada contra el riesgo de infecciones de transmisión sexual son inseguras. A veces son intencionadas, por ejemplo, cuando una pareja decide tener relaciones sexuales sin usar condón, pero en otras ocasiones puede producirse un fallo, por ejemplo, cuando un condón se rompe debido a un uso incorrecto.

Con independencia de las circunstancias, es esencial actuar de inmediato después de un coito sin protección. El primer paso es acudir a un centro sanitario para someterse a una prueba de ITS, ya que el tratamiento es más eficaz si se recibe cuanto antes. Como muchas ITS no se diagnostican de inmediato, las parejas deben usar anticonceptivos de barrera durante las relaciones hasta que se confirme que no tienen ningún tipo de infección.

CONVIENE SABER

Anticoncepción de emergencia

Si una pareja quiere evitar un embarazo, no ha practicado sexo seguro o ha fallado su método anticonceptivo, puede obtener anticoncepción de emergencia en un centro sanitario o farmacia. Este método se conoce como la píldora del día después. Para que sea eficaz la anticoncepción de emergencia debe tomarse dentro de 72-120 horas después del coito.

◁ **No preocuparse**
Las posibles consecuencias de unas relaciones sexuales no protegidas generan estrés y preocupación a la pareja; lo mejor es tomar precauciones y estar preparados para actuar si algo falla.

Practicar sexo seguro

Las ITS pueden transmitirse a través de los preliminares y en todo tipo de relaciones sexuales. Se transmiten por contacto con los genitales o el intercambio de fluidos corporales (sangre, semen y descargas vaginales o anales). Existen varios métodos para reducir el riesgo de contraer o transmitir una ITS. Estos son solo algunos de ellos:

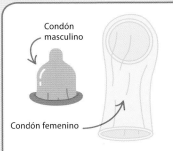

Condón masculino

Condón femenino

Uso de anticonceptivos de barrera

El uso del condón es probablemente la forma más fácil de protegerse contra las ITS. Pero no olvides que algunas pueden ser transmitidas por contacto con otras partes del cuerpo y con fluidos corporales.

Pruebas regulares de ITS

Algunas enfermedades de transmisión sexual no presentan síntomas visibles, por lo que si una persona es activa sexualmente debe hacerse pruebas regularmente por si acaso.

Evitar algunas prácticas sexuales

El sexo es la forma más común de transmitir una ITS, por lo que limitarse a actividades de bajo riesgo, tales como la masturbación o los juegos preliminares, reduce el riesgo de contraer una ITS.

Elección de pareja

Practica sexo más seguro la persona que se niega a tener relaciones sexuales con una potencial pareja que mantiene otras relaciones o hasta que se haya relizado pruebas de ITS.

Evitar alcohol y drogas

Consumir alcohol y drogas afecta la capacidad de discernimiento. Alguien que ha decidido limitarse a la masturbación, a juegos preliminares o a usar condón, puede terminar participando en relaciones sexuales insanas bajo los efectos de alcohol y drogas.

Abstinencia

La abstinencia es la decisión de no tener relaciones sexuales ni participar en ningún tipo de actividad sexual. Si se practica adecuadamente, es el único método cien por cien eficaz contra las ITS. Si un adolescente decide no tener sexo, debe respetarse su decisión.

Anticoncepción

La anticoncepción consiste en una serie de métodos que pueden utilizar las parejas para reducir las posibilidades de embarazo. Ningún método es totalmente eficaz. Ambos miembros de la pareja son responsables del uso correcto de los anticonceptivos.

VER TAMBIÉN	
❰ **220–221** Consentimiento	
❰ **228–229** Reproducción sexual	
❰ **230–231** Sexo más seguro	
ITS	**234–237** ❱

Métodos anticonceptivos

Hay dos tipos de método principales: de barrera y hormonales. Los de barrera, que incluyen el condón masculino y femenino, y el diafragma, impiden físicamente que el esperma llegue al óvulo. Los hormonales, tales como la píldora, actúan de diferentes maneras, ya sea impidiendo que los ovarios liberen óvulos o evitando que el esperma fecunde el óvulo. Todos pueden obtenerse de forma privada y anónima en un centro sanitario y algunos pueden comprarse en farmacias.

△ **Ventajas y desventajas**
Antes de decidirse, los adolescentes deben valorar los pros y contras de cada método anticonceptivo.

Condones masculinos

El condón masculino recubre el pene erecto durante el acto sexual y proporciona una barrera anticonceptiva física. Funciona mediante la «captura» del semen para que no penetre en la vagina. Los condones también protegen contra las infecciones de transmisión sexual (ITS), incluido el VIH.

Siempre debe utilizarse una sola una vez. Tras el coito vaginal, el hombre debe retirar el pene antes de que pierda la erección. Debe ser atado y arrojado a la basura (nunca el inodoro). Si presenta algún desperfecto, debe desecharse y sustituirse por uno nuevo, ya que es ineficaz.

¡ATENCIÓN!

Uso seguro del condón masculino

Los condones son fáciles de usar y surten efecto de inmediato, pero deben ser utilizados correctamente.

- Si ocurre contacto entre el pene y la vagina antes de utilizar el condón, puede producirse un embarazo.

- Los lubricantes a base de aceites dañan el material con que se fabrica el condón y elevan el riesgo de fallo.

- Los condones tienen una fecha de caducidad después de la cual no deben usarse.

Cómo usar el condón

Para usar un condón masculino correctamente:

- El usuario debe estar excitado porque el condón solo puede utilizarse en un pene erecto.

- El condón debe tener el tamaño correcto para que encaje cómodamente y con seguridad en el pene erecto, sin estar apretado o flojo; si no, puede romperse y salirse en el coito.

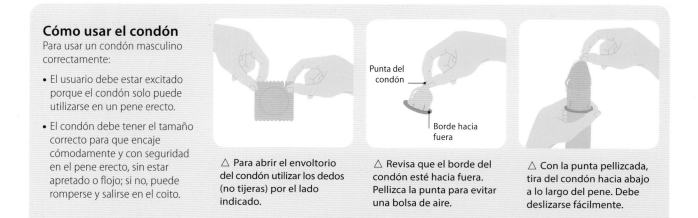

Punta del condón

Borde hacia fuera

△ Para abrir el envoltorio del condón utilizar los dedos (no tijeras) por el lado indicado.

△ Revisa que el borde del condón esté hacia fuera. Pellizca la punta para evitar una bolsa de aire.

△ Con la punta pellizcada, tira del condón hacia abajo a lo largo del pene. Debe deslizarse fácilmente.

Anticonceptivos femeninos de barrera

Los condones femeninos y los diafragmas son anticonceptivos de barrera que funcionan de forma similar a los condones masculinos y crean una barrera temporal entre los espermatozoides y el útero. Pueden utilizarse un tiempo antes del acto sexual y no tienen que retirarse inmediatamente después.

Un anillo suave y flexible mantiene el condón ajustado dentro de la vagina.

◁ **Condón femenino**
Se trata de una funda que se inserta en la vagina y se mantiene ajustada mediante un anillo suave. Reducen el riesgo de contraer una ITS.

Extremo abierto

◁ **Diafragma**
Disco blando de silicona que se coloca en la vagina y cubre el cérvix para evitar la entrada de esperma en el útero. Existen varios tamaños según cada persona. Puede lavarse y reutilizarse.

Anticonceptivos hormonales

Actúan sobre los niveles hormonales de las mujeres con el fin de detener los procesos que pueden originar un embarazo. El tipo más común de anticonceptivo hormonal es la píldora, pero hay otros métodos como parches, anillos, implantes transdérmicos e inyecciones. Existen muchos tipos disponibles. Algunos impiden que los ovarios liberen los óvulos, mientras que otros evitan que los espermatozoides fecunden el óvulo.

Son muy eficaces para prevenir los embarazos, siempre y cuando se apliquen regularmente y a tiempo, pero todos son ineficaces contra las ITS.

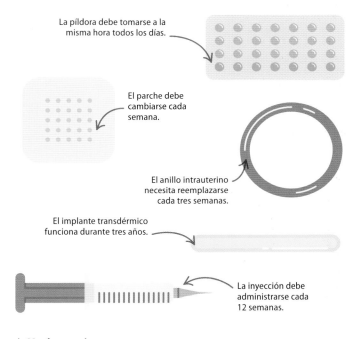

La píldora debe tomarse a la misma hora todos los días.

El parche debe cambiarse cada semana.

El anillo intrauterino necesita reemplazarse cada tres semanas.

El implante transdérmico funciona durante tres años.

La inyección debe administrarse cada 12 semanas.

△ **Muchas opciones**
Hay muchos tipos de anticonceptivos hormonales como píldoras, parches, anillos, implantes transdérmicos e inyecciones.

Píldora anticonceptiva de emergencia

A veces llamada píldora del día después, está diseñada para utilizarse solo tras mantener relaciones sexuales sin protección o cuando el método anticonceptivo no ha funcionado, por ejemplo si se rompe el condón. Debe tomarse en las 72 o 120 horas posteriores al coito (según el tipo de píldora), ya que su eficacia disminuye con el tiempo. La mayoría de las píldoras previenen el embarazo al bloquear la liberación del óvulo, impedir que los espermatozoides fecunden el óvulo o evitar la implantación del óvulo fecundado en el útero.

▷ **Actuar con rapidez**
No es necesario tomar la píldora del día después inmediatamente tras el coito, sino tan pronto como sea posible después de las relaciones sexuales sin protección. Se puede obtener, a menudo de forma gratuita, en un centro sanitario o en una farmacia.

ITS bacterianas y parasitarias

VER TAMBIÉN

❬ **224–225** El coito

❬ **230–231** Sexo más seguro

❬ **232–233** Anticoncepción

ITS virales   **236–237** ❭

Las infecciones de transmisión sexual (ITS), también conocidas como enfermedades de transmisión sexual, se contagian por el coito vaginal, oral o anal. Entre sus causas están las infecciones bacterianas y parasitarias.

Pruebas de ITS

También denominadas «pruebas de detección», no todas las ITS causan síntomas. Si un adolescente ha mantenido relaciones sexuales sin protección o está preocupado por si pudiera tener una ITS, debe visitar a un médico o centro sanitario para tener un diagnóstico. Estos centros son confidenciales y están disponibles para todo el mundo de cualquier sexo y edad. Los resultados de algunas pruebas son instantáneos, otros tardan unas semanas. Si dan positivo, se debe recibir tratamiento e informar a la pareja actual y a las anteriores.

CONVIENE SABER

Qué esperar

La detección de una ITS comporta un análisis de sangre u orina, una muestra de la uretra o la vagina, o un examen genital. También pueden hacerte algunas preguntas:

- ¿Por qué crees que puedes tener una ITS?
- ¿Cuándo fue la última vez que tuviste relaciones sexuales? ¿Has practicado sexo sin protección?
- ¿Notas algún síntoma?

ITS bacterianas

Las bacterias son microorganismos unicelulares presentes en el aire, el agua, sobre objetos y en el organismo. Pueden ser beneficiosas, por ejemplo, facilitando la digestión, pero tambén dañinas.

	Causas	Síntomas	Diagnóstico	Tratamiento
Clamidia	Se puede transmitir por una relación sexual vaginal, anal u oral sin protección, incluido el uso compartido de juguetes sexuales.	La mayoría de las veces no hay síntomas, pero puede dar dolor al orinar; secreción vaginal, anal o del pene; dolor abdominal; sangrado durante o después del acto sexual; sangrado entre reglas; dolor e hinchazón de los testículos. Si no se trata, puede causar problemas de salud potencialmente graves, incluida la infertilidad.	Consiste en una prueba de orina o una muestra de la zona afectada.	Antibióticos
Gonorrea	Se puede transmitir por una relación sexual vaginal, anal u oral sin protección, incluido el uso compartido de juguetes sexuales.	Dolor o sensación de ardor al orinar; secreción vaginal o del pene; dolor o mayor sensibilidad en el bajo vientre o testículos; dolor y/o sangrado durante o después del coito; sangrado entre reglas, o menstruaciones abundantes. Algunas personas no presentan síntomas. Si no se trata, puede causar problemas graves de salud a largo plazo, incluida la infertilidad.	Consiste en una prueba de orina o una muestra de la zona afectada.	Antibióticos
Sífilis	Se puede transmitir por una relación sexual vaginal, anal u oral sin protección, incluido el uso compartido de juguetes sexuales, o por contactos cutáneos con las erupciones producidas por la sífilis.	A veces no presenta síntomas. Algunos son: pequeñas erupciones indoloras o úlceras en la vagina, pene, alrededor del ano o en la boca; erupción en las palmas de las manos o plantas de los pies; erupción cutánea; manchas blancas en la boca; cansancio, dolor de cabeza, dolores articulares, fiebre alta e inflamación de las glándulas del cuello, las ingles o las axilas. Si no se trata, se puede extender al cerebro u otras partes del cuerpo, y causar problemas a largo plazo.	Análisis de sangre.	Antibióticos inyectados

ITS parasitarias

Los parásitos son organismos que viven sobre o en el interior de un huésped que utilizan de alimento. Causan enfermedades a las personas.

	Causas	Síntomas	Diagnóstico	Tratamiento
Ladillas o piojos púbicos	Se transmiten del vello púbico de una persona a otra por contacto corporal intenso, en la mayoría de los casos sexual. No pueden volar ni saltar.	Pueden pasar varias semanas antes de que aparezcan los síntomas. Los más frecuentes son: picor en zonas infectadas; inflamación e irritación causada por rascarse; polvo negro en la ropa interior; manchas azules o pequeñas manchas de sangre en la piel por picaduras. El picor puede provocar irritación o infecciones cutáneas. Si se infectan las pestañas pueden darse infecciones oculares.	Generalmente son fáciles de diagnosticar. Los médicos o enfermeras suelen utilizar una lupa para buscar señales de los piojos.	Consiste en la aplicación en casa de pomada, loción o champú y la eliminación del vello de la zona infectada. El tratamiento varía según evolucione la infección.
Sarna	Se produce por la introducción de ácaros diminutos en la piel. En general se extienden a través de períodos prolongados de contacto cutáneo o sexual.	Uno de los principales síntomas es el picor, que empeora por la noche, y también puede provocar inflamación e irritación de la piel, causando infecciones cutáneas secundarias. A veces aparece una erupción cutánea en las áreas donde se han instalado los ácaros.	Consiste en la identificación de los túneles de los ácaros y la utilización de marcas con tinta para hacerlos visibles.	Se trata con la aplicación de pomada tópica por todo el cuerpo.
Tricomoniasis	La transmite un diminuto parásito que sobre todo infecta la vagina y la uretra de las mujeres, y la uretra, o a veces el glande y la glándula de la próstata, de los hombres. En general, se contagia por tener relaciones sexuales sin protección o compartir juguetes sexuales no limpios. También por la práctica de sexo oral o anal, el asiento del inodoro, o por contacto cutáneo.	Los más frecuentes son: una secreción vaginal anormal; secreción fina y blanquecina del pene; dolor, inflamación y picazón alrededor de la vagina o el glande; dolor o molestias al orinar, durante la relación sexual o al eyacular; necesidad de orinar con más frecuencia.	Puede diagnosticarse mediante el examen de los genitales y una prueba de laboratorio de una muestra de las zonas genitales afectadas.	En la mayoría de los casos puede ser tratada con antibióticos, por lo general; se toman dos veces al día durante cinco a siete días.
Vaginitis	Infecciones bacterianas o parasitarias, entre ellas la candidiasis, o factores irritantes.	Inflamación de la vagina que puede causar picor, molestias y secreción. Los síntomas incluyen secreciones vaginales con olor desagradable y picor; dolor al orinar o durante la relación sexual; ligero sangrado o manchado.	Examen médico o de enfermería de las pruebas basadas en los síntomas.	El tratamiento depende de la causa. Las infecciones parasitarias se tratan con fungicidas y las bacterianas con antibióticos.

ITS virales

Las infecciones de transmisión sexual (ITS), también conocidas como enfermedades de transmisión sexual (ETS), se contagian por coito vaginal, oral o anal. Entre sus causas están las infecciones virales.

VER TAMBIÉN

❮ **224–225** El coito
❮ **230–231** Sexo más seguro
❮ **232–233** Anticoncepción
❮ **234–235** ITS bacterianas y parasitarias

ITS virales

Un virus es un microorganismo que se multiplica dentro de las células de otros organismos y puede causar daños graves. A diferencia de las bacterias y los parásitos, los virus no sobreviven fuera de un huésped, en cuyo interior se multiplican. Se introducen en el cuerpo a través del medio ambiente o por contacto con otras personas.

	Causas	Síntomas	Diagnóstico	Tratamiento
Hepatitis B	Infección hepática por virus que se transmite a través de fluidos corporales. Se contagia por relaciones sexuales sin protección, pero también por la sangre y otros fluidos corporales, y por vía perinatal; por uso compartido de jeringas en el consumo de drogas; instrumental de tatuaje o piercing inadecuados, o por compartir cepillos de dientes o maquinillas de afeitar infectados.	Los síntomas pueden incluir llagas dolorosas alrededor de los genitales y zona anal, la nariz y la boca (herpes labial).	La hepatitis B puede ser grave, por lo que es importante obtener consejo médico si hay una posibilidad de infección. Se diagnostica con un análisis de sangre.	En los casos de mayor riesgo se aplica una vacuna. El tratamiento varía según el tiempo transcurrido desde la exposición al virus por primera vez. Tras seis meses, la infección es incurable, pero existen medicamentos para controlar y reducir daños hepáticos.
Herpes genital	Lo produce el virus del herpes simple (VHS), que puede contagiarse mediante el contacto cutáneo. Permanece latente (inactivo) la mayor parte del tiempo. Algunos factores desencadenantes, como una enfermedad, estrés o alcohol, reactivan el virus, causando ampollas. Es muy contagioso, especialmente si la persona infectada tiene llagas.	Con frecuencia se desarrollan pequeñas ampollas o llagas dolorosas, que pueden causar picor y sensación de hormigueo, o dolor al orinar.	Un médico o enfermera pueden diagnosticar el herpes genital en función de los síntomas visibles.	No existe curación, pero los síntomas por lo general se pueden controlar con el uso de medicamentos antivirales.
Verrugas genitales	Las causa el virus del papiloma humano (VPH). Se transmiten por contacto cutáneo.	Pueden aparecer pequeñas manchas de color carne alrededor del área genital o anal, y originar procesos cancerígenos. No suelen causar dolor, pero pueden producir picor, enrojecimiento o sangrado.	Consiste en un examen sencillo por un médico o enfermera con el uso de una lupa.	Se trata con pomadas o la congelación de las verrugas (crioterapia). Existe una vacuna para mujeres de 12-13 años contra el VPH, causa principal del cáncer de cérvix (cuello del útero).

VIH y sida

VIH significa virus de inmunodeficiencia humana. Ataca el sistema inmunitario y debilita la capacidad del organismo para combatir infecciones y enfermedades. El VIH se transmite por la práctica de relaciones sexuales sin protección, el intercambio de jeringas contaminadas, o por fluidos corporales que se transfieren de una persona infectada a otra. Se contagia a través de la leche materna, la sangre, el semen, y secreciones vaginales y anales. El virus no afecta la saliva, el sudor o la orina y no sobrevive fuera del cuerpo humano.

No se cura, pero el diagnóstico y tratamiento precoz pueden evitar que se convierta en sida (síndrome de inmunodeficiencia adquirida). Esta es la última etapa del VIH, cuando el sistema inmunitario está muy dañado, y el organismo es vulnerable a las infecciones de alto riesgo para la vida.

CONVIENE SABER

Síntomas del VIH

- Fatiga crónica y dolor articular
- Tos y dificultad respiratoria
- Diarrea
- Dolor de garganta
- Fiebre, escalofríos y sudores nocturnos
- Náuseas y vómitos
- Pérdida de peso
- Llagas en boca o genitales y erupciones

Pruebas de ITS

Acudir regularmente a un centro sanitario es una buena práctica ya que algunas ITS no presentan síntomas. Si un adolescente ha tenido relaciones sexuales sin protección, o si está preocupado por si puede tener una ITS, es esencial que concierte una cita con un médico o visite un centro médico lo antes posible.

Los centros sanitarios respetan la confidencialidad y están disponibles para todo el mundo de cualquier sexo y edad. Los resultados de algunas pruebas son instantáneos, otros tardan varias semanas. Si dan positivo, se debe recibir tratamiento e informar a la pareja actual y a las anteriores.

CONVIENE SABER

Qué esperar

La detección de una ITS comporta un análisis de sangre u orina, una muestra de la uretra o la vagina, o un examen genital. También pueden hacerte algunas preguntas:

- ¿Por qué crees que puedes tener una ITS?
- ¿Cuándo fue la última vez que tuviste relaciones sexuales? ¿Has practicado sexo sin protección?
- ¿Notas algún síntoma?

◁ **Vale la pena pasar vergüenza**
Es normal sentirse nervioso antes de ir a una prueba de ITS, pero un control regular permite mantenerse seguro y sano.

Embarazo

El embarazo es el resultado de relaciones sexuales sin protección y puede ser deseado o no. Es muy importante prestar apoyo a la mujer, adolescente o adulta, que se queda embarazada.

VER TAMBIÉN	
❮ **178–179** Afrontar los conflictos	
❮ **198–199** Relaciones sanas	
❮ **228–229** Reproducción sexual	
Embarazo y opciones	**240–241** ❯

Cuándo puedes o no quedarte embarazada

La relación sexual no termina siempre en un embarazo, pero un solo espermatozoide puede fertilizar un óvulo. Hay que ser pues consciente de cómo la mujer puede quedar embarazada.

Puedes quedar embarazada:

- Incluso si es la primera vez (lo contrario es un mito).
- Durante la menstruación (el esperma puede vivir hasta cinco días en el útero hasta que vuelves a ser fértil).
- Con la marcha atrás (antes de la eyaculación, el pene puede secretar un fluido que contenga esperma).
- Si el método anticonceptivo no se usa correctamente o falla (ninguno es cien por cien efectivo).

No puedes quedar embarazada:

- Con la masturbación, el sexo oral o anal. Pero puede producirse un embarazo si el semen eyaculado fuera del cuerpo de la mujer llega a la vagina.
- Si no se mantienen relaciones sexuales.

¿Estás embarazada?

El signo más evidente de embarazo es la primera falta. Otros indicadores también pueden ser síntomas del síndrome premenstrual. El método más fiable es hacerse una prueba de embarazo.

◁ Primera falta
Si una mujer mantiene relaciones sexuales y no le viene la regla, puede estar embarazada. Pero no es un indicador fiable para una adolescente, pues a esta edad los períodos menstruales suelen ser irregulares.

PARA LOS ADOLESCENTES

Si tu pareja está embarazada

A pesar de no llevar al bebé en tu vientre, tú y tu pareja estáis involucrados en el embarazo. Es importante que estés ahí para apoyar a tu compañera. Tienes que participar en cualquier decisión que haya que tomar conjuntamente. Por lo general lo mejor es informar a tus padres en busca de ayuda y apoyo.

△ Náuseas matutinas
Náuseas y/o vómitos aparecen en cualquier momento del día, no solo por la mañana.

△ Fatiga
Con el embarazo algunas mujeres se sienten cansadas, sin energía o concentración.

PARA LOS PADRES

Enterarse del embarazo de tu hija adolescente

Puede ser un shock enterarse de que tu hija o la pareja de tu hijo adolescente está embarazada. Hay grupos de apoyo que pueden ayudarte, sea cual sea tu decisión.

- Calma, tus críticas es lo que menos necesitan tus hijos.
- Puedes ayudarles a encontrar toda la información que van a necesitar con el fin de decidir qué quieren hacer a continuación.
- Incluso si no compartes sus opiniones acerca de cuál es la decisión que deben tomar, escúchales y ofréceles asesoramiento y orientación.

◁ **Prestar apoyo**
Es el momento en que tu hijo necesita oír que le quieres y que te importa.

PARA LOS ADOLESCENTES

Contarlo a los padres o pareja

Hospitales y médicos ofrecen consejo confidencial. Si estás embarazada (o crees que puedes estarlo), hablar con alguien de confianza te dará el apoyo que necesitas. Puede ser una perspectiva que te resulte angustiante, así que planea cuándo y cómo abordar el tema.

- Dar la noticia cuando estéis haciendo algo juntos, como ayudar en las tareas domésticas, hace que la conversación sea menos tensa.
- Mantén la conversación privada, a menos que creas que sería mejor comunicarlo en público por temor a su reacción.
- Mantén la calma y explica la situación en su totalidad; si no te angustias seguramente ellos tampoco lo harán.
- Respeta sus consejos, pero recuerda que eres tú quien debe tomar la decisión final.

▷ **Antojos de comida**
Algunas mujeres tienen raros antojos o aversión a ciertos alimentos, o sienten olores y sabores extraños.

▽ **Uso del inodoro**
A medida que el embarazo avanza, se produce un notable aumento del número de veces que la mujer necesita orinar a lo largo del día.

△ **Aumento de los senos**
Los pechos pueden crecer y ser sensibles al tacto.

Pruebas de embarazo

La mayoría de las pruebas de embarazo pueden realizarse desde el primer día de una falta menstrual o 21 días después de un encuentro sexual sin protección, aunque algunos test funcionan incluso antes. Las pruebas se compran en las farmacias, aunque algunos centros sanitarios las realizan de forma gratuita. Si el resultado es positivo, hay que buscar consejo médico lo antes posible. Un resultado negativo podría ser falso, así que hay que realizar una segunda prueba unos días más tarde si el período aún no ha comenzado.

◁ **Pruebas en casa**
Leer el prospecto de cada prueba para asegurarse de que se usa correctamente.

Embarazo y opciones

Decidir qué hacer con un embarazo no planificado puede ser estresante y angustiante. Hay tres opciones, cada una con sus ventajas e inconvenientes.

VER TAMBIÉN

❮ **198–199** Relaciones sanas
❮ **224–225** El coito
❮ **228–229** Reproducción sexual
❮ **238–239** Embarazo

Opciones

Tanto si el embarazo es planificado como si no, siempre hay mucho que pensar. Decidir qué hacer depende de los valores personales y circunstancias económicas, así como de las perspectivas de estudio y profesionales. Algunas personas deciden de inmediato mientras que otras necesitan más tiempo. A muchas jóvenes les resulta útil discutir las opciones con sus padres, así como con su pareja. La comprensión de las opciones disponibles y las consecuencias de convertirse en madre ayudan a tomar la decisión.

FALSOS MITOS

La verdad sobre las decisiones en el embarazo

Seguir con el embarazo no tiene por qué arruinar tu futuro. Tener y criar a un niño implica amor, compromiso y trabajo duro. El apoyo y ayuda de la pareja y de la familia son muy importantes. Muchos padres jóvenes tienen una vida plena, se educan y acaban con una carrera gratificante.

Decidir durante el embarazo dar el bebé en adopción no es definitivo. Nada lo es hasta después de que nazca el bebé.

Abortar ahora no significa que no puedas quedarte embarazada más adelante. El riesgo de no poder tener otro hijo tras un aborto es extremadamente bajo.

La adopción y la acogida

La adopción se produce cuando un bebé encuentra unos nuevos padres que lo crían como propio. Después de que nazca, puede ser acogido por un tiempo antes de ir a vivir con los nuevos padres. La adopción es un acuerdo legal formal y una vez que se haya completado el proceso, no se puede revertir.

Adopción abierta
• Hay contacto permanente entre los padres biológicos y la familia adoptiva que incluye desde una actualización anual a visitas regulares.

• Los padres biológicos conocen la identidad de los padres adoptivos.

Adopción cerrada
• No hay ninguna comunicación entre los padres biológicos y la familia adoptiva. La identidad de la nueva familia es totalmente secreta.

Acogida
• El bebé (o niño) se va temporalmente a vivir con una familia diferente. Esto puede suceder si los padres biológicos no tienen apoyos suficientes o son incapaces de cuidar al bebé.

Seguir con el embarazo

La decisión de quedarse con el hijo y ser padres jóvenes requiere mucha planificación. El médico remite a los nuevos padres a una comadrona y a un obstetra (médico especialista en embarazos y partos).

Hay que planificar por adelantado algunas cosas importantes:

- Asegurarse de que todos los involucrados lo saben, incluyendo la pareja, familia y amigos.
- Preguntar al médico si conoce a comadronas y/o personal sanitario especializado en trabajar con padres jóvenes.
- Contactar con grupos donde padres adolescentes puedan conocer a otros.
- Averiguar qué tipo de apoyo ofrecen colegios y universidades a los padres jóvenes de manera que tu educación se vea lo menos afectada posible.
- Si es posible, buscar ayuda con cosas como hacer las compras o el cuidado del bebé.

Interrupción voluntaria del embarazo

También conocida como aborto, la interrupción voluntaria del embarazo es una manera segura y acordada con un médico o centro sanitario de poner fin a un embarazo. Las legislaciones de los países establecen la edad a partir de la cual un adolescente puede abortar por decisión propia; sin embargo, puede ayudar el apoyo de padres, parejas o amigos.

Aborto médico

- Se puede recurrir a él dentro de las primeras 10 semanas de embarazo. El médico receta las píldoras que han de tomarse con 24 o 48 horas de diferencia e inducen un aborto espontáneo. No hay necesidad de hospitalización.

Aborto quirúrgico

- La interrupción quirúrgica se lleva a cabo después de las primeras 10 semanas de embarazo. Un médico realiza cirugía menor con anestesia en un hospital o clínica para eliminar el feto. A partir de cierto momento del embarazo, ya no se puede abortar legalmente, pero la ley acerca de cuándo se produce este punto varía según los países.

Los adolescentes pueden tener diferentes reacciones tras un aborto; algunos pueden sentirse aliviados, y otros experimentar tristeza y angustia. Las complicaciones médicas son poco comunes.

Pornografía

La pornografía, también llamada «porno», es el contenido sexual publicado en medios de comunicación para excitar al usuario. Incluye vídeos, fotos, literatura y videojuegos con imágenes o actividades sexuales. Algunas personas ven pornografía de manera regular pero otras se sienten muy incómodas si lo hacen.

VER TAMBIÉN

❬ **198–199** Relaciones sanas

❬ **216–217** Masturbación

❬ **220–221** Consentimiento

❬ **224–225** El coito

¿Qué es la pornografía?

A lo largo de la historia, se han creado imágenes de desnudos como expresión artística o, a veces también, para excitar a la persona que las ve. La pornografía tiende a mostrar adultos desnudos o semidesnudos realizando actos sexuales. Por lo general, es una representación de sexo explícito y no artística.

▷ **Medios de comunicación porno**
Hay muchos tipos diferentes de medios de comunicación pornográficos: vídeos, películas y videojuegos en la red y revistas.

Para qué sirve

La pornografía es utilizada por diferentes personas por distintas razones. Pueden usarla para sí mismos o con su pareja. Las razones para ver pornografía pueden incluir:

Explorar qué fantasías excitan a una persona.

Ayudar a excitarse en la masturbación.

Mirarlo en pareja como parte de los preliminares.

¿Está bien la pornografía?

Hay un gran debate acerca de la pornografía. Algunas personas tienen una visión positiva y creen que los actores disfrutan participando y actúan porque les gusta. Creen que ayuda a desarrollar la sexualidad. Otras sostienen que es una muestra de sexismo, sexo inseguro, explotación y violencia. Piensan que los actores están siendo explotados por las productoras y que pueden haber sido objeto de abuso sexual en el pasado, por lo que podrían tener visiones distorsionadas sobre la sexualidad.

△ **Elección personal**
Es importante respetar la elección personal, pero ten en cuenta que todos los países tienen leyes sobre pornografía. Utiliza solo la que cumpla las leyes.

Inconvenientes del porno

La pornografía se puede usar mal o ser malinterpretada, lo que puede llevar a una relación sexual enfermiza en el mundo real.

El «sexo del porno» es habitualmente muy diferente al «sexo real»: la gente se comporta de manera muy distinta a las personas normales y lo que hacen es muy inusual o incluso desagradable y violento.

El acto o actos sexuales representados en el porno no muestran el sexo como parte de una relación sana. Pueden llevar a pensar que es normal tratar a la pareja como objeto sexual.

Algunos pueden sentirse decepcionados por el sexo en el mundo real, ya que no es lo mismo que el sexo representado en la pornografía.

Las actrices de grandes pechos y los hombres con penes grandes pueden dañar la confianza de las personas en su cuerpo, ya que la mayoría de las personas no tiene ese aspecto.

Algunas personas se vuelven insensibles a la pornografía y ya no se excitan, y pierden así sensibilidad al placer del sexo real.

Algunas personas desarrollan una malsana obsesión por la pornografía si abusan de ella. Puede ser difícil de detener.

Pornografía e internet

Preadolescentes y adolescentes están cada vez más expuestos a la pornografía en la red y a menudo antes de que hayan aprendido sobre sexo o hayan tenido relaciones sexuales. Pueden buscar pornografía intencionalmente o tropezar con ella por accidente si aparece por sorpresa en una página web o en la búsqueda de material didáctico sobre sexo. Dicha exposición temprana al sexo explícito puede ser desconcertante y dejarles desinformados sobre las relaciones íntimas y el sexo en una relación sana. Pueden sentirse presionados a imitar lo visto en la red, o a tener comportamientos sexuales arriesgados, como no usar condón.

◁ **Acceso a la red**
Los padres pueden fijar ciertas normas de acceso a teléfonos, tabletas y ordenadores según la edad de sus hijos, y mantener un ordenador familiar en un área común. Es básico conversar. Hablar con ellos de pornografía contribuye a que sean responsables.

El equilibrio

Si un adolescente está preocupado sobre el uso de la pornografía o no está seguro de si es adecuado, puede ser útil hablar con un amigo. Conversar sobre pornografía puede ayudar a un adolescente a establecer los límites de su uso.

▷ **Cuándo y dónde**
Hay que saber cuándo y dónde el uso de la pornografía es apropiado.

CONVIENE SABER

Hablar sobre pornografía

- Empieza por preguntar a alguien de confianza qué opina sobre la pornografía: esto os permitirá llegar tan lejos en la conversación como queráis.

- Pídele que la conversación sea confidencial, pero no te avergüences ni hagas que la otra persona se sienta incómoda.

La pornografía no debe usarse en público.

Exhibicionismo en la red

El exhibicionismo en la red (también conocido como sexting) consiste en el envío de imágenes o vídeos de desnudos parciales o totales de uno mismo, o sexualmente explícitas. Implica muchos riesgos incluso si no incluye el rostro.

¿Qué lo motiva?

Alguien puede enviar un texto o imágenes eróticos para sentirse más cerca de su pareja o para divertirse y flirtear. Si dos personas son felices en su relación, enviarse mensajes sexualmente explícitos puede estar bien, pero es arriesgado. Incluso si el adolescente confía en la persona, debe sentirse suficientemente seguro para negarse. La gente puede decir que todos lo hacen, pero no es así. Si una persona se siente presionada o coaccionada por otra para enviar una foto o un vídeo de contenido sexual, no está bien y probablemente sea una señal de una relación insana. Algunas personas también pueden enviar contenido erótico para llamar la atención, impresionar a alguien o provocar que hagan lo mismo, pero esto rara vez funciona y más bien les aleja.

Cuando un adolescente envía contenido sexual, el receptor siempre debe consentir, ya que puede sentirse violentado por las imágenes. Si contesta «no», es esencial respetar su respuesta.

△ **Pensarlo antes**
No todo el mundo está cómodo con enviar y recibir imágenes sexuales. Nadie puede obligarte a hacerlo.

Los riesgos

Cuando una persona envía contenido sexual, pierde el control sobre quién lo ve, por mucho que confíe en el receptor. Una imagen se puede compartir en internet con gran rapidez entre una amplia red de personas e incluso ser publicada sin ningún tipo de permiso. Antes de decidir si quieres incluir este tipo de contenido en tus mensajes ten en cuenta los siguientes riesgos:

Incluso después de una buena relación, el receptor puede compartirlo tras la ruptura.

Podría caer en malas manos, incluso por accidente.

Profesores, padres, abuelos, hermanos o amigos pueden acabar viendo este contenido.

El receptor puede no ser fiable y compartir la imagen con los amigos.

Puede dañar la reputación y afectar el futuro de quien lo envía.

La gente puede compartir la imagen para acosar, avergonzar o chantajear.

Para un menor es tan ilegal hacerse fotos explícitas como compartirlas.

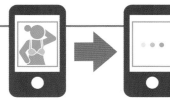

Respetar la privacidad

Cuando dos personas deciden enviarse imágenes o vídeos de contenido sexual a través de la red, suelen tener el acuerdo de que es solo para ellos. Es importante que traten el contenido que reciban con respeto. Compartirlo sin permiso es una violación de la confianza y la privacidad, y puede tener consecuencias legales.

¡ATENCIÓN!

Ley e imágenes sexuales

En España, si un menor toma o comparte una selfi desnudo o en una pose sexualmente explícita, se considera que está creando imágenes de abuso sexual infantil o, lo que es lo mismo, pornografía infantil. Esto es ilegal.

Tener una copia de pornografía infantil también es ilegal, lo cual significa que la persona que recibe este contenido también viola potencialmente la ley. Las consecuencias podrían incluir desde antecedentes penales a la cárcel. Si alguien comparte contenido sexual contigo, no reenvíes la imagen, informa de ello a tu padre o maestro.

Pornovenganza

Se produce cuando alguien publica un desnudo, una imagen sexualmente explícita o un vídeo de otra persona en la red para vengarse por algo. Normalmente es alguien con quien se ha roto recientemente y suele utilizar imágenes que le fueron enviadas durante la relación. También puede referirse a una situación en la que amigos, que ya no lo son, comparten imágenes que habían recibido confidencialmente.

A pesar de que se están desarrollando leyes para detener la pornovenganza, si la imagen ya ha sido publicada en la red y ya ha sido vista, el daño ya está hecho y a menudo antes de que se pueda tomar cualquier acción legal.

△ **Sé consciente de los riesgos**
Incluso si la primera persona que envió la imagen la elimina, otros ya la pueden haber copiado y publicado en otras webs.

Cuestiones sobre sexting

Si un adolescente ha enviado o recibido contenido sexual y está preocupado por las consecuencias, es importante saber qué hacer. El primer paso es eliminar la imagen o vídeo en todos los dispositivos posibles y, si aparece en la red, ponerse en contacto con el sitio web y pedir que se elimine.

◁ **Amor y apoyo**
Los padres deben dejar claro a su hijo que puede pedirles ayuda sobre cualquier problema.

PARA LOS ADOLESCENTES

Obtener ayuda

- Para reducir el impacto al mínimo hay que actuar con rapidez. Pedir al receptor que no comparta la imagen y la elimine de su teléfono. Si aparece en la red, notifícalo al sitio web y pincha en el enlace para informar del abuso.

- Díselo a tus padres. Pueden enfadarse, pero es mejor oírlo de ti que de otra persona.

- Si te chantajean o tu imagen ha sido compartida como pornovenganza, ponte en contacto con la policía.

PARA LOS PADRES

Apoyar

- Dile a tu hijo que puede acudir a ti con cualquier problema.

- Si tu hijo ha recibido un mensaje de sexo explícito, disuádelo de compartirlo y convéncelo para que informe de ello.

- La ley no está pensada para castigar a un adolescente que ha tomado su propia imagen para experimentar sexualmente, sino a quienes se benefician de la distribución de imágenes sexuales.

- Si tu hijo está siendo chantajeado o ha sido víctima de una pornovenganza, ponte en contacto con la policía.

Para saber más

En internet está disponible abundante información destinada a padres y adolescentes. A continuación te ofrecemos algunos recursos complementarios sobre los temas tratados en el libro.

Crecimiento y pubertad

Asociación Española de Pediatría
http://enfamilia.aeped.es/edades-etapas/adolescente

La AEP ofrece en su sitio web una sección dedicada a la pubertad y a la adolescencia, con numerosos artículos, entre los cuales:
Acné
Adolescentes: autoimagen y autoestima
Ciberacoso y grooming
Comer bien y sano en la adolescencia
Crecimiento durante la pubertad y la adolescencia
Depresión en niños y adolescentes
Métodos anticonceptivos
Piercings
Preservativo femenino
Preservativo masculino
Pubertad en las chicas
Pubertad en los chicos
Pubertad retrasada
Regla dolorosa (dismenorrea)
Tatuajes

Kids Health
http://kidshealth.org/es/kids/puberty-esp.html

Artículo en el que se hace un resumen sobre las características de la pubertad, explicado a los adolescentes.

Cuerpo sano

Cruz Roja Juventud
www.cruzrojajuventud.org/principal/web/cruz-roja-juventud/promocion-y-educacion-para-la-salud/

El sitio web de la Cruz Roja Juventud ofrece abundante información especialmente destinada a jóvenes, adolescentes, padres y educadores. Incluye guías sobre la alimentación saludable (*Cuadernos come sano, vive mejor*) o sobre el consumo de drogas (*Juventud, alcohol y cocaína. Guía para la intervención*).

Asociación contra la Anorexia y la Bulimia
http://www.acab.org/es

Una de las asociaciones pioneras en España, dedicada a ayudar y acompañar a las personas afectadas por un trastorno de la conducta alimentaria: anorexia, bulimia y trastornos por atracones y obesidad. Ofrece abundante información y da apoyo a afectados y sus familias.

Fundación Imagen y Autoestima (IMA)
www.f-ima.org/es

La misión de Fundación IMA es mejorar el estilo y la calidad de vida de jóvenes, familias y grupos de alto riesgo en relación a los siguientes factores de riesgo: hábitos alimentarios poco saludables, sedentarismo, uso de una imagen inadecuada de delgadez, baja autoestima o práctica compulsiva de actividad física, entre otros.

Mente sana

OMS
www.who.int/maternal_child_adolescent/topics/adolescence/mental_health/es/

Sección del sitio de la Organización Mundial de la Salud con recursos sobre los adolescentes y la salud mental.

American Academy of Pediatrics
https://www.healthychildren.org/spanish/ages-stages/teen/paginas/mental-health-and-teens-watch-for-danger-signs.aspx

Artículo sobre la salud mental y los adolescentes, destinado a que los padres conozcan y puedan estar atentos a las señales de alerta.

Proyecto de Promoción de la Salud Mental para Adolescentes y Padres de Adolescentes
www.msssi.gob.es/ciudadanos/proteccionSalud/adolescencia/adolescentes.htm

Sitio del Ministerio de Sanidad, Servicios Sociales e Igualdad con materiales y talleres para padres, educadores y adolescentes.

Alcanza tu potencial

Ministerio de Educación
www.mecd.gob.es

Sitio web del Ministerio de Educación, Cultura y Deporte, en el que puede accederse a información sobre los distintos niveles educativos, así como sobre la petición de becas, ayudas y subvenciones.

Universia
www.universia.es

Universia es una red que agrupa 1401 universidades en España y en Latinoamérica.

edX
www.edx.org

Entidad sin ánimo de lucro que agrupa numerosas universidades del mundo para ofrecer cursos gratuitos a través de la red, en inglés y también, en una cantidad creciente, en lengua española.

Vida digital

Pantallas amigas
www.pantallasamigas.net

Iniciativa que tiene como misión la promoción del uso seguro y saludable de las nuevas tecnologías y el fomento de la ciudadanía digital responsable en la infancia y la adolescencia.

GCFAprendeLibre
https://www.gcfaprendelibre.org/tecnologia/index.do

Página con una amplia sección sobre la vida digital, desde el uso de plataformas y programas informáticos hasta la protección ante los riesgos en el uso de internet.

Ampliar horizontes

Energy Control
https://energycontrol.org

Energy Control es un proyecto de reducción de riesgos en relación con el consumo de drogas de la ONG ABD - Asociación Bienestar y Desarrollo. Ha recibido numerosos reconocimientos, entre los cuales en 2014 el Premio Reina Sofía contra las Drogas en la categoría de Prevención en el ámbito educativo y comunitario.

Alcohólicos Anónimos
www.alcoholicos-anonimos.org

Red de ayuda a personas adictas al alcohol de todas las edades.

ONU Mujeres
www.unwomen.org/es

Organización de las Naciones Unidas dedicada a promover la igualdad de género y el empoderamiento de las mujeres y las niñas.

Asociación Española para la Prevención del Acoso Escolar
http://aepae.es/

Entidad no gubernamental sin ánimo de lucro, formada por profesionales de distintos ámbitos: psicólogos, pedagogos, expertos en ciberacoso, educadores sociales, abogados, expertos en seguridad y autoprotección y padres y madres de víctimas de acoso escolar, comprometidos con la prevención del acoso escolar.

Familias

En Familia
http://enfamilia.aeped.es/

Sitio informativo de la Asociación Española de Pediatría, que ofrece artículos sobre la amistad entre adolescentes o las relaciones entre los adolescentes y sus padres, cómo gestionarlas y cómo mejorar la relación entre ambos.

Relaciones

Planned Parenthood
https://www.plannedparenthood.org/es/temas-de-salud/para-padres/escuela-secundaria/que-deberia-ensenarle-mi-adolescente-cursando-el-secundario-sobre-las-relaciones

Artículo con recomendaciones para padres sobre cómo aconsejar a sus hijos adolescentes sobre las relaciones.

Liga Española de Educación
www.ligaeducacion.org

La LEE ha publicado la guía *Relaciones afectivas y sexualidad en la adolescencia*, que te orientará sobre este aspecto.

Sexualidad

Di Que Sí
www.positive.org/DiQueSi

Sitio web de educación sexual para adolescentes y jóvenes. Incluye información sobre distintos aspectos de la sexualidad: sexo seguro, las ITS y el sida, control de natalidad, embarazo, aborto...

FELGTB
www.felgtb.org

Sitio web de la Federación Estatal de Lesbianas, Gais, Transexuales y Bisexuales. Ofrece noticias y recursos formativos, entre los que destaca el volumen *Las familias en las aulas. Guía práctica de herramientas y recursos educativos de diversidad familiar*, que puede descargarse en: www.felgtb.com/descargas/familias/Lasfamiliasenlasaulas.pdf

Sexo

Cruz Roja Juventud
www.cruzrojajuventud.org/principal/web/cruz-roja-juventud/promocion-y-educacion-para-la-salud/

El sitio web de la Cruz Roja Juventud ofrece abundante información especialmente destinada a jóvenes, adolescentes, padres y educadores. Incluye guías sobre prevención del VIH/sida o de educación sobre las sexualidades, entre otras.

Sexting
www.sexting.es

Completa página informativa sobre el sexting que explica con detalle este fenómeno y ofrece consejo práctico para chicos, padres y educadores sobre cómo afrontarlo y evitarlo, así como un glosario, videos de sensibilización y enlace a recursos.
Ofrece la *Guía sobre adolescencia y sexting: qué es y cómo prevenirlo*, del Inteco, que puede descargarse en el enlace siguiente: www.sexting.es/guia-sobre-adolescentes-y-sexting/

Glosario

abstinencia
La acción de evitar mantener relaciones sexuales.

acné
Inflamación de la piel caracterizada por la aparición de granos, pústulas y pápulas.

adicción
Intensa y a menudo perjudicial necesidad de consumir con regularidad una determinada sustancia o hacer una determinada actividad.

adolescencia
Cuando una persona madura para pasar de ser un niño a ser un adulto. Es la etapa que sigue al inicio de la pubertad.

adolescente
Persona que se encuentra entre la niñez y la pubertad.

anatomía
La estructura del cuerpo o de una parte del cuerpo.

ansiedad
Sentimiento de malestar que causa dolor a una persona.

anticoncepción
Conjunto de métodos que se utilizan para evitar el embarazo. Son de dos tipos: anticonceptivos de barrera u hormonales. También se le llama control de natalidad.

anticonceptivo de emergencia
Anticonceptivo hormonal que evita el embarazo y que se utiliza solo cuando la protección ha fallado o en caso de que se haya practicado sexo sin protección.

app
Programa informático que se descarga en un dispositivo electrónico. Es la abreviatura de «aplicación».

asertividad
Comportamiento que muestra confianza y determinación.

asexual
Persona que no tiene deseo ni sentimientos sexuales.

ataque de pánico
Abrumadora sensación súbita de ansiedad que puede causar síntomas como palpitaciones, dificultad para respirar, sudor o confusión.

autoconciencia
Preocupación por cómo los demás pueden vernos.

autoconfianza
Confianza en las propias capacidades y criterio.

autoestima
Sentimiento interno sobre el valor de uno mismo, que puede afectar a la propia autoconfianza.

autoexpresión
La aserción de la identidad a través de ciertas acciones o comportamientos.

autonomía
Independencia para pensar y actuar con libertad.

avatar
Representación digital de una persona en un videojuego o en un foro de internet.

bacteria
Microorganismo unicelular que vive en la materia orgánica, como por ejemplo el cuerpo humano, la tierra o el agua. Algunos tipos de bacterias pueden causar enfermedades.

bisexual
Sexualmente atraído tanto por hombres como por mujeres.

blog
Página web que recoge ideas, opiniones y experiencias de su autor, en forma parecida a un diario en línea, con la diferencia de que cualquiera puede leerlo.

buscador
Programa informático que permite buscar en una base de datos a partir de palabras clave introducidas por el usuario.

cámara de eco
Sistema de filtro de la información, como el utilizado en las redes sociales, en el que los usuarios se ven expuestos exclusivamente a noticias y fuentes de información seleccionadas en función de su actividad online, lo que refuerza sus opiniones preexistentes y no los expone a ideas nuevas que podrían cuestionar las propias.

cartílago
Tejido fuerte y flexible que conecta y sostiene partes del cuerpo, como la laringe.

célula
Unidad microscópica viva que constituye la estructura básica del cuerpo humano. Hay distintos tipos de células: musculares, sanguíneas, nerviosas...

células sexuales
El óvulo o el espermatozoide.

chantaje
Acción delictiva que reclama dinero de una persona bajo la amenaza de revelar sus secretos o información delicada sobre ella.

ciberacoso
Uso de la tecnología para acosar a una persona, por ejemplo enviándole mensajes de correo electrónico con amenazas o

subiendo a las redes sociales comentarios denigrantes sobre ella o fotografías suyas de índole privada o que pueden ser embarazosas.

circuncisión
Eliminación quirúrgica del prepucio, la piel que cubre el glande.

cisgénero
Cuando la identidad de género de una persona coincide con la asignada al nacer. Es lo opuesto a transgénero.

ciudadanía
Hecho de ser un ciudadano y formar parte legalmente de un país en concreto.

clítoris
Zona de gran sensibilidad de los genitales femeninos que da placer sexual cuando se la estimula.

compromiso
Solución de una discusión en la que se alcanza un acuerdo mutuo, generalmente gracias a que ambas partes hacen concesiones.

concepción
Cuando un óvulo es fertilizado por un espermatozoide.

conciencia social
Sentimiento de responsabilidad sobre el bienestar general y el justo tratamiento de los demás en la sociedad.

confianza
Seguridad de una persona en sus propias capacidades. Seguridad que se tiene en algo o alguien.

consentimiento
Aceptación voluntaria o permiso para hacer algo o para permitir que algo tenga lugar, como por ejemplo un acto sexual.

cookies
Pequeños archivos de texto creados por una web la primera vez que la visitamos y almacenados en nuestro ordenador para que la web pueda reconocernos en futuras visitas y hacer un seguimiento de nuestras preferencias.

cortafuegos
Sistema de seguridad digital que protege el ordenador de accesos no autorizados, como los de los hackers.

democracia
Sistema político en el que la población elige a sus representantes, que gobernarán en su nombre.

depresión
Desorden mental que afecta el ánimo de la persona, y que suele provocar que esté triste o tenga ansiedad de manera continuada.

depresivo
Algo que reduce la actividad. A menudo se refiere a drogas o medicamentos como los tranquilizantes y los sedantes que ralentizan la actividad cerebral.

desensibilización
Disminución de la sensibilidad y la respuesta emocional de una persona ante estímulos negativos, causada por una exposición frecuente a estos.

difamación
Difusión de información falsa que daña la reputación de otra persona.

discriminación
Acción de tratar a una persona injustamente a raíz de un prejuicio, por su raza, género o religión.

disforia de género
Cuando alguien siente que su sexo biológico no corresponde a su identidad de género.

divorcio
La forma legal de dar fin a un matrimonio.

embarazo
Estado en el que la mujer está gestando un bebé.

emoción
Respuesta instintiva del cuerpo ante algo que le ha sucedido a una persona o que ha afectado a su entorno.

empatía
La capacidad de ver las cosas desde la perspectiva de otra persona, así como de poder comprender y compartir sus emociones.

endorfinas
Hormonas segregadas en el cerebro que disminuyen la sensación de dolor y mejoran el ánimo de la persona.

enfermedad mental
Trastorno médico que afecta la salud mental de la persona e interfiere en su comportamiento, sus procesos de pensamiento y su estado de ánimo.

erección
Estado en el que el pene se llena de sangre, aumentando de tamaño y poniéndose firme, a menudo a causa de la excitacion sexual.

escroto
Saco de piel que contiene y protege los testículos.

espiritualidad
Sentimiento personal de que hay algo que existe –como el espíritu o el alma– más allá de lo físico. La espiritualidad es un aspecto de la fe religiosa, pero es distinta de la religión.

estereotipo
Idea prevalente y simplificada que suele esconder un prejuicio sobre una persona o grupo.

estigma
Sentimiento de vergüenza debido a tener determinada característica.

estimulación
Algo que hace que otra cosa suceda.

estimulante
Sustancia que aumenta la energía u otras funciones corporales de una persona. La cafeína es un estimulante, igual que muchas otras drogas.

estrés
Sensación de preocupación o tensión que se produce cuando nos enfrentamos con un problema, o algo que lo causa.

excitación
La acción de sentirse excitado sexualmente en respuesta a un estímulo.

expresión de género
La forma en la que los individuos se presentan ante la sociedad, a través de su apariencia y su comportamiento.

extremismo
El hecho de tener ideas y visiones extremas o que difieren considerablemente de lo que la mayoría de las personas piensan que es correcto o razonable.

eyaculación
Secreción repentina de fluido de los genitales, generalmente a consecuencia de la actividad sexual.

fertilización
La unión de las células sexuales (un óvulo y un espermatozoide) que crean un cigoto, un grupo de células que con el tiempo se convertirá en un bebé.

flacidez
Estado del pene en reposo, cuando está blando y no está en erección.

fobia
Miedo intenso y a menudo irracional a algo en concreto.

fraternidad
La relación entre dos niños que comparten uno o ambos padres.

gay
Homosexual, persona que se siente atraída sexualmente por otras personas de su mismo sexo.

género
Combinación del sexo biológico, la expresión de género y la identidad de género de una persona.

genitales
Los órganos sexuales externos de una persona: el pene y los testículos en un hombre y la vulva en una mujer.

gestación
El período de tiempo entre la concepción y el nacimiento durante el que el feto se desarrolla en el útero materno.

ginecomastia
Aumento anormal del tamaño de los «pechos» masculinos a causa de un cambio en los niveles hormonales en la pubertad.

glándula
Órgano que produce y libera sustancias químicas, como las hormonas, en el organismo.

grooming
Cuando una persona simula ser quien no es para ganarse la confianza y manipular a otra para que esta haga algo.

heterosexismo
La asunción de que una persona se sentirá atraída por otras del sexo opuesto.

heterosexual
Persona que se siente atraída sexualmente por otras del sexo opuesto.

hipotálamo
Área del cerebro que pone en marcha la pubertad al segregar la hormona GnRH.

homofobia
Muestra de prejuicios contra las personas homosexuales.

homosexual
Persona que se siente atraída sexualmente por otras de su mismo sexo. También conocido como gay.

hormona
Sustancia química (como el estrógeno o la testosterona) producida por el cuerpo, que controla y regula las actividades de determinadas células de este.

huella digital
Rastro de datos que deja registrada la actividad online de una persona.

identidad
Cualidades y características que distinguen a una persona, como su nacionalidad, personalidad, género, intereses y cultura.

identidad de género
Forma en la que un individuo piensa, se siente y se ve a sí mismo como un hombre, una mujer u otro género.

identidad sexual
Percepción de una persona sobre quién la atrae.

igualdad
Situación de equidad y justicia, como la que se da cuando las personas disfrutan de los mismos derechos con independencia de su raza o de su religión.

imagen corporal
Modo en que alguien percibe su apariencia física, así como los pensamientos y sentimientos que tiene al respecto.

independencia
Libertad de acción y pensamiento, sin influencia de otra persona.

individualidad
Cualidades de una persona que la distinguen de los demás.

infección de transmisión sexual (ITS)
Enfermedad que puede contagiarse a través del sexo.

insomnio
Incapacidad para dormir.

intimidad
Estar con otra persona o cerca de ella, emocional o sexualmente.

laringe
También conocida como la «caja de la voz», es un órgano situado en la garganta que alberga las cuerdas vocales y forma un tubo por el que el aire se mueve entre los pulmones y el exterior.

LGBTI
Abreviatura para lesbiana, gay, bisexual, transexual, intersexual y otros. Término para referirse a la diversidad de identidades sexuales no heterosexuales.

lubricante
Sustancia que hace que algo resbale mejor, reduciendo la fricción. La vagina se lubrica por sí misma cuando la mujer se excita sexualmente.

madurez
Cualidad de la persona que se ha desarrollado completamente y es ya un adulto.

malware
Software malicioso diseñado para acceder subrepticiamente a un dispositivo electrónico o causarle algún daño.

masturbación
Tocar o frotar los genitales y otras zonas del cuerpo para obtener placer sexual.

medios de comunicación
Expresión utilizada para referirse en conjunto a los periódicos, la radio y las cadenas de televisión.

menarquía
El primer período menstrual de la mujer, que comienza durante la pubertad.

menstruación
Momento del ciclo menstrual en el que el recubrimiento del útero se expulsa del cuerpo en forma de sangre. También se le llama período.

multicultural
Perteneciente a distintas culturas, incluyendo sus ideas, valores y costumbres.

multirreligioso
Término que se usa para definir lo que está relacionado con dos o más religiones distintas, incluyendo las similaridades y las diferencias de sus creencias y sus valores.

networking
Conectar e interactuar con otras personas para compartir ideas y opiniones y cultivar contactos útiles.

norma social
Regla no escrita y comportamiento que son considerados como generalmente aceptables por la sociedad.

Organización de las Naciones Unidas (ONU)
Organización internacional creada en 1945 para promover la cooperación internacional, de la que son miembros la mayoría de los países del mundo.

orgasmo
Clímax de la excitación sexual, que resulta en una intensa sensación de placer, normalmente con eyaculación en el hombre y a veces también en la mujer.

ovario
Órgano reproductivo femenino que produce los óvulos.

ovulación
Liberación de óvulos del ovario a la trompa de Falopio.

parásito
Organismo que vive sobre o dentro de otro, que utiliza como fuente de alimento.

pene
Órgano sexual masculino, utilizado para obtener placer sexual, reproducirse y orinar.

pensamiento lateral
Capacidad de resolver un problema pensando de manera creativa más allá de lo establecido.

pensamiento lógico
Proceso en el que una persona piensa sobre algo paso a paso, de forma que cada uno de estos pasos está relacionado de una u otra manera con los anteriores.

período
Momento en que el recubrimiento del útero se expulsa del cuerpo en forma de sangre como parte del ciclo menstrual. También se le llama menstruación.

phishing
Cuando en la red alguien simula ser un banco para obtener los datos bancarios de una persona.

pornografía
Material visual pensado para excitar sexualmente.

prejuicio
Preconcepciones que no se basan en hechos y que suelen ser inciertas e injustas.

preliminares
Actos íntimos entre dos personas, como besarse y tocarse, que estimulan la excitación sexual, a veces, aunque no necesariamente, antes del sexo.

presión social
Influencia que siente una persona para ser de una determinada manera a fin de encajar con su entorno.

privacidad
Reserva de la información personal para controlarla y evitar que accedan a ella terceras personas, tanto en el mundo físico como online.

privilegio
Ventaja o preferencia, a menudo inmerecida, que se da solo a una persona o grupo concretos.

protección íntima
Productos diseñados para que la mujer pueda mantener una vida confortable durante la menstruación.

pubertad
Etapa de la adolescencia en que se alcanza la madurez sexual. Se caracteriza por numerosos cambios en el cuerpo, a fin de posibilitar la reproducción.

racismo
Discriminación o prejuicio contra una persona o grupo a causa de su identidad racial.

reproducción
Proceso biológico de procreación en el que los padres producen hijos. Al iniciarse la pubertad se está en condiciones de reproducirse.

reproducción sexual
Cuando un espermatozoide se une con un óvulo, mezclándose los cromosomas de ambos, para producir un bebé.

resiliencia
Fortaleza para superar y recuperarse de un cambio o una dificultad.

robo de identidad
Acción criminal para obtener y utilizar los datos personales de otra persona.

salud mental
Bienestar psicológico de una persona, incluidos su bienestar emocional y social.

selfi
Autorretrato tomado con un smartphone.

sensacionalismo
Exagerada presentación de la información que sugiere que algo es más chocante de lo que es en realidad, a fin de estimular el interés.

sexismo
Discriminación o prejuicio contra una persona o un grupo a causa de su sexo biológico.

sexo
Acto de intimidad física entre dos personas.

sexo biológico
Las características sexuales físicas con las que nace una persona.

sexo más seguro
Sexo en el que se utilizan distintos métodos, como los anticonceptivos de barrera, para evitar el embarazo y protegerse de las ITS.

sexting
Envío de un mensaje de imagen o vídeo explícito, que alguien se toma desnudo o en ropa interior, para enviarlo a otra persona.

sexualidad
Interacción entre los deseos, las preferencias, las experiencias y las creencias de una persona a lo largo de su vida.

sinapsis
Conexión entre dos células nerviosas o cerebrales por la que se transmiten señales químicas.

síndrome premenstrual (PMS)
Conjunto de síntomas, como irritabilidad, fatiga y molestias estomacales, que algunas mujeres sufren justo antes de la menstruación.

spam
Correos electrónicos, mensajes, o anuncios no solicitados que a veces se utilizan para difundir el malware.

testículos
Las dos glándulas sexuales masculinas que producen y almacenan esperma. Están alojadas en el escroto.

tocamientos
Cuando una persona toca a otra con intención sexual, por encima o por debajo de la ropa, sin su consentimiento.

tormenta de ideas
Reunión en la que un grupo de personas aporta ideas para intentar encontrar entre todos una solución que permita resolver un problema determinado.

transgénero
Persona cuya identidad de género como hombre o mujer no coincide con el sexo que se le asignó al nacer; lo opuesto a cisgénero.

trastorno obsesivo compulsivo (TOC)
Enfermedad en la que la persona tiene pensamientos o sentimientos que la hacen comportarse de una determinada manera.

troleo
Comentarios ofensivos publicados online con el objetivo de molestar y provocar reacciones.

útero
Órgano en la parte baja del abdomen femenino en el que el embrión se desarrolla y crece.

vacunación
Inyección en el cuerpo de una versión inocua de una infección a fin de estimular el sistema inmunitario para que se proteja ante esa infección.

vagina
En la mujer, el tubo muscular entre los órganos sexuales internos y los genitales.

vello púbico
Pelo que crece alrededor de los genitales.

virginidad
El estado de quien no ha mantenido un acto sexual con penetración con otra persona.

virus
Microorganismo no vivo que puede causar una enfermedad al invadir una célula y producir copias de sí mismo capaces de invadir otras células. El término describe también programas informáticos que pueden causar daños a los ordenadores.

vulva
Parte externa de los genitales femeninos que forma la abertura de la vagina.

webcam
Cámara digital que permite transmitir imágenes o vídeos con un ordenador a través de internet.

zona erógena
Zona del cuerpo dotada de una gran sensibilidad y repleta de terminaciones nerviosas que puede causar excitación sexual cuando se la estimula.

Índice

Agradecimientos

DORLING KINDERSLEY quiere dar las gracias a David Ball y a Edward Byrne
por su asistencia en el diseño; a Victoria Pyke por la revisión del texto,
y a Helen Peters por la preparación del índice. Un agradecimiento
especial para la Dra. Kristina Routh por su asesoramiento médico.

Todas las imágenes: © Dorling Kindersley
Para más información ver: **www.dkimages.com**